核心素养实践丛书

读懂学生

——素养导向下的小学生数学学习研究

刘坚　孔企平　张丹◎主编

DUDONG XUESHENG

SUYANG DAOXIANG XIA DE XIAOXUESHENG SHUXUE XUEXI YANJIU

北京师范大学出版集团
BEIJING NORMAL UNIVERSITY PUBLISHING GROUP
北京师范大学出版社

图书在版编目(CIP)数据

读懂学生:素养导向下的小学生数学学习研究/刘坚,孔企平,张丹主编. —北京:北京师范大学出版社,2022.4
ISBN 978-7-303-28489-4

Ⅰ.①读… Ⅱ.①刘… ②孔… ③张… Ⅲ.①小学数学课—教学研究 Ⅳ.①G623.502

中国版本图书馆 CIP 数据核字(2022)第 244844 号

出版发行:北京师范大学出版社 www.bnupg.com
北京市西城区新街口外大街 12-3 号
邮政编码:100088
印　　刷:北京虎彩文化传播有限公司
经　　销:全国新华书店
开　　本:730 mm×980 mm 1/16
印　　张:20.25
字　　数:350 千字
版　　次:2023 年 9 月第 1 版
印　　次:2023 年 9 月第 1 次印刷
定　　价:70.00 元

策划编辑:邵艳秋　　责任编辑:邵艳秋
美术编辑:王　蕊　胡美慧　　装帧设计:李尘工作室
责任校对:陈　民　　责任印制:孙文凯

序　言

本书是多年来新世纪小学数学教材编写组和实验区广大教师对学生学习进行实证研究的重要成果，可谓是“十年磨一剑”。新世纪小学数学教材建设始终重视把学生数学学习作为教材编写的重要基础，把促进学生的发展切实体现在全套教材的编写中，强化小学数学学科的育人价值。具体说来，本书的研究有以下几个重要特点。

第一，本书的研究与广大新世纪教师的实践创新紧密结合，充分反映了小学数学教学创新

本书的研究问题来源于真实课堂问题。教材的编写人员在实践的过程中，善于在小学数学教学中发现和提出问题，与广大一线教师一起在实践中探索解决问题，积累丰富的经验，在本书中形成了一些有特色的研究。

在本书的各章中，包含着大量的实践案例和经验，作者又把这些经验努力上升到理性的结论。广大一线教师在实践研究中鼓励学生围绕核心数学内容开展深度探究，努力满足不同学生的发展需求，让每个学生在数学探究学习中深度体验和掌握小学数学的核心知识，发展他们的数学思维能力。

促进学生的发展是数学教学实践的基本目的，也是本书研究的重要特点。在实践研究中，广大教师通过让学生经历数学学习的活动过程，在掌握必备的数学知识的同时，努力发展学生的核心素养。在本书的案例中，我们可以看到作者注重培养学生的理性精神、严谨态度、创新意识、实践意识和合作意识，让学生在数学学习活动中感受数学学习的乐趣，理解数学思维的本质。本书的研究在“以学为本”的教学改革中取得了很好的经验。

第二，本书的研究过程与新世纪小学数学教材的探索密切结合，充分反映了“情境＋问题串”的教材特色

新世纪小学数学教材以“情境＋问题串”为基本内容呈现方式。“情境＋问题串”的结构体例改变了以前例题习题式的传统方式，为数学教材内容呈现提供了一种新的模式。通过“情境＋问题串”的呈现方式，把数学知识发生发展的过程，学生数学学习的过程，教师引导学生学习的过程和课程目标达成的过程有机统一起来，有助于小学生学习过程的展开。

教材的这一编写的基本特色，反映了学生数学学习的基本规律。在本书的编写过程中，作者在实践的过程中运用大量实践资料进一步验证这一个基本规律。“情境＋问题串”的结构体例成为本书的基本特色。读者读了本书，会对这一特色有进一步的理解。

“情境＋问题串”的呈现方式受到一线教师(特别是乡村教师)的欢迎，使他们使用教材更加便利，更容易理解教材的意图，可以有更多时间和空间去关注学生是怎么思考问题的，在课堂上带领学生研究数学和讨论数学。在本书的研究中，编写团队和一线教师努力创设真实、有趣、富有挑战性的学习素材，努力展现“情境＋问题串”的课堂教学过程，在许多方面揭示小学生真实的学习过程，对学生数学学习的研究提出许多新的经验和方法。

第三，本书的研究与学生的核心素养发展紧密结合，充分反映了立德树人的时代要求

发展学生的数学核心素养是新的课程标准提出的数学教育的重要目标，也是本书研究的重要特色。在教学过程中，如何让学生在数学学习的过程中学会用数学的眼光观察现实世界、用数学的方法分析现实世界、用数学的语言表达现实世界是数学教育的基本任务。在本书的研究过程中，始终把促进学生的数学核心素养放在重要的地位，充分体现了立德树人的育人导向。

在本书的实践研究过程中，教师努力让学生经历“问题情境——建立模型——解释应用”的基本活动过程，使学生从生活经验和客观事实出发，在

研究现实问题的过程中学习数学、理解数学、研究数学，引导学生在现实生活中用数学的眼光观察世界，广泛接触到数、量、图形、可能性、关系、算法、结构等丰富的数学世界。

在对学生的研究过程中，作者始终关注建立学生在数学学习中的主体地位，让真实的数学学习成为学生素养形成的基础和土壤。数学知识、思想和方法由学生在现实的数学实践活动中理解和发展，而不是单纯地依赖教师的讲解去获得。教材提供了大量的观察、操作、实验和独立思考的机会，进而通过学生的讨论和交流，得出数学结论。

第四，本书的研究过程与教师的专业发展密切联系起来，充分体现教师开展实证研究的重要特色

在本书的实践研究过程中，参与者大多数是一线小学数学教师，日常工作非常繁忙，取得这样的研究成果是很不容易的，也是非常值得鼓励的。本书的一个很重要的特色是教师在实践中使用了实证研究的方法，研究者从问题出发，在实践中收集研究材料，进行反思得出研究结论。作者们经历了研究的全过程，在研究中学会研究，通过研究提升自己的教学能力。

广大教师把教学与研究有机结合起来，取得了可喜的成果。本书是长期实践的结果，研究之路有欢乐也有艰辛，充分体现了一个个研究型教师的成长之路。本书的一些研究结论已经形成自己的鲜明特色，具有很强的操作性，也具有一定的可推广性，值得广大数学教师参考和借鉴。

孔企平

目　录

第一篇
读懂学生的学习基础

小学生如何初识乘法

王明明（教育部北京师范大学基础教育
课程研究中心数学工作室）

“九九乘法表”在学生学习乘法时确实给予了很大的帮助，被认为是中国式乘法学习的一个传统优势。然而，我们常常看到学生更多的是机械地、重复地记忆乘法口诀，而在乘法意义的学习上缺少功夫。本研究通过对北师大版（新世纪）小学数学教材二年级上册“有多少块糖（乘法的初步认识）”的个案研究，发现不少学生虽然九九乘法口诀倒背如流，但是在具体解决问题时仍然会存在诸多困难，比如，在数 20 块糖时，不少学生经常数错，并且在经过多次数数之后，学生并不能体会到每次数的都一样多。为了帮助他们克服这些困难，教师还是要引导他们回到对意义理解的数学学习活动中。因此，在学习乘法前，增加数数活动是非常必要和重要的。

一 研究背景及研究问题

（一）缘何选择乘法的初步认识

在乘法的初步认识中，乘法意义的学习是学生学习乘法的开始，是学习乘法口诀的直接基础，也是进一步学习比较复杂的乘法计算及其应用的重要基础。由此，我们可以毫无疑问地说乘法意义在小学数学中有着极其重要的地位；同时，理解乘法的意义，对学生来说也是一件具有挑战性的学习任务。因此，乘法的初步认识中的乘法意义，有理由成为我们研究的重点，另外，这个内容在实践中也有一些困惑与误区。

1. 因为学习乘法等价于背口诀，所以没有意思

曾经有位骨干教师说过：乘法的内容最没有意思了，就背口诀这一件事（应该是指重要的事），上学时我就不愿意学，当老师时，也最不愿意教这部分内容。

对此，我们不禁要追问：为什么这位教师觉得乘法的内容没意思？背口诀是乘法教学中最重要的事情吗？如果不是，在乘法意义的学习中，核心的活动又是什么？

2. 因为加法太麻烦，所以要学习乘法

检索教师们发表的相关教学案例的文献，一般都会呈现这样一个过程，即教学中设计一个很长的相同数相加的算式，让学生体会乘法是加法的简便形式，体会引入乘法的必要性。乘法和加法确实存在一种“简便”的关系，但这又不是它们之间唯一的关系。乘法的产生是有着自身意义的，而不是因为加法的局限而产生的。如果在课堂上过于突出这样的环节，势必会造成学生对乘法认识的偏见。

3. 强调“几个几”形式上的作用

教学中，很多教师引导学生把“几个几”与乘法算式“几乘几”的书写建立形式上的联系。虽然“几个几”是帮助学生认识乘法的一个重要切入口，但是如果仅与乘法算式建立形式上的联系，表面上看，学生会了列式，会了乘法，实际上，学生缺少对乘法意义的真正理解。当学生对乘法意义缺少真正理解时，乘法思维就很难形成，解决相关实际问题的能力也很难得到发展。

（二）缘何选择“有多少块糖”

如果我们不把乘法简单地等同于“几个几”，不把乘法简单地看作是加法的简便形式，那么又该怎样在小学阶段界定乘法的意义呢？

不同阶段对乘法意义的理解应有不同侧重，格瑞尔（1992）提出 4 种原型[1]260：

（1）等组型问题：由一些含有相同个数的物体的集合所构成的情境。等组型情境以不同的方式呈现，有些是自然重复的情形（如 n 个人有 $10n$ 根手指头）；重做一连串的动作（如一次走 3 步，要走 4 次）；将相同数目的东西给予一些人（如老师发给 4 个小朋友每人 5 块糖）；有些则是比率的乘法（如每个人有 4 块饼干，3 个人共有几块饼干）。

（2）直积：描述的是一种有序对关系，每个有序对都是由一个集合的每一个元素与另一个集合的所有元素有顺序地结合而成。例如，小明有 4 件不同颜色的上衣和 5 条不同款式的长裤，可以用来搭配成不同的外出服，请问小明的外出服有几种不同的搭配方式？在这个问题中，“外出服”是由“上衣”与“长裤”两个集合所合成的。直积问题除了上述的组合问题（新集合是由两个已知集合中的所有元素按照顺序所合成的一种问题）之外，还包括数组问题（问题中的对象是呈方阵排列的一种乘法问题）。例如，墙上的瓷砖横看有 5 排，竖看有 6 列，请问墙上共有多少块瓷砖？

（3）长方形面积：可以将长方形任一边和相邻一边的长度相乘，也可以把长方形分割成边长为 1 厘米的正方形，于是，长方形面积可以用正方形的个数来计数。在长方形面积问题的运算中，长和宽是等价的，改变它们在算式中的位置不会影响其运算结果。

（4）比较型乘法：这是一种常被以“n 倍是多少”来叙述的情境。此种比较型问题涉及两个量：基准量与比较量，利用基准量来求比较量。例如“小华的苹果是小明的 3 倍，如果小明有 4 个苹果，那么小华有几个苹果”，就是利用基准量（小明的苹果数）来求比较量（小华的苹果数）。

格瑞尔从生活情境出发，提出乘法可分为 4 种原型，实际上是 5 种情形，其中直积里面包括了搭配和数组两组情形。一般教材都会选择在乘法的初步认识中，重点关注乘法的等组型问题，并涉及数组问题，而长方形面积和比较型乘法都要到后续单元学习。

上面的文献再一次说明北师大版（新世纪）小学数学教材在正式认识乘法算式之前，安排一个数数活动是必要的，也是重要的。因此，我们特选“有多少块糖”来开展学生是如何初识乘法的研究。

1. 通过阅读教材，学生是否能明白：按组数，每次数的都一样多；对于同一组对象，可以 1 块 1 块地数，也可以 2 块 2 块地数或 5 块 5 块地数等；对于同一组对象，可以按行数，也可以按列数。如果不能读懂，困难是什么？

2. 在按组数的过程中，学生起点如何？到底有怎样的思考方法？这些方法可以分为几种类型或是否有水平之分？学生有哪些迷思？

3. 经过问题串的学习，有多少学生能够达到基本要求，明白按组数每次数的都一样多；可以按行数也可以按列数，结果都一样。达不到基本要求的学生，他们的主要困难是什么？在发现规律方面，如果有学生能够走得更远，具体表现如何？

二 研究设计

（一）研究思路

本研究的思路如图 1 所示。

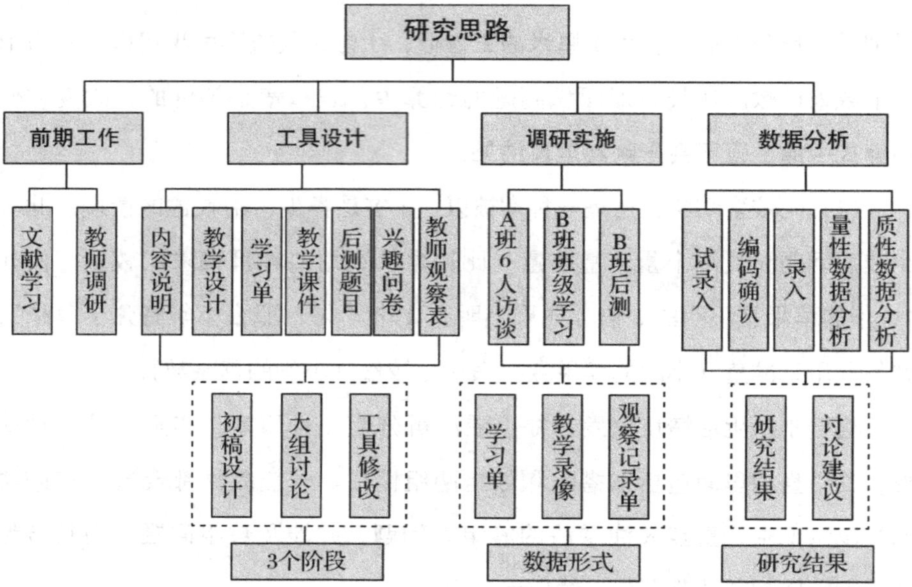

图 1

（二）研究样本

北京市海淀区红英小学（六里屯校区）位于北京市海淀区山后地区，生源为六里屯当地居民、周边外地务工人员的子女，还有唐家岭和韩家川本部校区周边外地务工人员调剂过来的学生。每个班大约有 10 名北京市户籍学生，其他均为外地户籍。家长文化水平和学生层次参差不齐。

本次调研安排在开学初，学生第一次认识乘法。选取该校二年级 5 班的 6 名学生进行了个体访谈。选取该校二年级 6 班进行课堂观察，本班共有 33 名学生，其中有 3 名学生请假。

（三）研究工具设计的说明

本研究编制了个体访谈提纲（体现在教师课堂观察表中）、班级学生学习单、后测题和延后测题 4 份调研工具。

个体访谈提纲的形成：首先对 5 名具有 15 年以上教学经验的优秀教师进行了访谈，草拟出提纲，然后又会同北师大版（新世纪）小学数学教材的主编、编委和若干名优秀一线教师共同讨论修改，最终形成提纲。本提纲力图准确抓住学习的关键点、学生的常见迷思、学生的不同学习程度和水平。班级学生学习单和后测题都是以北师大版（新世纪）小学数学教材的内容为蓝本，延后测题则是在后测题基础上的等值修改。

1. 个体访谈提纲与教师课堂观察表设计

我们把访谈提纲做成了学习单的形式，教师课堂观察表是以学习单为基础，增加了对学生反应情况的预设和教师引导说明。针对教材内容的“情境＋问题串”，以及学生的学习起点和学习过程是什么样的两个方面的问题，我们设计了以下个体访谈问题（班级学生学习单和教师课堂观察表上的问题与个体访谈问题基本一致）。

问题 1：

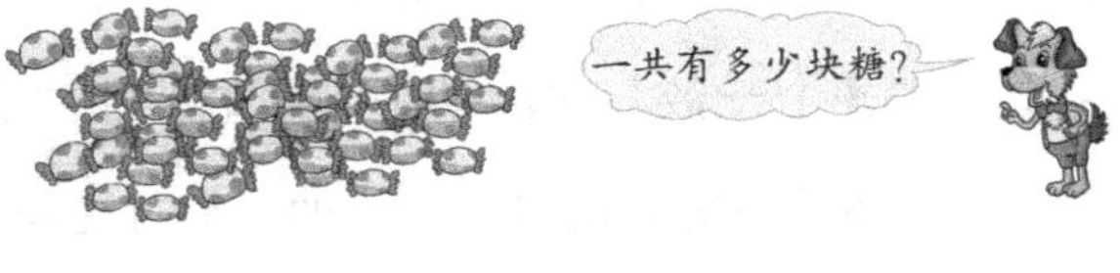

(1) 摆一摆，数一数。一共有（　）块糖。

(2) 你是怎么数的？

我是＿＿＿＿＿＿＿＿＿＿＿＿＿＿＿＿＿＿＿＿＿＿＿＿＿＿＿＿＿＿。

【设计意图与说明】

目的是了解学生面对“多个一数”的学习起点。给出 20 块糖，让学生独立数出结果。教师不给任何提示，如果有学生先 1 块 1 块地数，再 2 块 2 块地数也不要干预，只进行观察与记录。访谈和课堂观察时，可以学生口述，教师记录。

问题 2：

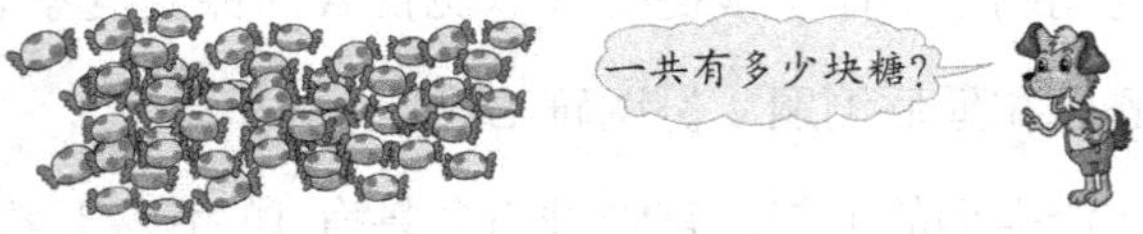

(1) 请你分别按照上面的方法数一数。

(2) 你有什么感受：＿＿＿＿＿＿＿＿＿＿＿＿＿＿＿＿＿＿＿＿＿＿。

【设计意图与说明】

该题从学生的活动经验出发，展示了学生可能出现的不同数法，让学生直观感受可以 1 块 1 块地数，也可以几块几块地数，充分体悟解决问题策略的多样化。让学生按照“1 块”“2 块”“5 块”再数一遍的操作与观察活动，主要是为了引导学生产生 3 个水平的发现：水平 1，每次数的一样多；水平 2，每次数的个数少，数的次数就多；水平 3，每次数的个数多，数的次数就少。另外，水平 2 和水平 3 不作基本要求。

让学生经历多次的“多个一数”的活动是必要的，在“多个一数”的活动中，学生的数感可以得到更充分的培养。比如，有研究表明[2]：

练习以 2，5，10 为间隔进行计数（有时称之为跳跃计数）的活动，可以鼓励学生学习其他的计数模式，包括 20，100 或 15 的倍数，要尽可能地发展这些计数模式。在形成这些计数模式的各个阶段，学生能够从数每个数，发展到能省略中间的数进行计数，到最后学会单独地使用数的倍数。通过学习等组的概念，学生会形成新的计数模式，在这种新的计数模式中，他们会更加重视某些数（如 1，2，3，4，5，6，7，8，9…）。这就是同时计数，因为在这种计数模式中，我们观察到数都是以三重数组的形式呈现的。这里也可以用音乐节奏来帮助学生记忆每次以三个数呈现的这种计数模式。在他们使用同时计数策略来计算一个给定的倍数问题时，比如说 6 个 3，他们就需要用 3 的同时计数策略来记录 6 个数，有时教师也会看到学生用手指来计算。中间的数全部被省略了（3，6，9…），这种计数模式可以减少每个三重数组中两个原本需要记录的数。学生可能会认为这种计数顺序对帮助他们理解乘法和除法还远远不够，事实上，它将有助于学生熟悉数的“类别”，并且迅速回忆这类计数模式也有助于他们日后顺利地进行乘、除法运算。

莫利甘和米切莫尔（1997）把乘法解题策略分成五种，并按照发展顺序排列为：(1) 直接计数；(2) 节奏式计数；(3) 跳数；(4) 加法式计数；(5) 乘法式计数。[1]260 这里，其实也是强调数数活动，且多样化的数数活动是乘法的基础。

此外，在数数的过程中发现规律是有一定思维难度的，因此要重视让学生用多种方法数数的过程，以及对问题 2 中给出的三种方法的整体观察。如果学生没有感受，教师可以提示“你在第一次数的时候，每次都数几块?”“第二次呢？想想有什么感受?”本题只要求到水平 2，不要求到水平 3，所以不用向水平 3 启发。

问题 3：

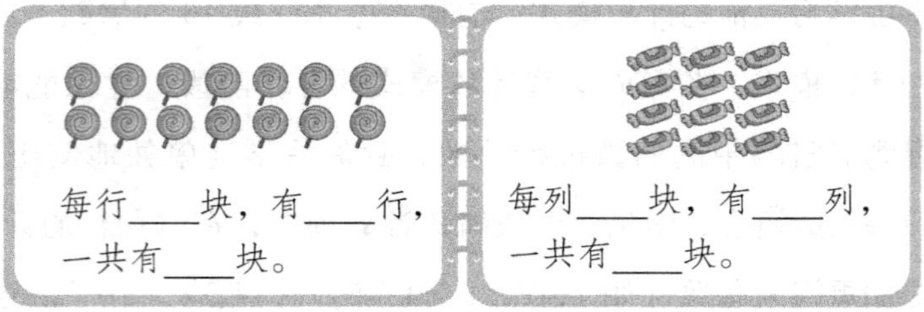

【设计意图与说明】

把糖摆成方阵状，通过“横着数”“竖着数”，帮助学生感受不同角度的数数。如，横着数，先数出每行有几个，再数有多少行，有多少行就表示多少个几相加。对于“行”“列”，教师告知即可，不必让学生去探究什么是“行”什么是“列”。

问题 4：

□+□+□=□（ ）　□+□+□+□+□=□（ ）

（1）说一说，你想怎么数？

（2）算一算。

（3）你有什么感受：____________________________。

【设计意图与说明】

在没有“横着数”和“竖着数”引导的情况下，观察学生是否意识到对同一对象可以横着数，也可以竖着数。用相同数的连加算式表示数数的过程并算出得数，验证“横着数”“竖着数”，两种不同的数数方法，得出不同的加法算式，但其最后得数是一样的，为学习乘法做铺垫。可以让学生仔细观察两个算式的特点：加数相同，都是连加算式。（加数即单位，加数的个数即单位量）

问题 5：

小青蛙每次跳____格，跳了____次，一共跳了____格。

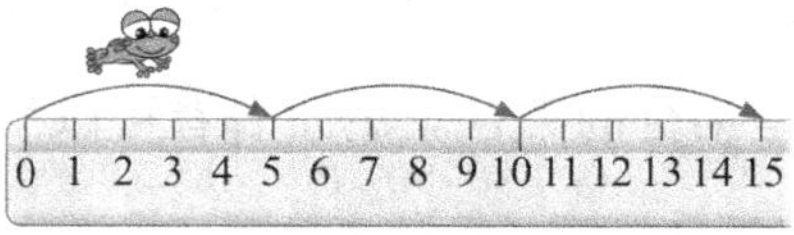

□+□+□=□（　）

【设计意图与说明】

在数线模型上体会相同的数连加。让学生独立完成，再交流。交流时，要说清楚，数线上怎么算跳了一次，一次跳几格，一共跳了几次。然后填写算式。算式写好后，还要让学生把算式和数线上的内容结合起来再说一说。

对于怎么数算一格，建议教师告知学生，不要让学生自己探索，以节省时间让学生通过活动体会每次数的都同样多。

在这里我们还需要借助文献，来说明一下为什么要借助数线来数相同的数。有研究发现[3]：重复加（相同的数相加）难以解释后续的$\frac{3}{4}\times\frac{1}{2}$。

向学生引入乘法的最一般的方法就是重复加，即我们可以将 5×3 解释成 5 个 3 相加，用更一般的符号表示成：3+3+3+3+3。

我们经常认为这是 3 的 5 倍，事实上这对于自然数很起作用，但不适用于学生后面将遇到的其他类型的数，例如，负整数的乘法或者分数的乘法用这种重复的加法考虑就不太适用。

有一种适用于解释所有数的乘法的方法，这种方法包含两个活动（每一个活动都产生一个集合），用它来解释我们的例子 5×3，第一步做一个数目为 5 的集合；第二步做 3 个这样的集合。注意运用第一步的结果，换句话说就是做一个含有 3 个数目为 5 的集合的集合。这种方法有时叫作集合的集合。学生最好动手实践。每名学生可以先做一个集合，然后将他们的集合放在一起就做成了第二个集合。

问题并不是哪一种解释正确，而是哪一种更有用。学生应该认识到不同的解释，而且这些解释有助于他们对概念的深层理解。在这一阶段，5 个 3 相加与做一个含 3 个数目为 5 的集合的集合之间没有大的区别，虽然第一个是重复加，第二个是集合的集合。然而后者可以用于解释其他类型数的乘法。例如，$\frac{3}{4}\times\frac{1}{2}$很难被想成是四分之三个二分之一相加，但是可以认为是先取四分之三然后再取它的二分之一。由于这个原因，集合的集合这种方法应该从最初就采用。在学习活动中要求学生做一做并讨论这些活动。值得注意的是在这个阶段根据重复的加法简单地表示负数和分数的乘法是很困难的。

除了使用集合的活动外，学生也应该有在数线上做减法的经历。一个数线可以在教室中或活动场上演示，学生可以沿着它步行。如果范围比较小可以用一只纸青蛙沿着数线跳动来演示。教师可以让学生构造一个像这样（如图 2）的数线。

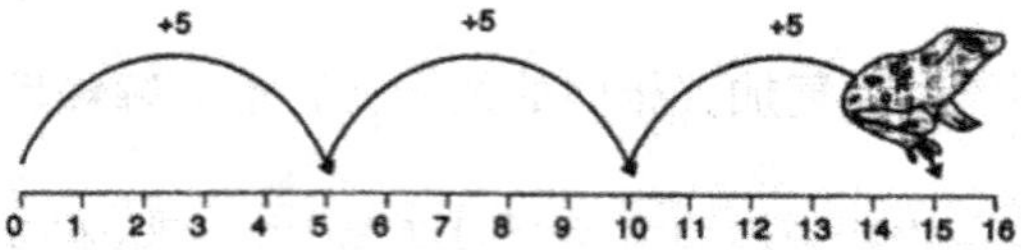

图 2

当学生已经对数的乘法感到自信时，我们就可以发展符号表示了。虽然经常使用的符号有几种，但最常见的就是：

$$5\times3=15$$

这个可以想成是：做一个数目为 5 的集合，做 3 次，然后合并的结果就是 15。

从后续学习的一致性角度，上面的论述向我们说明：在学生认识乘法的初期，让学生做几个集合（几个几），要比让学生做重复的加更利于形成对乘法的深入理解。这两种方式之间虽然没有本质的区别，但是有理解上的侧重，相同数相加，仍然是加法思维，几个几则是乘法思维。这里，数线上的活动是通过直观的方式，帮助学生体会乘法思维。

2. 后测题设计

第 1 题：

圈一圈，数一数一共有多少个🐼。

【设计意图与说明】

考查学生是否能正确按照相同个数数出物品的个数。物品为散放，即不是一组一组摆放的。

第 2 题：

每盘有____块蛋糕，有____盘，一共有____块蛋糕。

【设计意图与说明】

考查学生是否能借助实物数出相同数量物品的个数后，再相加。

第 3 题：

（1）横着看，每行有（　）个球，有（　）行，一共有（　）个球。

竖着看，每列有（　）个球，有（　）列，一共有（　）个球。

（2）我发现：____。

【设计意图与说明】

考查学生能否针对同一群观察对象，既可以横着数，也可以竖着数，即每次数的个数（单位）和数的次数（单位量）不同。

第 4 题：

（1）横着看，每行有____个格子，有____行，一共有____个格子。

竖着看，每列有____个格子，有____列，一共有____个格子。

（2）加法算式：______________________________________。

（3）我发现：____。

【设计意图与说明】

考查学生是否能借助面积模型，针对同一观察对象，既可以横着数，也可以竖着数，即每次数的格数（单位）和数的次数（单位量）不同。

第 5 题：

小青蛙每次跳____格，跳了____次，一共跳了____格。

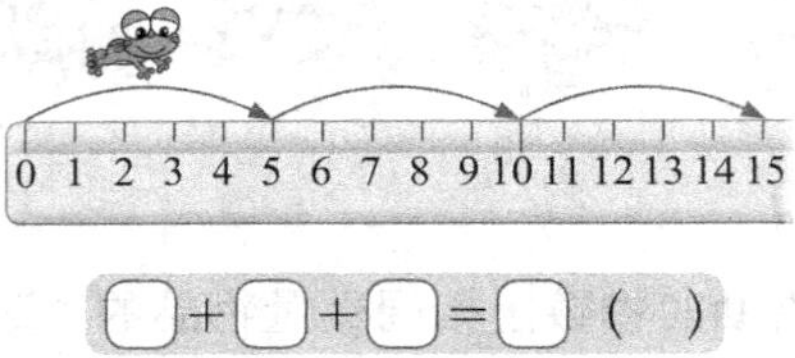

【设计意图与说明】

考查学生是否能借助数线模型和算式，明白每次跳的格数一样，可以用相同数连加来表示。

（四）数据分析

通过个体访谈记录学生所有的语言反应过程，以及教师的支持手段。通过班级课堂观察记录学生的第一反应。班级教学后进行后测，后测 3 周之后进行延后测，通过后测和延后测记录学生的答题情况。

数据分析，一方面，统计分析学生的各种行为表现；另一方面，就学生对重点问题的反应，借助师生对话的记录和学生的答题情况进行分析与说明。

三 研究过程与结果

本研究主要采用学生个体访谈与课堂观察相结合的研究方法。

首先，针对整个单元 4 节课的内容进行个体访谈，个体访谈是依据学习水平优秀、中等、有待提升及男女搭配的原则选取了 6 名学生，由 2 位教师对这 6 名学生进行访谈。访谈中，教师对学生的反应要追问你是怎么想的，当学生遇到困难时，及时地予以指导，对学生的表现、教师的指导和学生进一步的表现都要进行记录。在个体访谈中，一方面可以更深入、更细致地了解学生的学习过程，另一方面还可以依据个体访谈中出现的问题，来丰富、调整课堂观察中所用的调研工具。因此，个体访谈也起到了一个预调研的作用。

然后，进行课堂观察，每位观察教师观察 3 名学生，在教师抛出问题后，观察教师要观察学生会有怎样的反应，当学生出错时，要询问你是什么想的，并进行相应的指导，所有的指导语言及行为和学生进一步的表现都要进行记录。

最后，课堂观察后，紧接着进行后测，后测过程中教师不进行任何的干预，在学生自己做完题后，教师发现学生有问题，要对学生进行追问，但不再让学生修改答案。在后测 3 周之后，进行延后测。两种测试均在 20 分钟内完成。在后测和延后测之间，教师严格按照教材内容进行正常教学，不进行任何增补性训练。

（一）学生学习过程分析

1. 学生知道多个一数，并不代表他真的会多个一数了

如果询问学生你是否知道多个一数，以及怎么进行多个一数时，多数学生都能回答正确，但是当把一组物体给了学生让他们用多个一数的方法数出个数时，他们并不能数对。下面就问题 1 的调研情况进行分析。

问题 1：

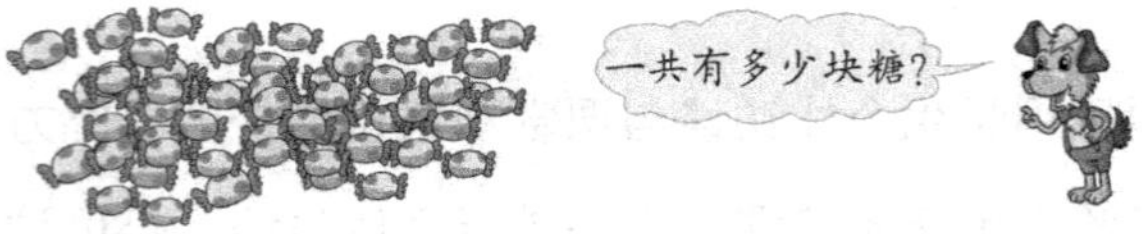

（1）摆一摆，数一数。一共有（　　）块糖。

（2）你是怎么数的？

调研结果如表 1。

表 1

方式	1 个一数	多个一数					空白
		2 个一数	3 个一数	5 个一数	10 个一数	2 个、3 个或 5 个混合数	
人数	4	6	1	9	8	1	1
百分比/%	13.4	20.0	3.3	30.0	26.7	3.3	3.3

在没有任何指导的情况下，首先安排学生尝试用自己的方法数一数，因为没有一对一观察的记录，所以只是对学生数的方法进行了调研，没有关注学生数数结果的正确性。从学生的表述看，多数学生使用了多个一数的方法。调研前期，曾预想学生有了一年级下册百以内数的认识中的数数经验，这里再次数数，可能一带而过就可以。但调研发现事实并没有预想的那样简单。

接下来主要通过分享对学生 A 和学生 B 的调研情况来说明学生学习乘法内容的过程。其中，学生 A 是一位可爱的女生，学习态度好，接受能力慢，表达能力弱；学生 B 是一位男生，聪明，表达好，家长非常重视他的学习。

师：你是怎么数的？

学生 A：2 个 2 个地数，2，4，6，8，10，12，14，15，17，19，20。

师：再数一遍试试看。

学生 A：2，4，6，8，12，14，15，17，19，20。

师：我们 2 个 2 个地数，再试一次。

学生 A：2，4，6，8，10，12，14，16，18，20。（2 个一数数到第三

次数对了。）

那么，学生 A 是否只是个案，其他学生是不是就没有这样的困难？再看一下对学生 B 的访谈过程。

最初，学生 B 拿到糖随意乱数，数过的糖随意地攥在手里，手口不一致。所以，给他 20 块糖，第一次数是 22 块，让他重新数是 24 块。

师：我看不明白你是怎么数的，你能把数过的摆放清楚吗？

（他开始一个一个地数，数到“十”停一下并把“十”看成一堆，再数剩下的。最后数对结果。数对之后，教师问他感受。）

师：数得真棒，但开始时为什么会数错啊？

学生 B：嘴说得太快，手抓得太慢，心里太急躁。数着数着就漏掉了，有时候漏掉 1 个我都不知道。

从对上述两位同学的调研过程中，可以看到学过的数数方法，经过一个学期的时间，已经有一些遗忘，所以，对学生来讲多个一数，真的没有那么容易。

调研过程中，实际上是安排学生进行了 4 次数数活动。第一次是用自己喜欢的方式数，随后分别 1 个一数、2 个一数、5 个一数地数出糖的数量。进行了 4 次数数活动之后，学生是否熟练了多个一数呢？再来看一下问题 4 的调研情况。

图 3

师：（如图 3）你想怎么数？

学生 A：我想按行数。

师：那就数一数吧。

学生 A：第一行 1，2，3，4，5，第二行也是 1，2，3，4，5，第三行还是 1，2，3，4，5。

师：一行一行地数怎么数？

学生A：第一行1，2，3，4，5，第二行也是1，2，3，4，5，第三行还是1，2，3，4，5。

从学生A的数数过程中，看到她还不熟悉2个5和3个5是几，所谓的5个一数，仍然建立在1个一数的基础上，但是这个过程正在帮助她逐步地熟悉多个一数。

此外，在后续的课节中，还看到其他学生在数数过程中的一些现象(如图4)。

图4

学生这样数没有错，但是能够看出他们并没有找到更为合适的几个一数的方法。为什么？成年人面对一些物品，能够一眼看出是5个一数，是5，10，15，是因为成年人有了几十年的数数活动经验，有了足够的积累。但是，学生缺少这种经验积累。因此，熟练地进行多个一数，是需要一个渐进的过程，而且在学习乘法的最初阶段，数相同数一直都是学生学习的一个支撑点。

2. 经历数数之后，学生最深刻的感受是“结果一样多”和“方法不一样，数的快慢不一样”

问题2：

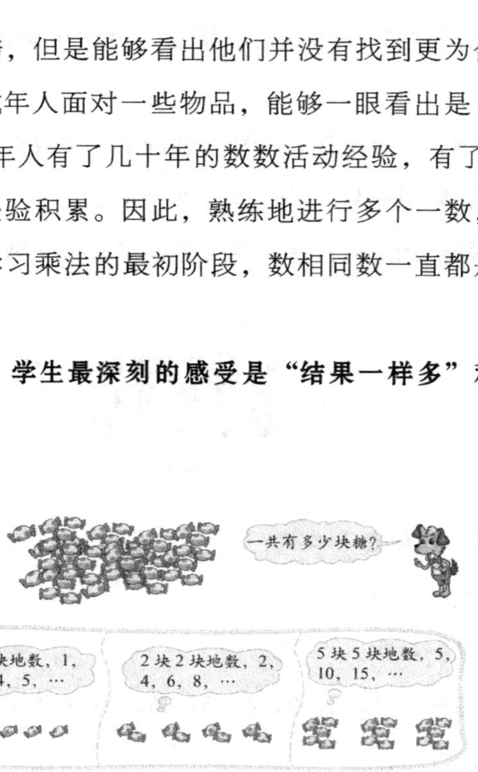

(1) 请你分别按照上面的方法数一数。

（2）你有什么感受：________________。

调研结果如表 2。

表 2

方式	数的结果一样多	1 个一数慢，5 个一数快	每次数的一样多	其他	空白
人数	8	7	4	9	2
百分比/%	26.7	23.3	13.3	30.0	6.7

让学生分别进行 1 个、2 个、5 个一数之后，问学生你有什么感受时，发现学生对数的结果都一样和数的快慢的感受比较深刻，而每次数的一样多，因为是在数的过程中发生的，并且行为不够外显，所以，学生的感受不是非常深刻。其他情况，有的学生说数的都是双数，有的说 1 个一数数得准确，也有的说 5 个一数不好数等，这些都反映了学生对数数活动的不同认识。

在后续的问题 3 调研之后，询问了同样的问题，学生的表现与问题 2 的基本一致，只是部分学生集中在了数的“快慢”上（如表 3）。

表 3

方式	数的结果一样多	1 个一数慢，5 个一数快	每次数的一样多	一列列数，一行行数	其他	空白
人数	4	11	2	6	5	2
百分比/%	13.3	36.7	6.7	20.0	16.6	6.7

再一次询问学生的感受时，更多学生集中在了数的快慢上。

3. 很多教师担心的学生爱搞混的“行列（数组）问题”，事实上对学生来说难度不大

问题 3：

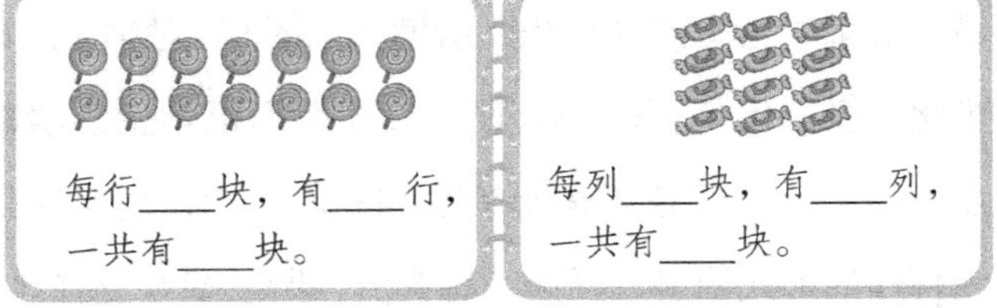

调研结果如表 4。

表 4

答题情况	全部正确	行列出错	得数错	空白或其他
人数	25	5	0	0
百分比/%	83.3	16.7	0	0

从表 4 中可以发现，即便我们常说的学生容易出错的“行、列”，在没有任何引导的情况下，学生出错情况是非常少的。而且在题目背景信息简单、数量较小时，学生出错的情况就更少，这道题得数无一人错。

学生在针对同一组按行列排列的物品列出加法算式时，表现也很好。比如问题 4 的（2）算一算（如图 5），所有学生都能根据情境写出算式，其中有 2 位学生只写了 1 个算式，他们不清楚一定要写 2 个算式。

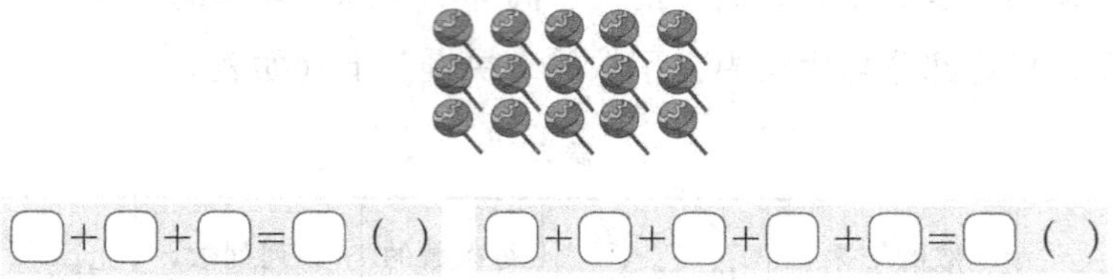

图 5

调研结果如表 5。

表 5

答题情况	全部正确	只写一个算式	式子错	得数错
人数	28	2	0	0
百分比/%	93.3	6.7	0	0

4. 数线题目，对学生来说并不难

问题 5 调研之前，考虑到“数线”情境（如图 6）对学生来说可能比较陌生，担心困难比较多。但是调研中发现，只要教师跟学生说清楚从哪到哪算是跳了一格后，学生完成任务还是比较顺利的。当然，也可能是由于上课时学生是以小组合作的形式围坐，同伴间有交流，所以基本没有学生出错。

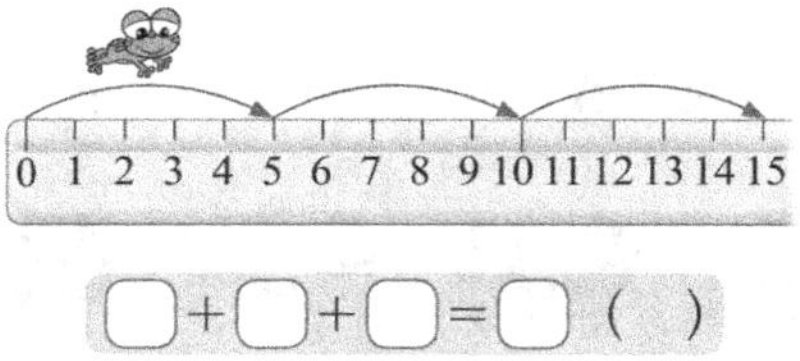

图 6

调研结果如表 6。

表 6

答题情况	全部正确	跳几格错	跳几次错	得数错	列式错	空白或其他
人数	27	1	0	1	0	1
百分比/%	90.1	3.3	0	3.3	0	3.3

（二）学生的后测及延后测分析

1. 简单的多个一数，学习效果良好

第 1，2，3，4 题都是指向多个一数的。从下面的调研结果可以看出，第 1，2，3 题学生的正确率均为 100%（如表 7，8，9），第 4 题学生出现一点问题，就是在列加法算式时，有一个学生写错了（如表 10）。

第 1 题：

圈一圈，数一数一共有多少个。

调研结果如表 7。

表 7

答题情况	全部正确
人数	30
百分比/%	100

第 2 题：

每盘有____块蛋糕，有____盘，一共有____块蛋糕。

调研结果如表 8。

表 8

答题情况	全部正确	每盘蛋糕的块数错	盘数错	一共有蛋糕的块数错
人数	30	0	0	0
百分比/%	100	0	0	0

第 3 题：

(1) 横着看，每行有（ ）个球，有（ ）行，一共有（ ）个球。

竖着看，每列有（ ）个球，有（ ）列，一共有（ ）个球。

(2) 我发现：________________________________。

调研结果如表 9。

表 9

答题情况	全部正确	行数错	列数错	一共有球数错
人数	30	0	0	0
百分比/%	100	0	0	0

第 4 题：

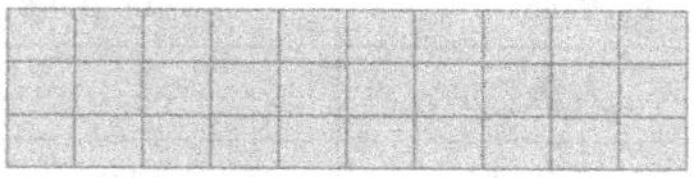

(1) 横着看，每行有____个格子，有____行，一共有____个格子。

竖着看，每列有____个格子，有____列，一共有____个格子。

（2）加法算式：____。

（3）我发现：____。

调研结果如表 10。

表 10

答题情况	全部正确	算式错
人数	29	1
百分比/%	96.7	3.3

2. 学生对多个一数活动之后的感受存在差异

在第 3，4 题之后，我们调研了学生对第 3，4 题的活动感受。

第 3 题：

（1）横着看，每行有（　）个球，有（　）行，一共有（　）个球。

竖着看，每列有（　）个球，有（　）列，一共有（　）个球。

（2）我发现：____。

调研结果如表 11。

表 11

答题情况	数的结果一样多	1 个一数慢，5 个一数快	每次数的一样多	可以用乘法也可以用加法	无关感受	空白
人数	12	3	6	2	4	3
百分比/%	40.0	10.0	20.0	6.7	13.3	10.0

第 4 题：

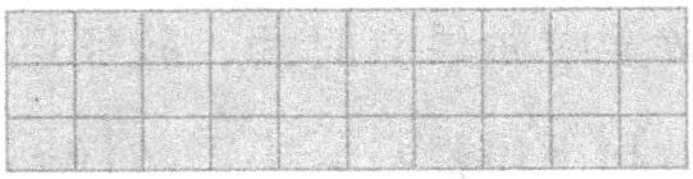

(1) 横着看，每行有____个格子，有____行，一共有____个格子。

竖着看，每列有____个格子，有____列，一共有____个格子。

(2) 加法算式：____。

(3) 我发现：____。

调研结果如表 12。

表 12

答题情况	数的结果一样多	1 个一数慢，5 个一数快	每次数的一样多	可以用乘法也可以用加法	无关感受	空白
人数	12	4	6	4	2	2
百分比/%	40.0	13.3	20.0	13.3	6.7	6.7

从两道题的调研数据看，70%以上的学生都能够产生调研的预期感受。其中，“数的结果一样多”的学生最多，两道题都有 12 名学生；“每次数的一样多”的学生其次，两道题都有 6 名学生。值得肯定的是“无关感受”和“空白”的学生比较少，说明增加数数活动有助于学生得到启发，获得更多的活动体验。

四 研究结论与建议

1. 让学生充分经历数数的过程是非常必要的

数数活动是学生喜爱的一个活动，在调研的 30 名学生中虽然有 25 名学生知道运用“多个一数”的方法，但我们也发现很多同学在“多个一数”的过程中困难重重。而且，在数数之后，能够产生每次数的都是一样多感受的学生并不多。因此，数数活动，虽然在一年级对百以内数的认识时有了经验，但是在这里仍然需要让学生认认真真地“从头开始”数数。因此，教材在传统教材直接学习乘法之前，添加了“有多少块糖”这节课是非常必要且重要的。而且，教学中如果有时间，教师还可以进一步、更充分地开展数数活动。比如，教材上虽然只给出了数糖一个情境，教师还可以利用这个情境让学生从 1 个一数，到 2 个、5 个、10 个一数进行多次数数活动。

2. 重视引导学生体会多个一数的本质与乘法意义之间的联系

如果没有任何引导，学生在多个一数之后，感受一般都是数的结果一样多，以及有时数得快，有时数得慢。而我们有一个重要的目的是希望学生体会每次数的一样多，为此，就建议安排在每次数完之后，询问或请学生填空“你是（　　）个一数的，每次数的是（　　），结果是（　　）”。这其实是一个反思过程，调研过程中，我们发现有了这种反思，学生基本就会体会到每次数的都是一样多的。

3. 让学生充分经历正确数数的过程

数数过程中，不宜只关注学生数的结果，教师要注意提醒学生数的过程，比如提醒学生要把数的糖摆好，让同学和老师一眼就能看出怎么数的，也就是如果学生是 2 个一数，那么就让他把糖 2 块 2 块地摆好。如果学生是 5 个一数，那么就让他把糖 5 块 5 块地摆好。这样，不仅有利于学生正确地数数，更有利于学生体会每次数的都是一样多。

4. 可以利用“亲子活动”进一步丰富数数活动

数相同数的活动是乘法的一个认知起点与基础，学生局限于数数经验的不足，在数数过程中往往会产生一些困难。因此，学习过程中要充分重视学生的数数活动，让学生积累尽可能多的数数经验。比如，数数活动可以安排成超越一节课的“亲子”活动。在二年级开学前，建议家长可以利用假期与孩子一起进行多个一数的数数活动。当学生有了丰富的经验之后，一方面课堂上的数数活动会更加顺利，另一方面还可以更多地引导学生讨论数数之后的感受，进而体会数数与乘法之间的关系。

5. 不在不该纠结的地方纠结

正式调研前，进行了教师调研，向教师询问学生在这个学习内容中都有哪些困难。被询问教师一致回答主要是学生分不清楚行和列。但是，在调研中发现，当告知学生什么是行和列，而不是让他们自己去探索什么是行和列时，学生的错误率很低。

同样，还有关于青蛙跳了几格的数线题，学生的一个常见错误：总是混淆是数点还是数段。有的教师不给学生明确的解释，有的教师引导学生自主探索。没有明确的解释自然是会出错，但此处引导学生探索其实没有意义。在调研过程中发现，如果给学生首先明确了怎么数算一格之后，学生的正确率还是很高的，所以教师应关注并引导学生不要在不该纠结的地方纠结。

参考文献

[1] 鲍建生，周超．数学学习的心理基础与过程［M］．上海：上海教育出版社，2009：260.

[2]［英］朱莉娅·安吉莱瑞．如何培养学生的数感［M］．徐文彬，译．北京：北京师范大学出版社，2007：67-68.

[3] J. L. MARTIN. 教与学的新方法·数学（上册）［M］．史静寰，审译．北京：北京师范大学出版社，2005：157-158.

[4] 孙艳明．小学数学探究式课堂案例研究［D］．长春：东北师范大学，2012.

[5] 李莹．小学数学课堂教学质量分析的个案研究［D］．长春：东北师范大学，2007.

学生如何理解小数的意义

黄利华（北京第二实验小学）

学生在学习过程中的错误常常源于不恰当的“一般化”，而“一般化”本身不应被看成是错误的，事实上它构成了一种重要的思维模式。教师在调研中了解学生的迷思所在，在研读教材中寻找学生迷思的合理因素和破解策略，在课堂教学中巧妙利用迷思资源并思考迷思背后的本源，这一过程是把师生培养成训练有素的思想者的过程，是构筑学习共同体的过程，它使教与学相互交融，让数学课堂更多地自然散发出理性、智慧、思辨的美妙气息。

一 研究背景及研究问题

小数的意义是小学数学概念中较为抽象、难以理解的内容，要深化学生对小数意义的理解，关键要在小数与十进分数之间建立联系。从北师大版（新世纪）小学数学教材的编排来看，“小数的认识”主要分为两个阶段：第一阶段是“小数的初步认识”，安排在三年级上册，以元、角、分为背景，帮助学生初步认识和学习小数的读法、写法及一位小数的大小比较等知识；第二阶段是“小数的再认识”，安排在四年级下册，在三年级对元、角、分，以及小数和分数初步认识的基础上，脱离元、角、分的背景，从实际情境的数量中抽象出小数的意义，借助直观模型使学生体会到小数与十进分数之间的关系。

“小数的意义（一）”是上面两个阶段学习的衔接，起到承前启后的重要作用，它将在小数与十进分数之间建立初次的连接。因为借助十进分数来进一步理解小数的意义对于学生来说是有一定难度的（如学生在理解小数和十进分数的等价关系及小数的出现是整数系的一种扩充方面有难度；在部分学生的头脑中，分数与小数没有联系，是两个独立的数集；脱离直观图，不少学生用分数表示以元、米等为单位的数量有困难，并由此产生了一些与认识小数意义相关的迷思），所以在编写教材时，我们根据学习内容的特点和学生的年龄特征，对问题串进行了精心的设计。在问题串中，问题 1 是通过利用教材附页“做一做”“说一说”，帮助学生借助现实模型（元、角、分，米、分米、厘米），在小数与十进分数（0.1 元与$\frac{1}{10}$元，0.1 米与$\frac{1}{10}$米；0.01 元与$\frac{1}{100}$元，0.01 米与$\frac{1}{100}$米）之间建立联系；问题 2 是通过用数表示各图中的涂色部分，帮助学生借助面积模型建立小数与十分之几、百分之几等十进分数之间的联系；问题 3 是通过“想一想”“填一填”，引导学生通过迁移的方式，将千分之几的分数与小数建立联系；问题 4 是通过找一找生活中的小数，引导学生关注生活中的小数，体会小数与日常生活的密切联系。

在编写教材时，我们也非常关注教材问题串是否能够真正促进学生的学习，帮助解决学生的迷思，让学生在十进分数与小数之间建立联系，进而加深学生对小数的理解，以及教师如何更好地利用问题串促进学生的学习。基此提出了以下研究问题。

1. 学生对“情境＋问题串”的理解和喜爱程度

（1）学生是否理解“小数的意义（一）”的“情境＋问题串”。学生对“情境＋问题串”中的内容什么能理解，什么不能理解，不能理解的困难障碍及迷思是什么？教师如何帮助学生理解？

（2）学生是否喜爱问题串？对问题串的改进有何建议？

2. 学生的学习过程

（1）学生学习“小数的意义（一）”的起点是什么，学生能学得多深入？

（2）针对某一个具体问题，学生到底有多少种方法，这些方法可以分为几类，哪些方法与教材上的一致，哪些方法与教材上的不一致。

3. 学生的学习效果

（1）学生对小数的迷思，通过对“小数的意义（一）”的学习，能解决多少迷思问题？

（2）经过对“小数的意义（一）”问题串的学习，有多少学生能够达到基本要求。

4. 教师的教学策略

教师采用怎样的教学方法可以更好地借助问题串支持学生的学习。

二 研究设计

（一）样本描述

本研究采用目的抽样的方法，选择北京第二实验小学朝阳学校四年级的 2 个班（合计 53 人）为研究样本（如表 1）。

调研学校地处北京市朝阳区东部新区，是一所城镇学校，学校现有学生约 400 人。选择该学校的原因有以下 3 个方面：（1）该校是北京第二实验小学新建的一所分校，教师结构青年化，具有较为开放的思想和“以学论教”的教育理念，整个学校育人环境适合本研究；（2）所有数学教师正处于发展期，还尚未形成自己的教学风格，因此在教学水平层次上能代表普通学校教师的整体水平；（3）生源的多样性（既有京籍学生，也有非京籍学生；既有城镇学生，也有为数不多的来自农村的学生），使样本具有一定的普遍性。

表 1 样本班级的情况

班级	班级人数	京籍人数	非京籍人数
四年级 1 班	26	14	12
四年级 2 班	27	13	14

为了更好地了解学生的具体变化，先从一个班确定一个“目标小组”（共 6 人）进行观察，目标小组人选由研究者和班级的数学教师共同商议确定，小组中男生、女生各 3 人，有 2 名学习相对优秀的学生、2 名学习相对中等的学生、2 名学习相对困难的学生；然后在四年级 2 班进行课堂观察。

（二）研究思路

1. 测试准备阶段。首先把学习目标具体刻画为学生的表现，然后在教材解读、文献分析、学生起点分析及在遵循问题串的基础上，设计初步的课堂观察记录表与学习单。

2. 开展个体访谈。教师对四年级 1 班“目标小组”的 6 名学生，根据初定的课堂观察记录表与学习单进行个体访谈。结合访谈结果和学习单完成情况对课堂观察记录表和学习单进行调整。

3. 进行教学实践和课堂观察。根据调整后的课堂观察记录表在四年级 2 班进行课堂观察，主讲教师进行课堂教学；辅助教师对学生进行观察，辅助教师对学生不作干预，但要追问学生，弄清楚学生的真实想法。

4. 开展全班后测。通过后测题了解学生对数学的理解程度及学习效果。

5. 整理个体访谈情况、课堂观察记录表、教学实践情况，以及学生对后测题的完成情况，进行数据分析，得出研究结论，提出课堂教学的具体建议。

研究思路的流程如图 1。

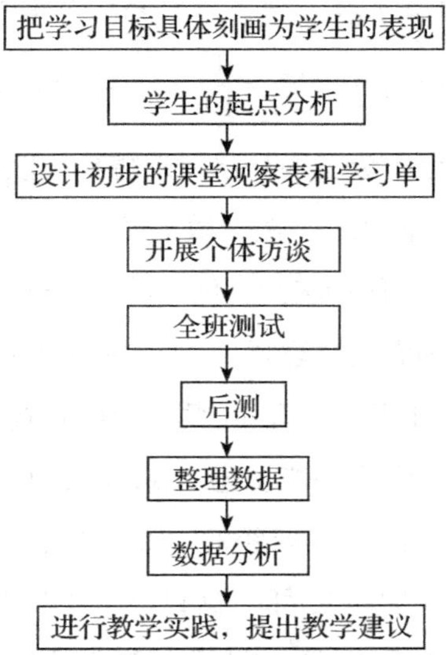

图 1

（三）研究工具

本研究中使用的研究工具主要包括：课堂观察表、学习单、教学设计和以书上练习题为基础的后测题。

（四）数据分析

通过课堂观察与后测，收集与分析学生的作业单、各种行为表现和后测题，以及学生的迷思分布，并对典型的案例做质性描述等。

三 研究过程①与结果

（一）学生对“情境＋问题串”的理解情况

1. 问题串的问题 1

利用教材附页 1，做一做，说一说，1.11 元是什么意思？1.11 米呢？

（1）教师出示问题 1 的文字，请学生说一说是怎样理解这个问题的意思的。

所有学生都能够明白题目的意思，全部能够在教师没有做任何引导的

---

① 这部分呈现的主要是在四年级 2 班进行的研究。该班原有 27 名学生，当天有 4 名学生请假。

情况下，说出 1.11 元就是 1 元 1 角 1 分，其中只有一名学生，在教师没有做任何引导之前，能够说出 0.1 元 $=\frac{1}{10}$ 元。由此可见，受前置知识、学生经验等因素的影响，学生实际上很难自发地想到可以用分数来表示 0.1 元。

(2) 请学生利用教材附页 1，做一做，说一说，1.11 元是什么意思。

①结合教材附页中的人民币模型，做一做，说一说，1.11 元是什么意思？

91.3%的学生能正确圈出并理解 1.11 元是 1 元 1 角 1 分；8.7%的学生不能正确理解，认为 1.11 元是 1 元 11 角，当教师提示“如果购物应如何付钱”及结合看图观察后，学生都能说出 1.11 元是 1 元 1 角 1 分。由学生的表现可见，基于已有的生活和学习经验，元、角、分确实是学生进一步认识小数的很好切入点，同时，也可以看到，当学生对学过的知识有所遗忘时，对小数的迷思就会显现出来，即将小数点简单地作为元与角的区分，而没有将数字的位置与元、角、分及小数意义之间建立联系。这也恰恰是需要在本课中通过各种方式帮助学生进一步认识与加强的。

②想一想，“1 角”还可以怎么表示？

学生的表现情况如表 2。

表 2　学生的表现情况（1 角）

教师引导过程	学生的表现	人数	百分比/%	备注
无任何引导	自主想到用分数表示	9	39.2	其中 1 名学生是在前面环节中自主想到的
教师提示看图	想到用分数表示	4	17.4	
教师提示 1 角是把 1 元平均分成 10 份后其中的 1 份	想到用分数表示	2	8.7	
教师提示可以联想到分数	能够用分数表示	7	30.4	
其他	始终不认可用分数表示 1 角	1	4.3	学生认为 $\frac{1}{10}$ 元太奇怪了，不认可 $\frac{1}{10}$ 能表示元；认为分数只能表示关系，不能表示具体数

从表 2 中可以发现，学生从十进分数的维度去认识小数是有一定难度的，确实需要如教材这样从实物图、元与角的关系、分数的含义等多个层次对学生进行引导，才能帮助学生在两者之间建立联系。因此，通过教材由元、角、分的生活原型入手认识小数与十进分数的关系，可以充分地借助学生已有生活与学习经验，做好小数与十进分数的必要连接，以化解部分学生头脑中分数与小数没有联系，是两个独立的记数方式的迷思。

③0.1 元与$\frac{1}{10}$元之间有什么关系？0.01 元与$\frac{1}{100}$元之间呢？

• 0.1 元与$\frac{1}{10}$元之间有什么关系？

在教师没有做任何提示的情况下，23 名学生都认可 0.1 元＝$\frac{1}{10}$元。

• 0.01 元与$\frac{1}{100}$元之间呢？

1 分等于多少元？（用分数表示。）

在无任何引导下，82.7％的学生可以独立解决问题，自发想到 1 分＝$\frac{1}{100}$元，可见大部分学生已经可以完成此十进分数与小数的自发连接。8.7％的学生在此基础上能够主动写出其他答案，如 1 分＝$\frac{1}{10}$角，1 分＝$\frac{1}{100}$元，1 分＝$\frac{0.1}{10}$元等，体现了他们开始灵活运用十进分数表达分与角、分与元之间的关系。4.3％的学生在同伴的启发下，想到了 1 分＝$\frac{1}{100}$元。4.3％的学生始终不认可 1 分＝$\frac{1}{100}$元，认为分数只能表示关系，不能表示具体数。

1 分等于多少元？（用小数表示）。

在无任何引导下，87.0％的学生自发想到 1 分＝0.01 元；另有 13.0％的学生或没有想到可以用小数表示，或想到能用小数表示但不会表示，或想到能用小数表示，写成“00.1”，认为第 1 个 0 表示元，第 2 个 0 表示角，1 表示分。由这个迷思我们看到，学生能将数字与元、角、分对应，但认识小数点对位值所起的作用还是模糊的。

(3) 请学生利用教材附页 1，做一做，说一说，1.11 米是什么意思。1.11 元呢?

87.0%的学生自发想到 1.11 米是 1 米 1 分米 1 厘米；13.0%的学生在教师提示进率后，想到 1.11 米是 1 米 1 分米 1 厘米。在无任何引导下，全班学生自发想到 1 分米$=\frac{1}{10}$米，1 分米$=0.1$ 米；全班学生也都能写出 1 厘米$=\frac{1}{100}$米，1 厘米$=0.01$ 米。

由学生对 1.11 米的理解情况，可见学生的迁移学习能力很强。在认识 1.11 元含义的基础上，结合直尺模型解读 1.11 米的含义，学生是有能力独立解决的。因此，在学习中，教师可以给学生时间，让他们在独立思考的基础上充分交流，完成基于米、分米、厘米的十进分数与小数的连接。

2. 问题串的问题 2

用数表示下面各图中的涂色部分。(如图 2)

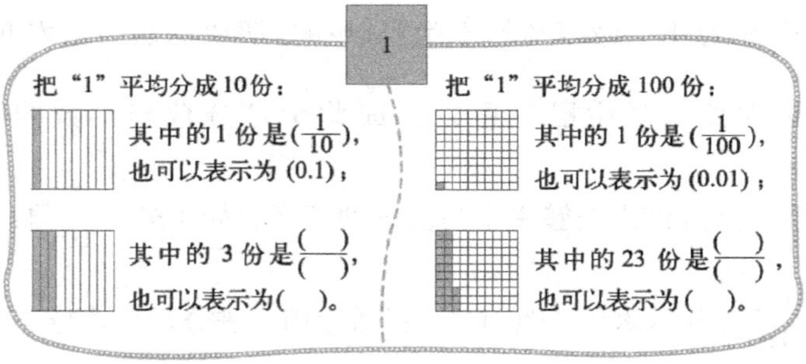

图 2

(1) “1” 平均分成 10 份。

把“1”平均分成 10 份：其中的 1 份是$\frac{(\ \ )}{(\ \ )}$，也可以表示为（　）；其中的 3 份是$\frac{(\ \ )}{(\ \ )}$，也可以表示为（　）。

在无任何引导下，全班学生都能写出把“1”平均分成 10 份，其中的 1 份是$\frac{1}{10}$，也可以表示为 0.1。大部分学生也能在无任何引导下，自发想到其中的 3 份是$\frac{3}{10}$，也可以表示为 0.3，只有一名学生在$\frac{3}{10}$如何用小数表示的问题上有所犹豫，教师引导他回顾$\frac{1}{10}$是如何用小数表示的，随后，他很顺利地想到$\frac{3}{10}$也可以表示为 0.3。

(2)“1”平均分成 100 份。

把“1”平均分成 100 份：其中的 1 份是$\frac{(\ )}{(\ )}$，也可以表示为（　）；其中的 23 份是$\frac{(\ )}{(\ )}$，也可以表示为（　）。

在无任何引导下，全班学生都能写出把“1”平均分成 100 份，其中的 1 份是$\frac{1}{100}$，也可以表示为 0.01。在无任何引导下，全班学生也都能写出把“1”平均分成 100 份，其中的 23 份是$\frac{23}{100}$。而把$\frac{23}{100}$用小数表示时，学生的表现情况如表 3。

表 3　学生的表现情况$\left(\frac{23}{100}\right)$

教师引导过程	学生表现	人数	百分比/%	备注
无任何引导	自发想到其中的 23 份可以表示为 0.23	21	91.4	
无任何引导，学生自己看图反思	想到其中的 23 份可以表示为 0.23	1	4.3	最初写成 0.023；看图后自己反思 23 中的“2”应该是 0.2，独立修改正确
教师提示学生与元、角、分类比对应	想到其中的 23 份可以表示为 0.23	1	4.3	

从表 3 可见，个别学生对将分母为 100 的十进分数化成小数时感到困难。这其中包括受整数认识的负迁移的影响，如由$\frac{1}{100}=0.01$而推出$\frac{23}{100}=0.023$。同时，由教师提示学生将此问题与元、角、分类比对应可以对学生有所启发，从这点也反映出：对于学习困难的学生，将分数直观模型与元、角、分的实物模型相结合，以帮助学生建立分数直观模型与小数的连接，也是学生易于接受的一种教学方法。

3. 问题串的问题 3

想一想、填一填，把“1”平均分成 1000 份，其中的 1 份是$\frac{(\quad)}{(\quad)}$，也可以表示为（　　）；其中的 59 份是$\frac{(\quad)}{(\quad)}$，也可以表示为（　　）。

在无任何引导下，全班学生都能写出把“1”平均分成 1000 份，其中的 1 份是$\frac{1}{1000}$，其中的 59 份是$\frac{59}{1000}$。而把$\frac{1}{1000}$和$\frac{59}{1000}$用小数表示时，学生的表现情况如表 4 和表 5。

表 4　学生的表现情况$\left(\frac{1}{1000}\right)$

教师引导过程	学生表现	人数	百分比/%	备注
无任何引导	自发想到把“1”平均分成 1000 份，其中的 1 份可以写成 0.001	20	87.1	
同伴交流启发	想到把“1”平均分成 1000 份，其中的 1 份可以写成 0.001	1	4.3	最初写成 0.0001
教师提示学生与把“1”平均分成 100 份类比	想到把“1”平均分成 1000 份，其中的 1 份可以写成 0.001	1	4.3	最初写成“00.01”，想凑出三个零
教师提示学生把 1 平均分成 10 份，把“1”平均分成 100 份分别是如何表示的	想到把“1”平均分成 1000 份，其中的 1 份可以写成 0.001	1	4.3	教师提示前，无法写出

表 5　学生的表现情况$\left(\frac{59}{1000}\right)$

教师引导过程	学生表现	人数	百分比/%	备注
无任何引导	自发想到把“1”平均分成 1000 份，其中的 59 份可以写成 0.059	22	95.7	
同伴交流启发	想到把“1”平均分成 1000 份，其中的 59 份可以写成 0.059	1	4.3	

没有了元、角、分具体模型的支撑，又脱离了直观图，这对学生用小数表示分母为1000的分数是一个挑战，这时学生表现出的迷思也是多样的：有对小数写法的迷思，如“00.01”；有受到1000的0的个数影响的迷思，如“0.0001”；还有毫无思路的困扰等。因此，教师此时需要放慢速度，帮助学生建立知识之间的联系，在各种类推中理解分母为1000的分数是如何用小数表示的。

4. 问题串的问题4

找一找生活中的小数，和同伴交流。

绝大部分学生所找到的生活中的小数，都是有关于元、角、分，以及米、分米、厘米的，此外，还举出了：99.5千米；8.8折；1.56时（不理解，不能说）；液体中的小数，但没有举出具体数量的例子；73.65千克，79.3克；等等。

（二）课堂教学实践情况

小数的学习分为连接、发展、精准与熟练、抽象四个阶段。本节小数意义的学习处于连接阶段，即强调通过学生已熟悉的表征（如实物、图示、分数符号）来帮助学生连接小数符号并赋予其意义。针对小数意义学习的阶段特点和课前访谈所调研的学生迷思，教师在教学设计时应依据教材，在课堂教学时应采用相应的策略引导学生自主研讨，鼓励学生大胆展示自己的思维过程，暴露自己的迷思，让课堂上呈现更多来自学生的研讨话题与资源，顺应学生的思维，适时引导学生将学习逐渐引向深入，使课堂教学成为师生、生生思维与观点的时时交互、碰撞，乃至交锋的过程。

课堂片段纪实1：借助直观模型破解迷思

师：现在咱们重点研究小数用分数和画图表示……想一想，以元作单位，1角和1分除了可以分别用小数0.1元和0.01元表示，它们还能分别用哪个分数表示？请大家独立写出这两个分数，学有余力的同学可以在背面尝试用画图的方式表示0.1元。（小组讨论后全班交流。）

生 1：0.1 元＝1 角＝$\frac{1}{10}$元，0.01 元＝1 分＝$\frac{1}{100}$元。

生 2：画图就是把表示 1 元的正方形平均分成 10 个格，涂其中的一个格。0.01 元就是把它平均分成 100 个格，涂其中的一个格。

生 3：可这个是条，不是一格一格的。

生 4：画$\frac{1}{10}$的时候，10 条就够了，画$\frac{1}{100}$的时候就要把竖条也画上。

生 5：还有一个方法，把它平均分成 100 份，涂上其中的 10 份就是$\frac{1}{10}$，涂上其中的 1 份就是$\frac{1}{100}$。

师：刚才同学们的发言很精彩，谁能总结一下？

生 1：用一个图可以表示 0.1 元和 0.01 元。

生 2：把一个图平均分成 100 份，用其中的 10 份表示 0.1 元，用其中 1 份表示 0.01 元。

课堂片段纪实 2：指导方法促进交流，在对话中破解迷思

[学生自学问题串的问题 2 和问题 3（如图 3）后，教师组织全班交流，在 1 名学生说出正确答案后，学生之间又展开了互动与答疑。]

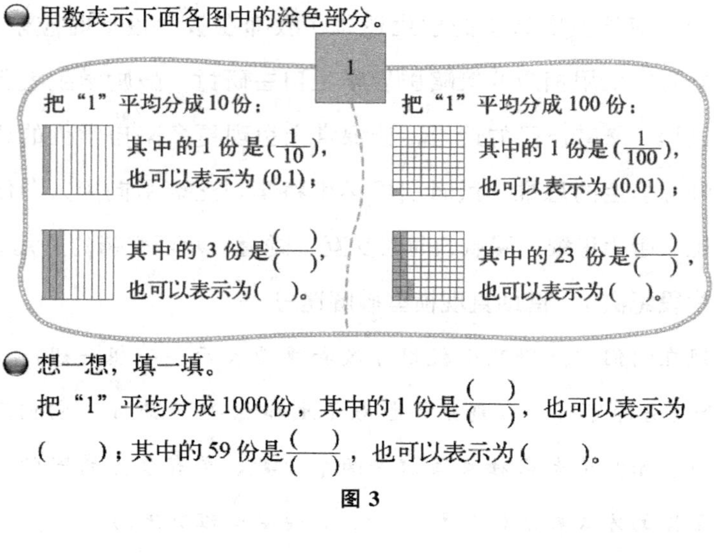

图 3

生1：我刚才有一个问题：把一个正方形平均分成100份，其中的23份就是0.23，把“1”平均分成1000份，其中的59份就是0.059，为什么不是0.59呢？

生2：0.23是$\frac{23}{100}$，而$\frac{59}{1000}$的分母是1000，100和1000相差10倍，所以$\frac{59}{1000}$写成小数就是0.059。

生3：为什么把这个0写在小数点的后面，而不是0.590呢？

生4：先不看5，把9提出来，1000有3个0，$\frac{9}{1000}$就是0.009，再把5填进去就是0.059。

生5：$\frac{59}{1000}$的分子“59”的百位上没有数，所以只能用0表示，结果是0.059。

生6：为什么不能省掉这个0呢？

生7：0.059的数位从左往右，依次是个位、十分位、百分位、千分位。如果把十分位上的0省掉，就相当于把这个数乘10，就变成0.59了，就是$\frac{59}{100}$。

生8：我也有一个问题，$\frac{59}{100}$到$\frac{59}{1000}$，分母由100到1000相当于把100乘10，为什么写成小数时，不是0.59乘10，而是0.59除以10，变成0.059？

生9（边说边比画）：我举个例子，把一个蛋糕平均分成100份，每份这么大，若把它平均分成1000份，每份就这么一小点了，当然是$\frac{59}{100}$大了。

师：又回到了分数的意义，刚才有位同学说的由100变成1000，变大了，是什么变大了？

生（齐答）：分母。

师：分母变大了，就表示平均分的份数多了，平均分的份数越多，一份就越小。所以当分子不变时，分母变大，这个分数不仅不会变大，反而会变小。

生 10：我还有一个问题，为什么$\frac{1}{100}$是 0.01，而$\frac{23}{100}$写成小数不是 0.023 而是 0.23 呢？

生 11：这是平均分成 100 份不是 1000 份，如果平均分成 1000 份就还要再加一个 0。

生 12：$\frac{23}{100}$的分子是 23，$\frac{1}{100}$的分子是 1，占的位数不一样。

师：那换句话讲，是不是百分之几就都是零点零几呢？

生 13：不一定，$\frac{1}{100}$至$\frac{9}{100}$写成小数是零点零几，百分之十几到百分之九十九就是零点几几了。

生 14：我还有一个发现，分母 10，100，1000 有几个 0，写成小数后，小数点后面就有几个数字。

师：同学们已经开始探寻规律了，思考分母和小数位数之间有什么规律，这是个好问题，后面我们还会进一步探讨。

课堂片段纪实 3：破解预设外迷思，生发“追求最简分数”的萌芽

师：通过刚才的学习，同学们能把 1 角和 1 分分别以元为单位用小数和分数表示了，那 1 角 1 分可以怎样表示呢？[板书：1 角 1 分＝（　　）元]

生 1：$\frac{11}{100}$元，0.11 元。

生 2：可以这样想，1 角＝0.1 元＝$\frac{1}{10}$元，1 分＝0.01 元＝$\frac{1}{100}$元，所以 1 角 1 分就是 0.1＋0.01＝0.11 元，也可以是$\frac{1}{10}+\frac{1}{100}=\frac{11}{100}$元。

生 3：为什么要写成$\frac{11}{100}$元，而不写成“$\frac{1.1}{10}$”元呢？

生 4：分数里不能有小数。

生 5：分数就是个小数。

生 4：分数里不要再套一个小数了。

生 3：分数里为什么不能再套一个小数了？

师：别着急，咱们先看 1 角 1 分和“$\frac{1.1}{10}$”元是否相等。把 1 元平均分成 10 份，1 份是 1 角，而 1 角 1 分相当于其中的 1.1 份，那么 1 角 1 分与“$\frac{1.1}{10}$”元相等吗？

生：相等。

师：它们确实相等。不过在用分数表示 1 角 1 分时，一般根据元与分的关系，把 1 元平均分成 100 份，用$\frac{11}{100}$元来表示。1 角 1 分和“$\frac{1.1}{10}$”元是相等关系没问题，但只要把它写成$\frac{11}{100}$元，我们就能做到不在分数中出现小数了。

（三）学习效果分析

根据学习目标并以教材练习题为基础，我们精心设计了后测题，并对后测的结果进行了统计与分析。

1. 第 1 题

先说一说下面每个数中的“3”分别是什么意思，再连一连。

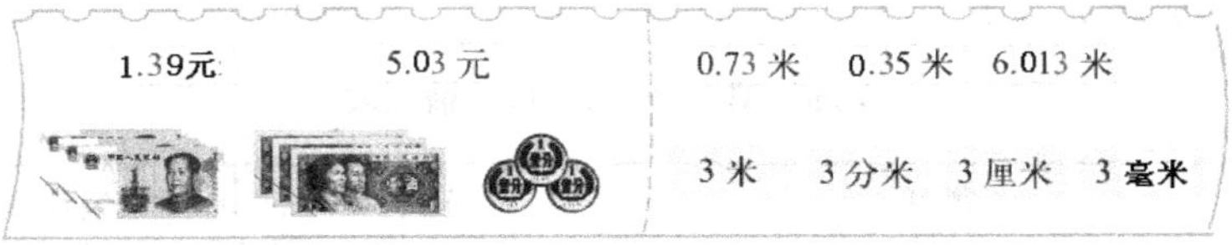

图 4

结果分析如表 6。

表 6　第 1 题作答情况表

题目	正确率/%	错误情况
元、角、分的理解	95.7	5.03 元的“3”对应 3 角
米、分米、厘米、毫米的理解	95.7	0.35 米的“3”对应 3 米

2. 第 2 题

想一想，填一填。

(1)   其中的 7 份是 $\frac{(\quad)}{(\quad)}$，也可以表示为（　　）。 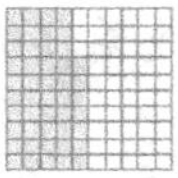 其中的 47 份是 $\frac{(\quad)}{(\quad)}$，也可以表示为（　　）。

图 5

结果分析如表 7。

表 7　第 2 题 (1) 作答情况表

题目	正确率/%	错误情况
其中的 7 份是 $\frac{(\quad)}{(\quad)}$	95.7	写成“$\frac{0.7}{1}$”
其中的 7 份也可以表示为（　）	100	
其中的 47 份是 $\frac{(\quad)}{(\quad)}$	95.7	写成“$\frac{0.47}{1}$”
其中的 47 份也可以表示为（　）	100	

(2) 把“1”平均分成 1000 份，其中的 61 份是 $\frac{(\quad)}{(\quad)}$，也可以表示为（　　）。

结果分析如表 8。

表 8　第 2 题 (2) 作答情况表

题目	正确率/%	错误情况
其中的 61 份是 $\frac{(\quad)}{(\quad)}$	100	
其中的 61 份也可以表示为（　）	95.7	表示为 61

3. 第 3 题

如果□表示 1，请你用教材附页 2 中的图表示 0.13 和 1.04，并在图上画一画。

结果分析如表 9。

表 9　第 3 题作答情况表

题目	正确率/%	错误情况
表示 0.13	95.7	把“1”平均分成 13 份 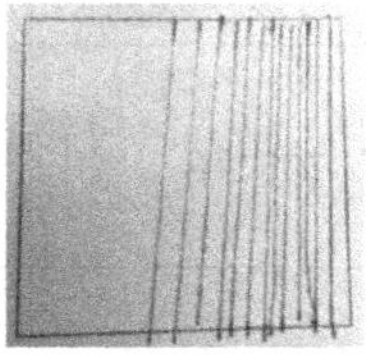
表示 1.04	95.7	不知道该怎么做

4. 第 4 题

请在下面（如图 6）的数线上分别标出 0.8 和 1.25。

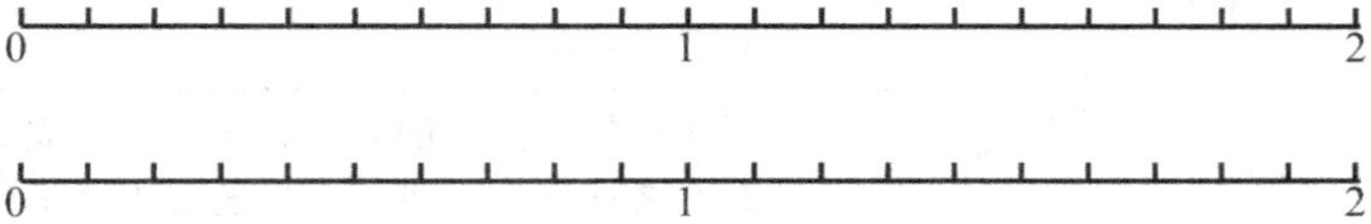

图 6

结果分析如表 10。

表 10　第 4 题作答情况表

题目	正确率/%			错误情况
表示 0.8	95.7	画段	30.4	
		画点	65.3	
表示 1.25	87.0	画段	26.1	误写为 1.15 的有 1 名学生；对 0.05 不知道如何处理的有 2 名学生
		画点	60.9	

5. 第 5 题

填一填。

（1）0.3 元 $=\frac{(\quad)}{(\quad)}$ 元　（2）0.46 米 $=\frac{(\quad)}{(\quad)}$ 米　（3）0.8 个 $=\frac{(\quad)}{(\quad)}$ 个

（4）0.018 克 $=\frac{(\quad)}{(\quad)}$ 克　（5）$\frac{7}{100}$ 米 =（　）米

结果分析如表 11。

表 11　第 5 题作答情况表

题目	正确率/%	错误情况
0.3 元 $=\frac{(\ \ )}{(\ \ )}$元	91.3	写成"$\frac{0.3}{1}$"的有 1 名学生；写成"$\frac{3}{1}$"的有 1 名学生
0.46 米 $=\frac{(\ \ )}{(\ \ )}$米	82.6	写成"$\frac{0.46}{1}$"的有 3 名学生；写成"$\frac{46}{1000}$"的有 1 名学生
0.8 个 $=\frac{(\ \ )}{(\ \ )}$个	91.3	写成"$\frac{0.8}{1}$"的有 2 名学生
0.018 克 $=\frac{(\ \ )}{(\ \ )}$克	87.0	写成"$\frac{0.018}{1}$"的有 2 名学生；写成"$\frac{18}{10000}$"的有 1 名学生
$\frac{7}{100}$米＝（　）米	82.6	不知道如何处理的有 1 名学生；写成 2.7 米的有 2 名学生；写成 0.7 米的有 1 名学生

6. 第 6 题

如果用└──┘表示 1，请表示出 2.4。

结果分析如表 12。

表 12　第 6 题作答情况表

题目	正确率/%	错误情况
表示 2.4	87.0	①不知道如何处理 0.4 的有 1 名学生； ②画出 4 段表示 2.4 的有 1 名学生； 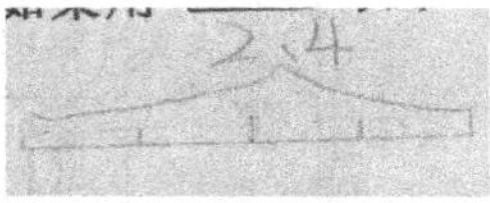 ③把"2.0"之间的 10 格中的 1 格当成 0.4 的有 1 名学生 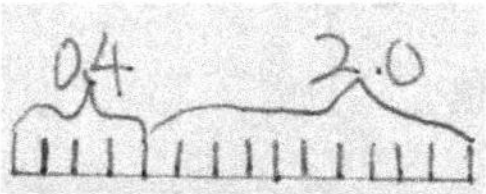

说明：本题中，表示正确的学生基本上是用小数的思维，估的方法来确定 2.4 的。

7. 第 7 题

(1) 有同学认为“2.7 袋是$\frac{2}{7}$袋”，你同意吗？

95.7%的学生不同意，4.3%的学生表示同意。

(2) 如果不同意，请写出你的答案。

结果分析如表 13。

表 13　第 7 题（2）作答情况表

类别	百分比/%	备注
答案正确	27.3	①写成“$\frac{27}{10}$”，但不能解释的有 4 名学生； ②写成“$(2+\frac{7}{10})$”的有 1 名学生； ③写成“$2\frac{7}{10}$”的有 1 名学生
答案错误	72.7	①写成“$\frac{2.7}{10}$”的有 9 名学生； ②写成“$\frac{0.7}{2}$”的有 1 名学生；写成“$\frac{2.7}{7}$”的有 1 名学生； ③写成“$\frac{7}{20}$”的有 1 名学生；写成“$\frac{270}{300}$”的有 1 名学生； ④写成“$\frac{2.7}{2.7}$”的有 1 名学生； ⑤不能写出的有 3 名学生

（四）研究结果

1. 关于学生是否能读懂问题串

学生能理解“情境＋问题串”，并且“情境＋问题串”中涉及的问题、学习材料及学习方法学生都能读懂。相比而言，学生容易忽视研究问题之外的信息，因此培养学生读全、读准和读精的阅读习惯，将更加有助于学生对“情境＋问题串”的理解。

2. 关于学生的学习过程

(1) 学生对小数意义的学习存在以下迷思。小数写法的迷思：有学生将$\frac{1}{1000}$写成“000.1”，学生虽然有初步的位值概念，但他们认为小数点的作用是将“0”与其之外的数字隔开。小数与分数互化的迷思：有学生认为$\frac{23}{100}$=0.023，将0.8，0.9的下一位写成0.10，学生对位值意义与数位的关系并不清晰。小数实际意义的迷思：有学生认为1.11元=1元11角，将小数点简单地作为大单位与小单位之间的区分。用图形表示小数的迷思：有学生画图用数线表示2.4时，把2平均分成10份，取1份当成0.1，反映出学生对于理解0.1的直观模型的意义及直观模型与小数之间的关系存在着一定的困难。

（2）学生对小数的再认识确实需要经历一个过程。特别是将十进分数与小数建立联系时，虽然有现实背景，但是学生是不易自发想到的。由小数的实际意义发展到用图形表示小数，对学生而言是一个挑战；由借助图形直观认识小数到抽象进行小数与分数的互化对学生而言有困难；用学到的小数意义的相关知识解释生活中的小数及画图表示也需要一个过程。

（3）教学时教师要充分利用学生已有的元、角、分及长度和小数的知识，体会小数的十进关系；充分帮助学生利用教材的学习材料和“做一做”的学习方法，在小数与十进分数之间建立联系；鼓励学生尝试从实际意义、图形表示等多角度理解小数；在学习过程中不断激发学生联想已有知识进行转化和类推来理解小数的意义。

（4）直观模型等学习工具对学生理解小数的意义，在小数与十进分数之间建立联系发挥了非常好的辅助作用。特别是当学生对于小数与十进分数的关系没有思路、无从下手时，教师引导学生观察并建立小数直观模型，将有助于学生把小数与十进分数进行正确联系。

3. 关于学生的学习效果

通过后测的统计数据，可以发现学生通过对问题串的学习，不仅能够掌握本节课的基础知识和基本技能，借助实际意义建立小数和十进分数之间的联系，而且对于小数的产生和应用也有了进一步认识。与此同时，我们也发现：学生对在数线上表示小数，相对于在面积模型上是困难的，这与数线比面积模型更为抽象有关，这也说明了教材在后面课节中继续借助直尺，数形结合来建立十进分数与小数联系的必要性。

五 研究结论与建议

（一）研究结论

1. 学生学习小数意义的起点是借助人民币和长度单位对小数的初步认识。针对借助直观模型建立小数与十进分数联系的具体问题，学生有操作、画图、转化、类推等多种方法，这些方法可以分为借助生活经验、直观模型和类推三种表达类别，这与教材是一致的。经过问题串的学习，基本上全班学生能够达到学习要求。但因学生在自发建立小数与十进分数的联系上确实存在一定的困难，所以教师可在指导学生充分利用教材附页 1 和教材附页 2“做一做”的基础上，帮助学生建立知识间的联系，让学生更加深入地体会小数的意义。

2. 学生的方法可以体现不同水平。从学习过程的角度对学生不同的方法进行水平划分：水平 1，通过借助教材附页 1 自发想到用分数表示小数；水平 2，经过教师指导“做一做”想到用分数表示小数；水平 3，经过教师指导“做一做”及提示用分数表示角、分时，能正确表示。

3. 教材问题串的编写不仅促进了学生的数学理解，而且其中渗透的思考与学习方法对学生自主学习能力的培养是产生了一定影响的。这也是学生喜欢教材的主要原因之一。

（二）建议

建议教师在教学中，充分利用学生已有的元、角、分，以及长度和小数的知识，让学生体会小数的十进制关系；充分帮助学生利用教材的学习材料和“做一做”的学习方法，让学生能建立小数与十进分数之间的联系；鼓励学生尝试从实际意义、图形表示等多角度理解小数；不断激发学生在学习过程中联想已有知识进行转化和类推来理解小数的意义；同时，明确小数概念迷思的价值，让迷思者拥有交流的优先权，在激励中形成迷思资源化的思维方式。

参考文献

[1] 邵汉民，沈洋．“预学后教”——单元形成性评析课的新尝试［J］．教学月刊小学版（数学），2014（03）.

[2] 涂俊珂．“小数的意义”课前测试及其对教学的启示［J］．小学教学（数学版），2013（01）.

[3] 叶晓宏．“小数意义”一课引发的思考［J］．北京教育学院学报（自然科学版），2014（04）.

[4] 张奠宙．落实“四基”，要把数学思想方法适当地说出来［J］．教学月刊小学版（数学），2015（10）.

顺应学生思维　突破学习难点

——“除数是整数，余数需要补0的小数除法”的实证研究

位惠女［河南省第二实验中学（小学部）］

“打扫卫生”是北师大版（新世纪）小学数学教材五年级上册第一单元“小数除法”中的内容，主要研究小数除以整数，除到被除数末尾有余数需要添0继续除，以及商需要补0的情况，同时，还要研究整数除法中含有余数，能够继续除的问题。教材设计了两个课时的内容，第一课时主要研究余数添0继续除的问题；第二课时主要研究商需要补0的问题。本次调研主要是针对第一课时进行的，课堂教学时间为40分钟。

基于研究问题，依据北师大版（新世纪）小学数学教材“情境＋问题串”的设计思路，我们拉长了学生的学习轨迹，在每一个问题的学习中，以自主探索为主线，充分暴露学生的思维过程，期望学生能在小数除以整数，除到被除数末尾无余数，商不需要补0的基础上，进一步探究除数是整数的小数除法的算理，并以此来解决除数是整数的小数除法。

一　研究背景及研究问题

“除数是整数的小数除法”是后续学习“除数是小数的小数除法”的重要基础（除数是小数的小数除法只要转化成除数是整数的小数除法即可进

行运算)。它解决了小数除法中小数部分“除”的问题，是沟通小数除法与整数除法的桥梁。从这个意义上讲，“除数是整数的小数除法”应该是“数的运算”的核心课程之一。

教材在设计除数是整数的小数除法这一内容时，采用了分散教学难点的编排方式：首先解决除到被除数末尾无余数，商不需要补0的情况（精打细算)；然后解决除到被除数末尾有余数，需要添0继续除及商需要补0的情况（打扫卫生)。“打扫卫生”第一课时的内容，教科书设计了三个层层递进的问题，让学生借助已有的知识，结合元、角、分的背景理解在余数中补0的意义，探索除数是整数的小数除法的计算方法。

一般来说，在小数除法的教学中，教师的关注点通常会放在除数是小数的小数除法上，潜意识里往往会忽视“除数是整数，余数需要补0的小数除法”内容的教学，认为学生有了“除到被除数末尾无余数，商不需要补0”的学习经验，自然会迁移到此内容的学习中。其实不然，除数是整数的小数除法的真正生长点是有余数的除法。例如，在分物、测量的过程中，在整数除法内用“余数”表示，如何得到更精确的结果？则需要用小数(或分数）来表示，这就产生了把“余数”继续除下去的必要性。那么，除法竖式中的“余数”该怎么办？为何补0能继续除下去？这对学生原有的认知冲击很大，是学生学习中的难点。

在进行个体访谈时，发现在正式学习“除数是整数，余数需要补0的小数除法”之前，学生从元、角、分的背景到用小数的意义解释竖式中每一步的含义是有困难的，虽然学生有整数除法的经验，但很难自觉地迁移到小数除法中。为此，我们以“打扫卫生（第一课时：除数是整数，余数需要补0的小数除法）”一课为例，以学生的自主探索为主，从以下几个问题展开“除数是整数的小数除法”的研究。

1. 在阅读教材“情境＋问题串”时，学生能否读懂？学生遇到的困难是什么？

2. 学生是如何解决“除数是整数，余数需要补0的小数除法”的？遇到哪些困难？是怎么解决的？

3. 经过学习，学生能否达到基本学习要求？学生的学习表现如何？

希望通过本研究，能发现学生在经过学习之后不仅知道计算方法，能正确进行除数是整数的小数除法的竖式计算，而且能沟通小数部分“除”与整数部分“除”的内在联系，突破学习难点，深入理解小数除法的本质。

二 研究设计

（一）样本描述

本研究采用的是目的抽样的方法。选择的调研学校地处河南省郑州市惠济区，是一所城郊民办学校，现有学生约 1080 人。学生主要来自学校周边社区，家庭多为收入较高的白领或经商家庭。之所以选择这所学校，主要考虑研究结果的代表性，希望研究结果能代表普通学校学生的整体水平。

随机选择五年级 1 班，本班有 31 名学生，全部参与了本研究的全过程，所以最后的样本数为 31。班级学生情况如表 1。

表 1　班级学生情况表

白领家庭的学生人数	经商家庭的学生人数	备注
8 人 （父母为收入较高的双职工）	23 人 （其中有 6 个家庭有家庭成员外出工作）	开学初，班里仅有 2 名学生在校外学习奥数。但因为刚开学，所以 2 名学习奥数的学生对本次的调研结果影响不大。其余学生均未参加校外辅导

为了更好地了解学生的具体变化，共选择 16 位教师（其中 15 位教师各负责观察 2 名学生，1 位教师负责观察 1 名学生）参加此次的调研活动。这 16 位教师记录学生在学习过程中的表现，特别记录学生在学习中有哪些困难，教师提供了哪些学习支持，在这种支持下，学生对知识的理解程度如何。

（二）研究思路

本研究的目的主要是基于研究问题，以教材呈现的“情境＋问题串”

为媒介，探究学生能否读懂“情境＋问题串”，在学习的过程中如何理解“除数是整数，余数需要补0的小数除法”的算理并掌握算法。本研究主要采用学生个体访谈与课堂观察相结合的研究方法。

首先，进行个体访谈。依据学习水平优秀、中等、有待提升及男女搭配的原则选取6名学生，由3位教师对这6名学生进行访谈。访谈中，教师要对学生的反应追问“你是怎么想的?”当学生遇到困难时，访谈教师要及时进行指导，以及记录学生的最初表现、教师的指导及学生的进一步表现。个体访谈不仅可以深入了解学生探索“除数是整数，余数需要补0的小数除法”的过程，还可以依据个体访谈中出现的问题，进一步丰富、调整课堂观察中所用的调研工具。因此，个体访谈也起到了预调研的作用。

其次，进行课堂观察。课堂观察由16位教师对31名学生进行观察，在授课教师抛出问题后，观察教师要观察学生对问题有什么反应，是否能读懂问题，是如何解读问题的；学生出现错误或有困难时，观察教师要询问学生是怎么想的，哪个地方不懂，并作相应的指导，所有的指导语言和学生表现都要求观察教师详细记录。

最后，进行后测。测试时间为20分钟。后测过程中授课教师和观察教师不进行任何干预，当学生独立完成后测题后，观察教师发现学生有问题时，可进行追问和指导，但需要保留学生原始的答题过程。

需要特别说明的是，在访谈和正式授课时，要注意保留与学生一起交流的原始数据和学生原始作业等，为后续的结果分析作准备。

1. 逐一呈现教材的“情境＋问题串”，学生先自主进行阅读。

2. 记录学生是否能读懂“情境＋问题串”。在记录的过程中，若发现学生有不懂的地方，要提供帮助，同时，详细记录帮扶的过程和使用了什么方法帮助学生克服困难。

3. 调研教材中呈现的“情境＋问题串”学生是否喜欢，是否对学生学习该知识有帮助。

4. 观察学生学习过程中遇到的困难及出现的迷思，提供相应的帮助，并详细记录，必要时要对学生进行访谈，深入了解其想法。

5. 进行后测，了解学生知识的掌握程度。

6. 统计数据，分析有多少学生达到了基本要求；对于没有达到基本要求的学生该提供哪些帮助，并详细记录。

（三）研究工具

本研究编制了访谈提纲、作业纸、教师观察表、后测题共 4 份研究工具。

1. 个体访谈的设计与说明

本研究的个体访谈使用半结构式访谈，提前设计访谈提纲（本文未呈现），访谈时一位教师访谈，另一位教师记录，同时进行录音和摄像，访谈结束后根据录音和摄像对记录进行整理分析，为进一步的课例研究提供重要参考。

访谈提纲主要是以教材中呈现的“情境＋问题串”为主要材料，访谈时依据学生学习过程中经常出现的困难点给予一定的提示。所有访谈教师依据统一标准对学生进行访谈，同时，详细记录学生出现的困难、困惑及迷思，为后续的课例研究提供证据支持。

2. 学生调研问题与教师观察说明

针对学生是否能够读懂教材的“情境＋问题串”及学生的学习起点和学习过程，我们设计了调研问题与教师观察说明（详见附录 1 教师观察表）。依据调研问题设计了作业纸，作业纸相当于学生的调研问卷。教师观察表（详见文后附录 1）是以调研问题为基础，增加了对学生反应情况的预设和教师引导说明。

3. 学习目标的细化及后测题

对学习目标的细化，主要思路是在单元的整体背景下，以教师教学用书的学习目标为切入点，结合教材的“情境＋问题串”，把与第一课时相关的学习目标，即“借助已有知识，探索除数是整数的小数除法的计算方法，结合元、角、分的背景理解在余数补 0 的意义；能正确进行除数是整数的小数除法的竖式计算，并能解决一些简单的实际问题；在解决简单问题的过程中，能结合具体情境进行小数除法的估算，认识数学的价值”进行细化，分解到每个问题中去，如下所述。

（1）借助元、角、分的生活经验和前一节课的学习经验，探索除数是整数的小数除法的计算过程。

（2）在元、角、分的背景下理解小数除法竖式计算的过程，解决余数补0的问题。

（3）解决整数除法中含有余数，如何继续除下去的问题。

后测题是以细化的学习目标为依据，以教材中的“练一练”为基础设计的（详见附录2），测试时，由学生独立完成，教师不作指导。

（四）数据分析

在课堂观察结束后，进行数据的收集和整理，主要有以下工作：

首先，将31名学生的问卷（作业纸）按学习水平分成优秀（13人）、中等（12人）、有待提升（6人）三类，分别进行编码；其次，对每个学生对每个问题作答的情况分别进行编码，并将学生的想法按照编码一一录入总表，完成数据的收集；最后，统计每个问题中每种回答结果的人数，计算各自所占的百分比，为后续的数据分析做好准备。

在整个研究过程中，采用定性分析与定量分析相结合的分析方法对访谈、观察、案例资料进行分析。一方面，对学生的各种行为表现做统计分析；另一方面，对学生就重点问题的反应，通过师生对话的记录和学生的作答情况进行分析与说明，得出相关的研究结论。

三　研究过程与结果

（一）绝大多数学生能够读懂问题串，对“情境＋问题串”有兴趣，少数学生存在一定的困难

在31名学生中，25名（占80.65%）学生能自主阅读问题串并解决问题。这些学生能借助先前的学习经验，结合教材中呈现的问题列出算式，自主尝试解决“除数是整数，余数需要补0的小数除法”问题，能结合具体的情境进行小数除法的估算，并能解决一些简单的实际问题。

在进行调研时，设计了这样一个问题：请你用一种水果或动物来比喻一下你现在的心情，并写出原因。大部分学生是从认知的角度写的，也有的学生是从单纯喜欢的角度写的，但无论是哪个角度，都不难发现学生学习的心情是比较愉悦的，学习过程是相对比较轻松的。学生们都有不少的收获，这从他们的描述中可以感受到。

师：能说一说你填写时，是怎么想的吗？

生1：我很喜欢今天这个学习过程，可以自己进行学习和研究，以自己的学习为主。我写了我最喜欢的水果——芒果，来代表我喜欢今天这节课。（如图1）

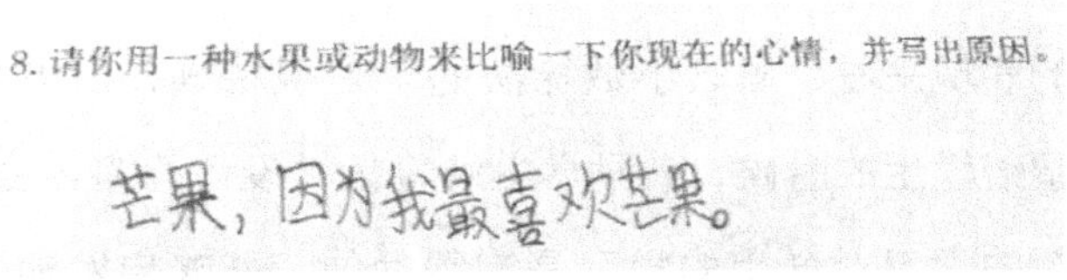
8. 请你用一种水果或动物来比喻一下你现在的心情，并写出原因。

芒果，因为我最喜欢芒果。

图1

生2：我想到之前学习除法时，余数是不用管的，直接剩余在那里就行了，今天学习了如何把余数继续除下去，觉得小数除法很神奇，我学到了一种新的解题方法，所以心情就像甜桃那么甜。（如图2）

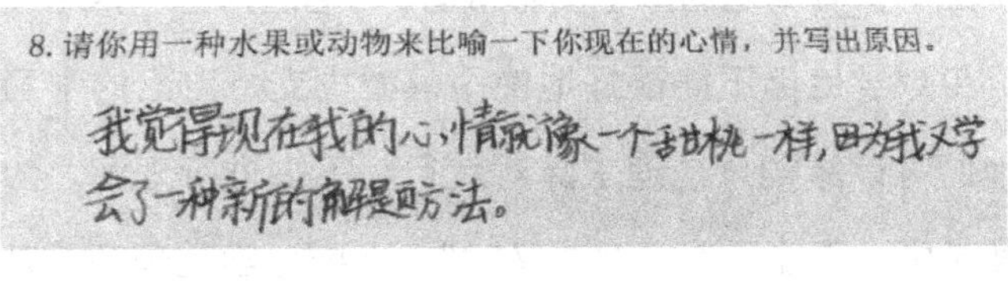
8. 请你用一种水果或动物来比喻一下你现在的心情，并写出原因。

我觉得现在我的心情就像一个甜桃一样，因为我又学会了一种新的解题方法。

图2

生3：原来认为小数除法是很难的，没想到用我之前的学习方法也能解决，非常开心，就选择了我喜欢吃的水蜜桃。（如图3）

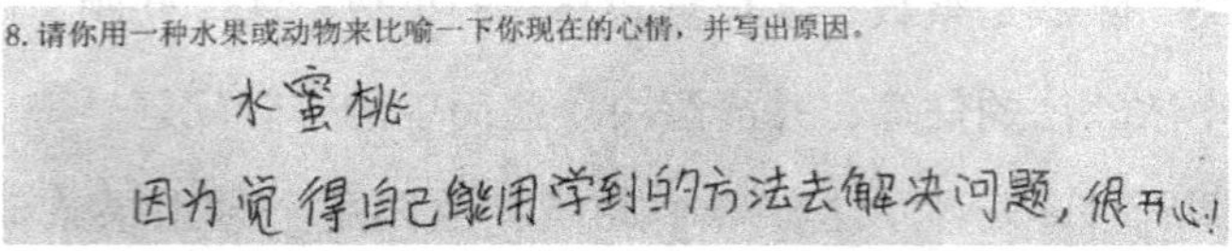
8. 请你用一种水果或动物来比喻一下你现在的心情，并写出原因。

水蜜桃

因为觉得自己能用学到的方法去解决问题，很开心！

图 3

生 4：今天的学习更多的是让我们自己想问题并把竖式每一步的含义写出来。我发现之前只是会算题，今天理解了这样的题为什么这样算，我现在的心情很高兴，就写了甜滋滋的水蜜桃代表我的心情。（如图 4）

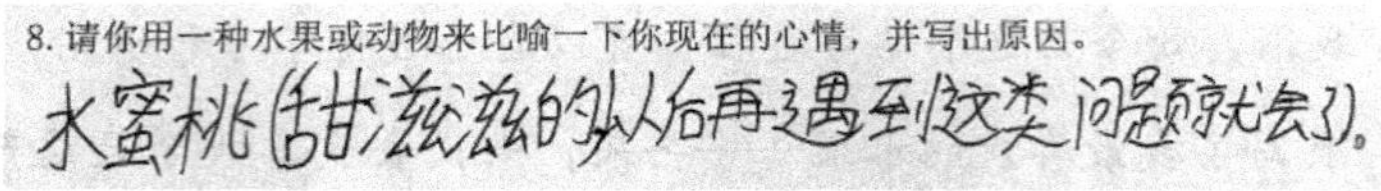
8. 请你用一种水果或动物来比喻一下你现在的心情，并写出原因。

水蜜桃(甜滋滋的)以后再遇到这类问题就会了。

图 4

从学生的表现来看，虽然小数除法的学习很枯燥，但当我们放手把学习的主动权留给学生的时候，鼓励学生沿着教材设计的路径去学习时，“情境＋问题串”的学习对学生的学习是有帮助的，能够启发他们一步步地进行思考，激发他们的学习兴趣。

虽然有了前面的学习经验（除数是整数，无余数，商不需要补 0 的小数除法），但当教师鼓励学生自己试着计算 18.9÷6 时，5 名学生计算错误，不知道该如何计算。而后续我们调查“元、角、分对你解决题目是否有帮助”时，这 5 名学生中，有 2 名选择了没有帮助，3 名选择了一点帮助也没有。由此不难发现，少数学生仍不能很好地使用模型去支持自己的学习。通过课下访谈发现，他们对计算题只是追求算对就行，不去进行理解。为此，需要教师在平时的教学中，不能只追求“快又对”，而要让学生理解算理，了解计算背后的道理，才能帮助学生更好地进行学习，理解计算的意义和价值。

（二）在探索“除数是整数，余数需要补 0 的小数除法”算理的过程中，元、角、分的背景起到了支撑作用

在学习过程中，主要关注学生如何借助教材提供的“情境＋问题串”

解决“除数是整数，余数需要补 0 的小数除法”？遇到哪些困难？他们是怎么解决的？下面借助两个教学片段来走进学生的学习过程。

教学片段 1：余数“3”怎么办

教师出示“买 6 把笤帚共花了 18.9 元。每把笤帚多少元？估一估，算一算”，先让学生独立思考，然后再全班交流。并提示观察教师关注学生的困难在哪里。

师：估一估，每把笤帚大约多少元？

生 1：可以把 18.9 看作 18，18÷6＝3（元），大约是 3 元。

生 2：我补充一下，把 18.9 元看作 18 元，看少了，估计的结果应该比 3 元多。

生 3：可以估计一个范围，比 3 元多，比 4 元少。

师：能具体说说你的想法吗？

生 3：把 18.9 元看作 18 元，少看了，18÷6＝3（元），实际结果比 3 元多，把 18.9 元看作 24 元，多看了，24÷6＝4（元），实际结果肯定比 4 元少，所以实际结果在 3 元和 4 元之间。

师：能明白生 3 的想法吗？

生 4：我能明白，但是我觉得大概比 3 元多一点儿，比 4 元少得多，因为把 18.9 元看作 24 元，多看了 5 元左右呢。

这里主要考查学生是否能结合具体情境进行小数除法的估算，从学生的反应来看，大部分学生都能根据自己的学习经验进行估算，有的学生还能估计出一个区间，把结果锁定在一个范围内，并能进一步解释结果在区间的位置，有非常好的数感。统计结果如表 2。

表 2　小数除法估算情况表

作答情况	不会估算	估算错误	估算正确
人数	2	3	26
百分比/%	6.45	9.68	83.87

在学生估算的基础上，教师提出进一步的学习要求：请结合问题列出算式，并尝试算一算。根据学习要求，学生独立计算。在调查的 31 名学生中，学生均能列出算式“18.9÷6”，其中，5 名学生列式正确，但计算不正确，4 名学生能用自己的方法（不含竖式）正确计算，22 名学生能用竖式正确计算。统计结果如表 3。

表 3　列式并独立计算情况表

作答情况	不会列算式	正确列式，竖式计算错误	正确列式，能用自己的方法（不含竖式）正确计算	正确列式，能用竖式正确计算
人数	0	5	4	22
百分比/%	0	16.13	12.90	70.97

在学生独立计算的基础上，观察教师特别关注了学习上有困难的学生，授课教师组织学生进行了全班交流。

师：谁来说一说自己的想法。

生 1：我的方法是结合前面学习的元、角、分来计算的（如图 5）。

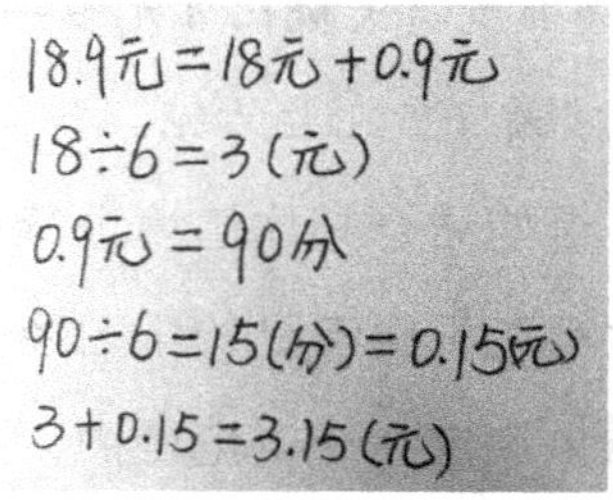

图 5

师：能看懂他的方法吗？

生 2：他是把 0.9 元化成 90 分，90÷6=15（分），再把 15 分化成 0.15 元，这样就得到结果了。我的方法是这样的（如图 6），你们能看懂吗？

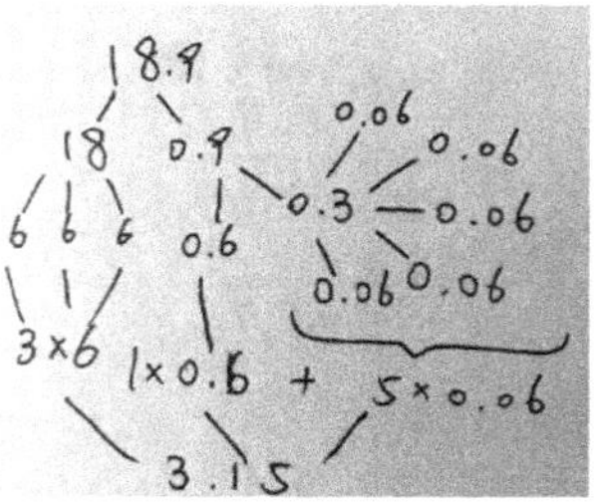

图 6

（教室里有短暂的沉默，马上有学生小声交流，随后有人举手表达观点。）

生 1：我明白你的想法，先把 18.9 分成 18 和 0.9，18 里面有 3 个 6，0.9 再分成 0.6 与 0.3，0.6 里面有 1 个 0.6，0.3 里面有 5 个 0.06，这样就可以知道结果为 3.15 元。

生 3：这样计算虽然比较麻烦，但我还是比较欣赏的，可以用乘法的知识解决除法问题。

生 4：我觉得这样算比较麻烦，在计算的时候，我设计了这样两个小竖式来解决问题（如图 7）。

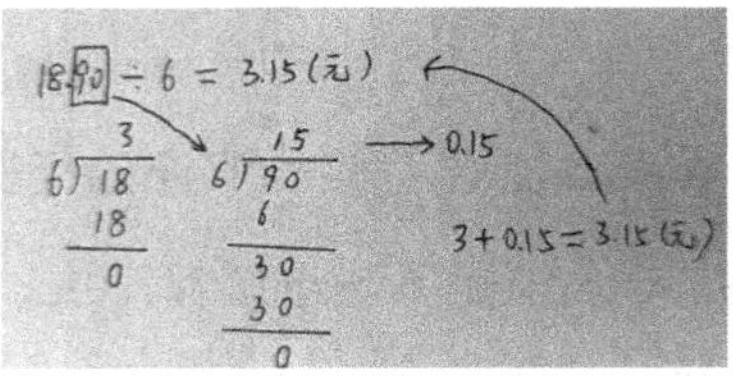

图 7

师：仔细观察生 4 的方法，你有什么想法？

生 1：我觉得和我的方法有点像，也是把 0.9 元化成 90 分来算的。

生 5：我是列竖式计算的（如图 8），但遇到了问题，还有个余数“3”怎么办？

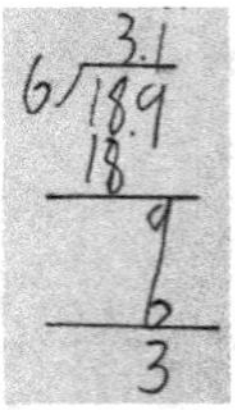

图 8

生 6：可以继续算啊，我是这样算的（如图 9），在余数“3”后面加个 0 就可以算了。

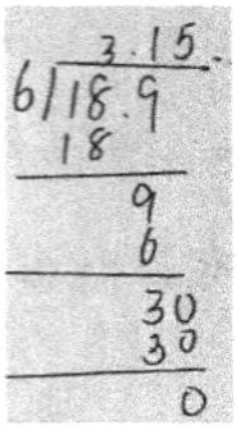

图 9

生 5：为什么要加个“0”呢？

生 6：我解释不清楚，反正是加个 0 就行了。

师：谁能解答一下生 5 的问题，说说你的想法。

（学生表示不太清楚。）

在计算时，大部分学生都能借助前一节课的经验用竖式来计算，其中 22 名学生能继续算下去，5 名学生不能继续算下去，特别是对余数“3”该怎么办？学生思维比较模糊，有的学生尝试了继续算下去，认为这样是可以算出结果的，但不能清晰地解释为何要这样算（如图 10）。

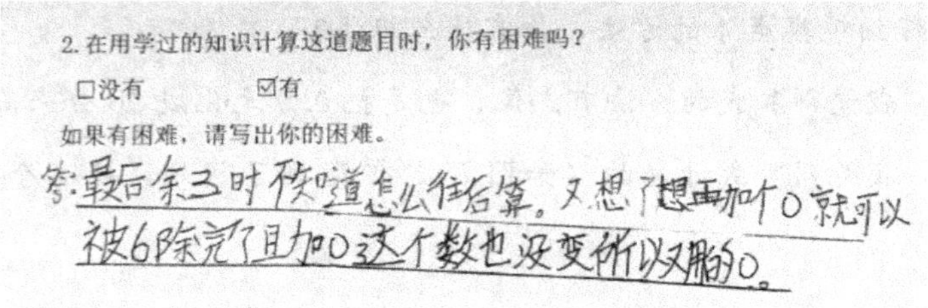

2. 在用学过的知识计算这道题目时，你有困难吗？

□没有　☑有

如果有困难，请写出你的困难。

答：最后余3时不知道怎么往后算。又想了想后面加个0就可以被6除完了且加0这个数也没变所以又加的0。

图 10

授课教师尝试借助学生的问题“为什么要加个0呢”，引导学生讨论为何可以继续算下去，发现学生虽然计算出了结果，却不能表达为何这样做。

基于此，引导学生回到元、角、分的背景下，帮助其理解“3”是怎么变成“30”的，理解“30”是30个什么？原来是3个1角，现在是30个1分；原来是3个0.1，现在是30个0.01。

师：除法竖式中的余数“3”是多少？

生1：这里的余数“3”是0.3元，也就是3角。

生2：3角平均分成6份的话，是不够整分的。

师：3角怎样变化，就够整分了。

生1：把3角变成30分，30÷6=5（分），这样就够整分了。

师：那么，在除法竖式中，怎样把余数“3角”变成30分呢？

生3：可以在3的后面添个0，这样就可以继续除下去了。

师：你怎么想到要添0呢？

生4：因为小数可以无限往后添0，数的大小不变。

生5：这里添0是把3角变成30分了，数的大小没变。

生6：也就是说数的大小没变，但单位变小了，可以继续除下去了。

师：请你把竖式补充完成，并尝试写出竖式中每一步的含义。

（学生独立完成，并进行全班交流。）

师：谁来说说自己的想法。

生1：我是这样理解的（如图11），“9”表示9角，里面有1个6角，余下的3角不够分了，要变成30分就可以，商3.15中的1表示1角，5表示5分。

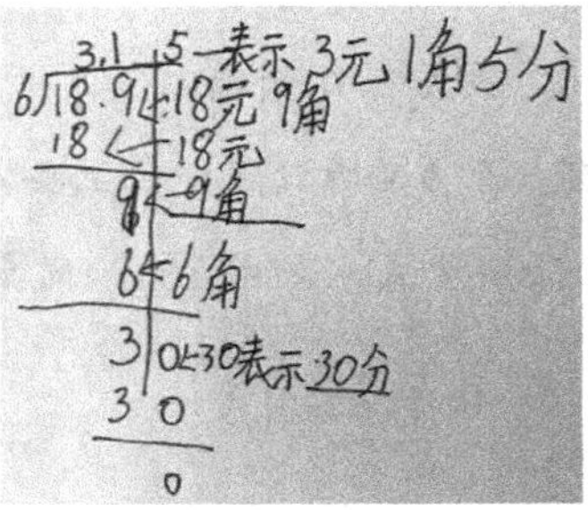

图11

师：谁再来说说自己的想法。

生 2：我的想法和生 1 一样，但有点儿不同（如图 12），我认为商 3.15 中的“1”除了表示 1 角，还表示 1 个 0.1，“5”除了表示 5 分，还表示 5 个 0.01。

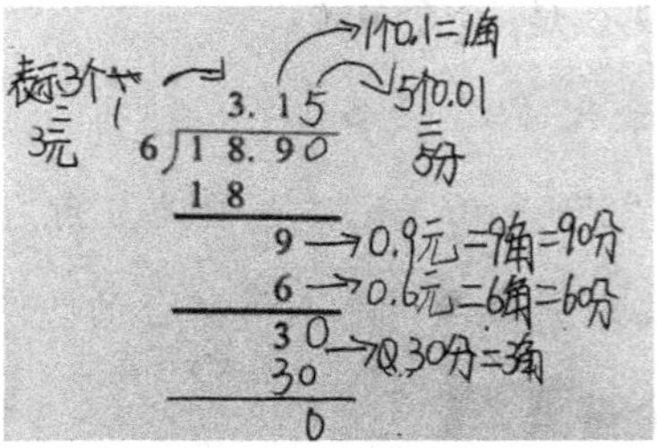

图 12

生 3：我想问一个问题，为什么商中的“1”还表示 1 个 0.1。

师：谁能解释这个问题？

生 4：因为“1”在十分位上，所以还可以表示 1 个 0.1。

师：解释得很清楚。

生 3：我明白了，除了用元、角、分来解释，还可以用数位来解释。

师：谁来解释商中的“5”为何表示 5 个 0.01？

生 5：因为 5 在百分位上，所以表示 5 个 0.01。

师：根据刚才的交流，想一想，余数“3”除了表示 3 角，还可以表示什么？

生 6：余数“3”在十分位上，表示 3 个 0.1。

生 7：我们添上 0 后，余数“3”还表示 30 个 0.01。

生 8：对的，所以“5”要写在百分位上。

生 9：因为 30 里面有 6 个 5，所以百分位上要写“5”。

师：请大家看下面的除法竖式（如图 13），同桌互相交流，并把竖式中每一步的含义补充完整。

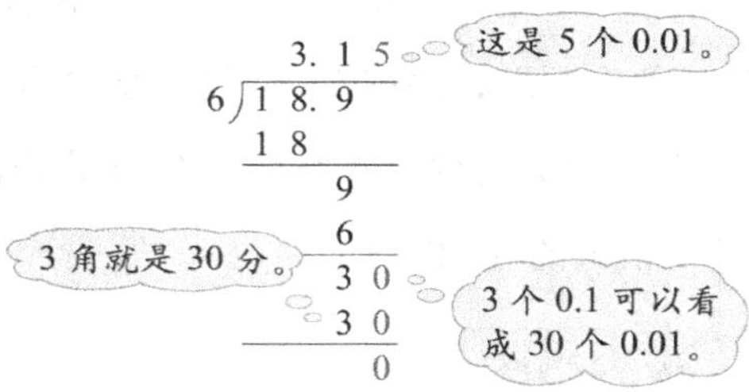

图 13

（学生讨论、交流和补充竖式中每一步的含义。）

师：回过头来，对比一下估算结果与精确结果，你有什么想法？

生 1：我们估算得还可以，结果 3.15 元比 3 元多一点，比 4 元少得多。

生 2：我觉得估算是对计算结果的另一种检验。

师：那么，我们再来想一想，余数“3”为何可以继续算下去了。

生 1：把余数“3 角”变成“30 分”，就可以继续算下去了。

生 2：把余数“3 角”变成“30 分”，虽然数的大小没有变，但能利用之前学习的除法知识进行计算。

在交流中，学生认为余数“3 角”变成“30 分”后，数的大小没有变，但 30 中有 6 个 5，所以可以继续除下去。这种讨论很好地帮助部分学生厘清了思路，使学生比较好地理解了知识的来龙去脉（如图 14）。

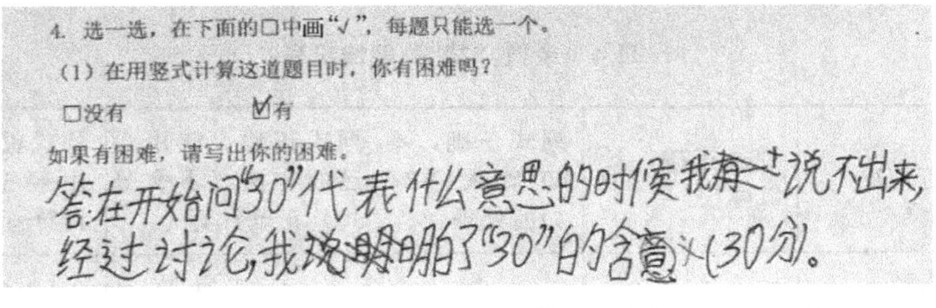
4. 选一选，在下面的□中画“√”，每题只能选一个。

（1）在用竖式计算这道题目时，你有困难吗？

□没有　☑有

如果有困难，请写出你的困难。

答:在开始问“30”代表什么意思的时候我说不出来，经过讨论，我明白了“30”的含意(30分)。

图 14

在这个问题讨论结束后，调研了一个问题，如下。

你觉得借助元、角、分，对你理解竖式每一步的含义有帮助吗？

□有很大帮助　□有帮助　□没有帮助　□一点帮助都没有

调研结果：31 名学生中，有 8 名学生认为有很大的帮助，约占 25.81%；16 名学生认为有帮助，约占 51.61%。从数据上看，结合元、角、分的背景，对学生探索除数是整数的小数除法的计算方法，理解在余数中补 0 的意义，帮助还是很大的（如图 15）。

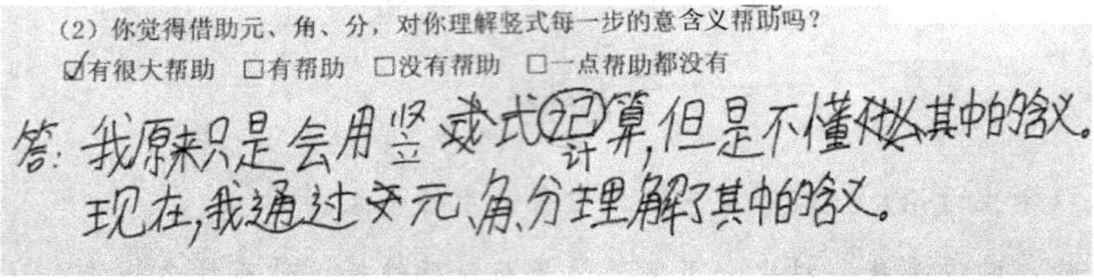
（2）你觉得借助元、角、分，对你理解竖式每一步的意含义帮助吗？
☑有很大帮助 □有帮助 □没有帮助 □一点帮助都没有

图 15

教学片段 2：余数为何能继续除下去

在学生解决了“小数除法竖式计算中余数补 0”的问题后，按照教科书的设计路径，学生需要解决的是“整数除法中含有余数，能够继续除”的问题，教师出示“买 4 个簸箕共花了 26 元，每个簸箕多少元？请接着算下去”，鼓励学生列式并独立进行计算。

31 名学生中，有 2 名学生计算错误，有 6 名学生在用竖式计算时，不知道余数“2”该如何处理，有 1 名学生是用自己的方法计算出正确结果，其余的学生是用竖式计算出正确结果。统计结果如表 4。

表 4　余数“2”处理情况表

作答情况	列式正确，计算错误	列式正确，不知余数“2”如何处理	列式正确，能用自己的方法（不含竖式）正确计算	列式正确，能用竖式正确计算
人数	2	6	1	22
百分比/%	6.45	19.35	3.23	70.97

师：谁来说一说自己是怎么算的？

生 1：我是这样算的，26＝24＋2，24÷4＝6（元），2 元＝20 角，20÷4＝5（角）＝0.5（元），6＋0.5＝6.5（元）。

师：能看懂他的方法吗？

生2：他是把余下的2元化成20角，继续除下去的，正好可以得0.5元。

师：还有别的方法吗？

生3：我是用竖式算的（如图16），我有个疑问，余数2怎样继续除下去呢？

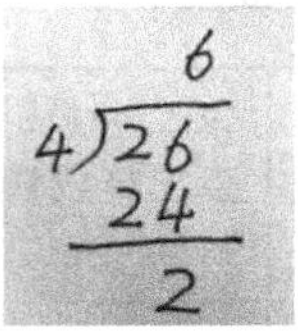

图 16

生4：我也有这样的疑问，原来余数“2”放在这里就行了，现在呢？

生5：和前面讨论的余数“3”的问题是一样的吗？

在教师的潜意识里，认为这个问题学生能很快解决，因为有解决18.9÷6中余数“3”的经验，这里余数“2”的处理，学生直接把经验迁移过来就可以解决了，但没想到学生有这么多的疑问，部分学生认为余数“2”不用处理，放在这里就行了。不难发现，余数补0继续除下去确实是学生学习的难点，需要教师借助元、角、分模型帮助学生去理解。

师：想一想，这里的余数“2”可以怎么处理？

生1：我觉得余下来就行了，以前计算整数除法的时候就是这样。

生2：我认为需要继续算下去，因为要知道每个簸箕具体的价钱，所以要继续算下去。

师：想一想，2÷4怎么办呢？

生2：把余下的2元看成20角，就可以继续算下去了。

生3：也就是把余数2看成20个0.1，就能继续算下去了。

师：能明白他们的想法吗？

生4：与把3角看成30分是一样的。

师：请用刚才讨论的办法，用竖式计算这个问题。

在讨论中，鼓励学生修正自己在前面计算中的错误，并用竖式计算，尝试写出竖式中每一步的含义。31 名学生中，有 1 名学生计算错误；9 名学生计算正确，并能用小数的意义进行解释，而约有 $\frac{1}{2}$ 的学生解释竖式中每一步的含义是借助元、角、分模型。统计结果如表 5。

表 5　用竖式计算并解释竖式中每一步的含义情况表（26÷4）

作答情况	用竖式计算错误	计算正确，不会解释或解释错误	计算正确，能用元、角、分模型进行解释	计算正确，能用小数的意义进行解释
人数	1	6	15	9
百分比/%	3.23	19.35	48.39	29.03

师：这个除法竖式中每一步的含义是什么？写一写，并与小组交流。

师：请你来解释一下你写的竖式中每一步的含义。

生 5：商 6.5 中的“5”表示 5 角，也表示 5 个 0.1；余数“2”表示 2 元，补 0 后就是 20 角，表示 20 个 0.1（如图 17）。

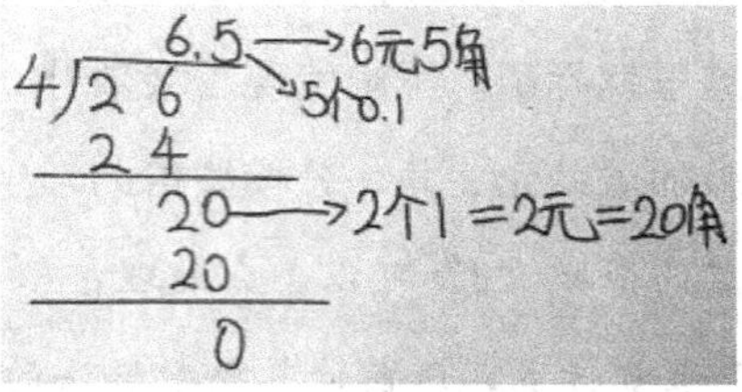

图 17

这个学习任务基本上是学生独立完成的。在观察学生学习的过程中，发现学生还是习惯从元、角、分的角度思考问题（如图 17），也有部分学生是可以完全抽象思考问题的，从小数意义的角度进行解释（如图 18），这表明学生基本上掌握了该知识。

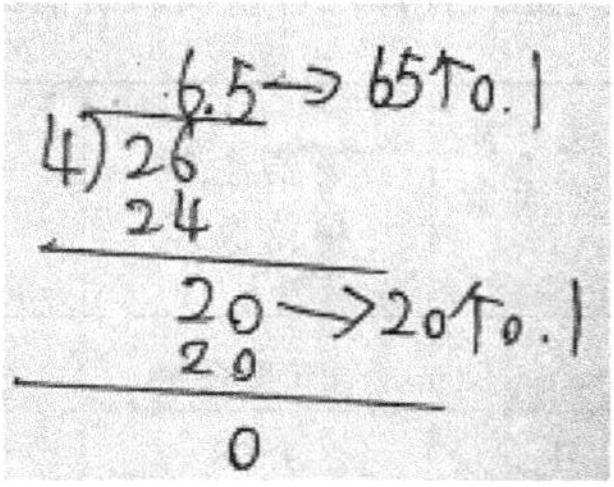

图 18

经历这个学习过程后，在用竖式计算时，学生还有哪些困难？需要注意的问题是什么呢？为此，特意设计了调研问题：在用竖式计算时，你有什么困难？你认为重要的地方是什么？结合具体的事例来说一说自己的想法。

师：在用竖式计算时，你有什么困难吗？

生 1：商的小数点应该点在哪儿呢？

生 2：以前学习的除法算式中，被除数中有小数点，商的小数点与被除数小数点对齐就行了，这个被除数没有小数点。

生 3：商的小数点要点在个位的后面，十分位的前面（如图 19），因为余数“2”补 0 后就变成了 20 个 0.1。

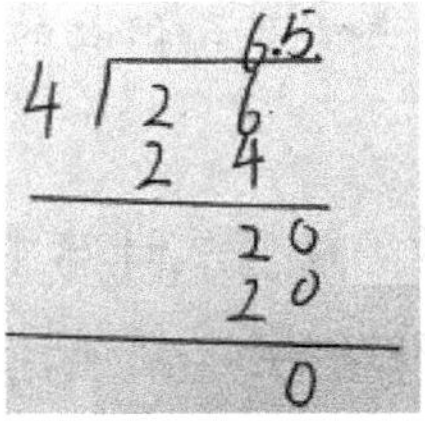

图 19

生 4：商的小数点的位置是在商的个位右下角。

用竖式计算除数是整数的小数除法时，需要注意什么呢？在对 31 名学生调研时，约$\frac{1}{3}$的学生没有想法，认为没有需要注意的地方。统计结果如表 6。

表 6　竖式计算注意事项调研情况表

类别	没有想法，或没有需要注意的地方	需要注意单位换算	需要注意小数点	需要注意小数点、单位换算及补 0
人数	12	3	9	7
百分比/%	38.71	9.68	29.03	22.58

表 6 中呈现的统计结果出人意料，没有想到学生的注意点基本上放在是否能正确计算出结果，而不是“该如何计算出正确结果”。看来，这需要教师在平时的教学中，强调学习后的反思，鼓励学生对自己的学习过程及时进行回顾与总结，帮助学生积累学习的经验，为后续的学习奠定基础。

师：回顾一下今天的学习，你印象最深的是什么？

生 1：以前学习的除法，余数放在那里就行了，现在可以继续算下去了。

生 2：余数添 0 就可以继续除了，我觉得数学真好玩。

生 3：我有一个问题，为什么余数可以继续除下去呢？

师：这是个非常好的问题，谁来说一说自己的想法。

生 1：余数补 0 后，余数的单位就变成了更小的单位，所以可以继续除下去。

生 2：余数补 0 后，单位变小了，但数的大小没变，所以可以继续除下去。

至此，学生理解了“小数除法竖式计算中余数补 0”的问题，明白了“整数除法中含有余数，可以继续除下去”的道理，并在讨论中，逐步明白不论是被除数的整数部分还是小数部分，凡是它高位上的数字或余数不够整除时，只需要把它转化成低位上的数就能够继续算下去了，在这中间，元、角、分模型起到了很好的支撑作用。

（三）通过调研发现，绝大多数学生能够达到基本的学习要求，少部分学生有学习困难

在后测中，不仅关注学生是否能正确进行除数是整数的小数除法的竖式计算，而且重视学生能否理解竖式中每一步的含义，鼓励学生在不同的背景下（如千克、吨），解释竖式中每一步的实际含义，加深对小数除法意义的理解。

1. 数据显示，学生能结合背景，解释小数除法竖式中每一步的实际含义

后测第1题和第2题选择了新背景，都是考查学生对除数是整数的小数除法竖式的理解，但互有侧重。结合题目，来分析一下学生完成的具体情况。

第1题（如图20）选择了在千克、吨的背景下，配合问题串，鼓励学生再次经历探索除数是整数的小数除法的计算过程，结合背景解释除数是整数的小数除法竖式中每一步的实际含义，加深对小数除法意义的理解。

1. 蓝鲸是世界上最大的动物，有的体重可达198t。一头大象的体重是多少？估一估，再用竖式算一算，并说一说竖式中每一步的含义。

图20

统计结果如表7。

表7　学生作答情况表（第1题）

作答情况	用竖式计算不正确	计算正确，没有解释或解释错误	计算正确，能用千克、吨之间的关系进行解释	计算正确，能用小数的意义进行解释
人数	1	4	15	11
百分比/%	3.23	12.90	48.39	35.48

从表7中可以发现，对小数除法竖式中每一步的含义，15名学生能结合千克、吨之间的关系进行解释，11名学生能利用小数的意义进行解释（如图21），4名学生不能结合情境进行解释，没有解释或解释错误，但计算正确，仅有1名学生计算不正确，没有掌握今天所学的知识。

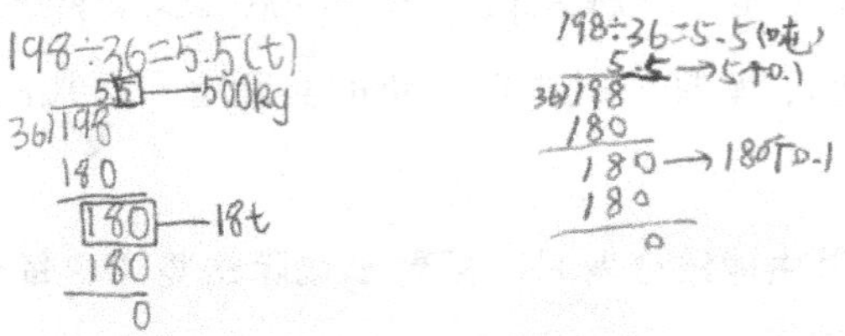

图 21

第 2 题（如图 22）则是在元、角、分的背景下，按要求写出对小数除法竖式中每一步的理解，进一步理解小数除法的算理。

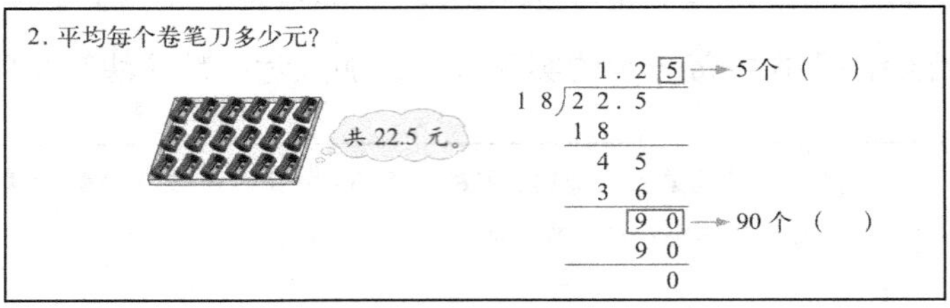

图 22

统计结果如表 8。

表 8　学生作答情况表（第 2 题）

作答情况	不会填写或错误填写	填写正确，能用元、角、分进行解释	填写正确，能用小数的意义进行解释
人数	6	4	21
百分比/%	19.36	12.90	67.74

从表 8 中可以发现，21 名学生能用小数的意义来解释小数除法竖式中每一步的含义，说明大部分学生在具体的背景下，能理解小数除法的算理；4 名学生还需要借助具体背景来理解小数除法竖式；6 名学生不能很好地表达自己的想法，对他们进行课下访谈时，发现他们基本上都是对后测第 1 题不能很好地解释，这些学生需要在后续日常教学中特别关注。

2. 大部分学生能结合具体背景进行小数除法的估算

后测第 1 题中有估算的要求，学生估算情况统计结果如表 9。

表 9　学生估算情况表（第 1 题）

作答情况	不会估算	估算错误	估算正确
人数	2	3	26
百分比/%	6.45	9.68	83.87

26 名学生估算正确，他们的估算方法有以下几种：（1）把 198 看作 200，36 看作 40，200 ÷ 40 = 5（吨），估计一头大象的体重约是 5 吨；（2）把 198 看作 180，180 ÷ 36 = 5（吨），因为把 198 估少了，所以估计一头大象的体重应该比 5 吨多一些；（3）36 × 5 = 180，离 198 比较近，估计一头大象的体重比 5 吨多。在这些方法中，选择第（1）种估算方法的学生最多，有 19 名。3 名学生估算错误，直接进行了计算；2 名学生明确写出不会估算，选择了放弃。

3. 数据显示，大部分学生能正确用竖式计算小数除法

后测第 3 题（如图 23）是让学生用竖式直接进行计算，并选择其中一道题，写一写竖式中每一步的含义，加深对除数是整数的小数除法竖式的理解，设计的 3 道计算题涵盖了本节课所学的内容。

3. 用竖式算一算，并说一说竖式中每一步的意思。

（1）12.3÷2　　（2）45.9÷6　　（3）42÷8

图 23

在进行数据收集时，对 3 道计算题的作答进行了整理。凡是 3 道计算题中有一道计算错误或计算至正确但有一道横式没有写答案者，就计入相应栏目。统计结果如表 10。

表 10　学生作答情况表（第 3 题）

作答情况	计算错误，没有解释意义	计算正确，横式不写答案，没有选择解释意义	计算正确，没有选择解释意义	计算正确，解释意义不清楚	计算正确，解释意义清楚
人数	1	3	4	9	14
百分比/%	3.23	9.68	12.90	29.03	45.16

从表 10 中可以发现，大部分学生能正确计算除数是整数的小数除法；计算不正确，并且没有选择解释意义的只有 1 名学生，是“（3）42÷8”计算有误，其他题都是正确的；需要注意的是，对小数除法竖式中每一步含义的解释，仅有 14 名学生正确清楚地解释意义，其他学生或者没有选择，或者解释不清楚，由此说明，对部分学生来说，脱离具体的背景来理解小数除法竖式中每一步计算的道理是困难的。

4. 绝大多数学生能正确判断给定题目的计算是否正确，并进行订正

后测第 4 题（如图 24）是以诊断改错的形式，巩固除数是整数的小数除法的竖式计算。重点是让学生说一说错在哪里，应该怎么算，考查学生对小数除法算理的理解。

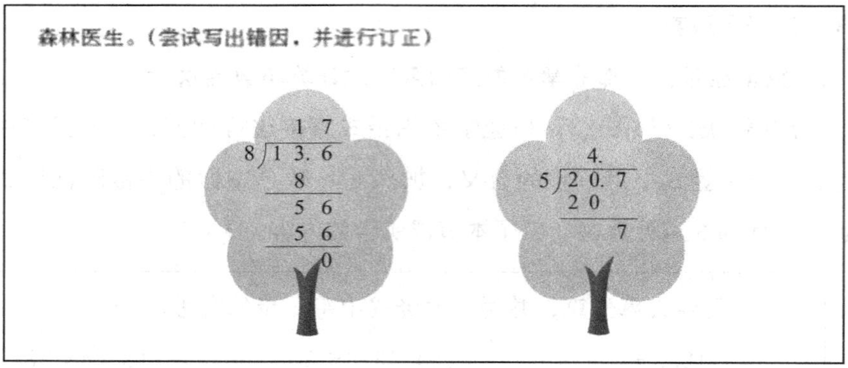

图 24

对这道题的数据分析，我们进行了逐一统计，即对每个小题单独进行了数据的统计和分析。为了方便描述，我们把左边的题目命名为第 1 小题，右边的题目则为第 2 小题。第 1 小题的统计结果如表 11，第 2 小题的统计结果如表 12。

表 11　学生作答情况表（第 4 题的第 1 小题）

作答情况	订正不正确	订正正确，没写错因	订正正确，错因不明确	订正正确，错因清晰
人数	1	16	1	13
百分比/%	3.23	51.61	3.23	41.93

表 12　学生作答情况表（第 4 题的第 2 小题）

作答情况	订正不正确	订正正确，没写错因	订正正确，错因不明确	订正正确，错因清晰
人数	1	17	1	12
百分比/%	3.23	54.83	3.23	38.71

对比分析两道小题的统计结果，我们发现约 40%的学生按照题目要求写出了错误原因。在统计数据时发现，两道小题均不正确的学生为同一人；订正正确，错误原因不明确的也为同一人；第 1 小题没有写错误原因的学生，第 2 小题也没有写，课下对这些学生进行访谈，发现他们能清晰地表达错误的原因，只是在平时的练习中，没有要求写出或说出错误原因，他们认为没有必要写，就自动屏蔽了这项题目要求。为此，可以认为班级内大多数学生能正确判断给定的题目计算是否正确，并进行订正。

通过对后测题的分析，建议在日常的教学中，教师要重视结合具体背景，加深学生对除数是整数的小数除法竖式中每一步含义的理解，注重学生平时对学习的积累，加强学生对学习过程的描述和表达，这样对学生理解小数除法的算理会有很大的帮助，使知识点的学习与意义的理解相辅相成，相得益彰。

四 讨论与建议

在这次读懂学生的调研活动中，与学生一起经历了知识的发生、发展过程，现有一些思考，与大家进行交流。

（一）问题讨论

1. 学生是否喜欢、愿意研究这个问题

针对教材中呈现的问题“除数是整数，余数需要补 0 的小数除法”，对学生是否喜欢这个问题和是否愿意研究这个问题进行调研。在调研的过程中，除了让学生选择是否喜欢和是否愿意研究这个问题之外，还尝试让学生描述自己的想法。

学生是否喜欢这个问题的统计结果如表 13。

表 13　学生是否喜欢这个问题的统计结果

选项	非常喜欢	喜欢	不喜欢	非常不喜欢
人数	12	17	2	0
百分比/%	38.71	54.84	6.45	0

从表 13 中可知，29 名学生喜欢教材设计的这个问题，说明教材设计的问题注重学生的认知基础，能帮助学生突破自己的思维障碍，进行研究活动。

在描述自己是否喜欢这个问题时，有 25 名学生认为这个问题对自己有用，所以喜欢这个问题，占 80.65%；有 4 名学生因为喜欢教材的问题串，所以喜欢这个问题，占 12.90%；有 2 名学生因为觉得这个问题难，所以不喜欢这个问题。学生是否愿意研究这个问题的统计结果如表 14。

表 14　学生是否愿意研究这个问题的统计结果

选项	特别愿意	愿意	不愿意	非常不愿意
人数	19	10	2	0
百分比/%	61.29	32.26	6.45	0

从表 14 中可知，29 名学生愿意研究这个问题，说明教材“顺应学生思维特点，逐步突破小数除法计算难点”的设计思路是可行的，利于学生开展探究性活动，掌握除数是整数的小数除法的计算方法。

在描述自己是否愿意研究这个问题时，有 9 名学生认为研究这个问题有价值，占 29.03%；有 10 名学生认为教材中呈现的对小数除法竖式中每一步的解释，对学习有帮助，占 32.26%；有 8 名学生认为元、角、分模型对自己理解竖式有很大的帮助，占 25.81%；有 2 名学生选择不愿意研究这个问题，占 6.45%，其中 1 名学生是学优生，因为他已经会计算这类题目了，认为研究过程太慢了，所以不喜欢，另 1 名学生学习比较困难，觉得这样的题目太难了。对这 2 名学生，后续进行了特别的关注，发现随着学习的深入，这 2 名学生愿意修改自己之前的答案，并且还有了不同的学习体验，学习优秀的学生认为这个学习过程帮助他更加清楚地理解了竖式中每一步的含义，很有意义；学习困难的学生则认为在元、角、分的背景下，对他理解小数除法竖式中每一步是如何计算的，帮助很大。

另外，在调研学生是否喜欢研究这个问题时，27 名（占 87.09%）学生明确表达了喜欢，描述理由有的是因为喜欢数学，所以喜欢研究数学问题；有的是因为问题有分步的解释，能帮助他们理解竖式中每一步的含义（如图 25）；有的是觉得问题来源于生活，认为学习数学是有用的（如图 26）。由此可见，贴近学生生活实际的、能帮助学生理解问题本质的设计，更能引发学生的共鸣。

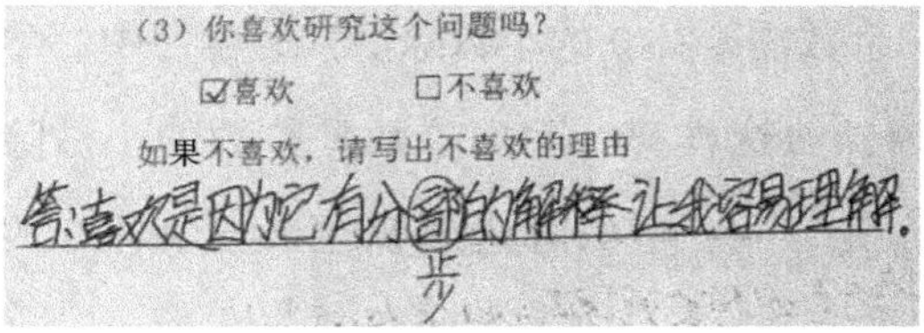

图 25

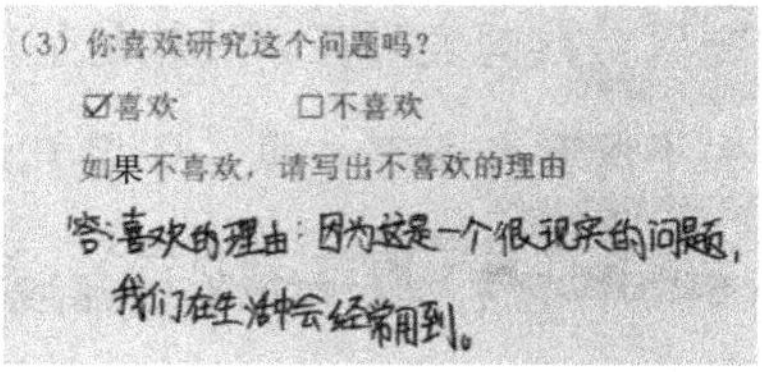

图 26

研究的过程中，学生按照教材呈现的问题串进行学习，还是比较顺畅的，部分学生对除数是整数的小数除法竖式中余数的理解有一些困难，但经过教师的引导及元、角、分的支持，也能很好地理解余数如何添 0 继续除下去的问题，并且认为在元、角、分的背景下，对自己理解在余数中补 0 的意义有很大帮助。

2. 如何拉长学生理解的过程，由表及里地引导学生的思维逐步深入

借助原有经验，教材鼓励学生经历探索除数是整数的小数除法的计算方法，理解余数补 0 的意义，在问题解决中感悟算理。借助元、角、分的背景，教材直观形象地诠释了小数除法竖式中每一步的含义，并帮助学生逐步抽象、建立模型，鼓励学生在适当的时候，跳出“元、角、分”，最终落实到数学的本质“计数单位”上，这是一个由具体到抽象，再由抽象到具体的认识过程，学生充分感受到了小数除法的本质。

在“打扫卫生”的第一课时，教材设计的问题1和问题3，解决的都是余数如何继续除下去的问题，看似是重叠的，其实学生的思考过程是递进的，一个是被除数是小数，除数是整数；另一个是被除数和除数都是整数。无论是哪种小数除法，余数的后面添0后继续除，其实际意义都是把余数的计数单位转化为更小的计数单位，就可以继续除下去。

这种拉长学生思维的过程，有效地突破了小数除法的学习难点，改变了以往学生只知其果，不知其因的现象，不仅帮助学生理解了计算的道理，更为重要的是促进了学生的数学思考，提升了学生的数学学习力。

3. 如何有效地帮助学生达到学习的基本要求

在后测中，从四个方面进行了数据的统计，大部分学生能较好地完成题目，数据表明在“除数是整数，余数需要补0的小数除法”的学习中，学生不仅要知道怎么算，还要知道为什么这样算，明白除数是整数的小数除法竖式计算中每一步的含义，结合元、角、分的背景理解在余数中补0的意义。

学生很多新知识的习得，都是通过迁移获得的。正如前文所述的那样，除数是整数的小数除法真正的生长点是有余数的除法，所以结合前一节课（除数是整数，除到被除数末尾无余数，商不补0）的学习经验，教材从“除数是整数，余数需要补0的小数除法”引入，是教学小数除法的明智之举。调研中，教师依据教科书中设计的问题，让学生经历从前一节课的“恰好分完”到这节课的“不能恰好分完”，生发有余数的现象，并积极引导学生思考：余数“3”该如何处理？怎样继续分下去？从而引发为何补0能继续除下去的问题，体会到虽然运用的运算策略不同，但分的思维方向是一致的，即都是把元转化为角或分，就可以继续除下去，实现从整数部分“分”到小数部分“分”的自主迁移，从而理解除数是整数的小数除法的计算道理，掌握算法。

总之，重视学生的探究过程，真正地让学生经历发现问题、寻找解决问题的途径及解决问题的过程，结合元、角、分的背景，放慢并拉长学生学习的过程，鼓励学生亲身经历探索除数是整数的小数除法计算方法的过程，对学生的学习有很大的帮助，能有效地帮助学生达到学习的基本要求。

需要说明的是，虽然在教学中注重借助学生的已有经验，留足了学生自主学习的空间和时间，为学生提供了探究学习的便利，但不可否认，还有部分学生在小数除法竖式计算及理解小数除法竖式中每一步的含义和理解题目上有困难，需要教师进行特别的关注及个别辅导。应该说这是一个正常的教学现象，也是数学教师教学中的一个工作常态。关注学生对小数除法本质的理解，抓住核心概念的解读，能有效地提升学生的学业水平。

（二）教学建议

1. 重视创设恰当的情境，引发问题产生

在调研的过程中，不难发现，教材创设了因“打扫卫生”而购买物品的情境，问题 1 是“买 6 把笤帚共花了 18.9 元。每把笤帚多少元？估一估，算一算”，问题 3 是“买 4 个簸箕共花了 26 元。每个簸箕多少元？请接着算下去”，问题贴近学生的生活实际，能有效激发学生参与学习的兴趣，引发问题的产生，起到了正迁移的作用。

其中，问题 1 的设计，从学生前一节课的学习经验入手，借助元、角、分的背景，鼓励学生在不知不觉中进入小数除法中余数该如何处理的问题，学生不难想到可以把元转化为角或分，细分后再进行计算。问题 3 则是创设了被除数和除数都是整数的除法问题，而学生以往的经验是把余数放在那里就可以了，那么，该如何获得每个簸箕的具体价格呢？需要把余数“2”继续分下去，教材采用连环画的形式，动态呈现余数“2”分的过程，不仅给学生留足了思考的空间，也有效激发了学生解决问题的热情。

这两个问题体现的学习过程，就是一个知识迁移和积累的过程，而这一过程，不仅仅是知识，更重要的是数学的思想和方法的累加，这在教材的编排体系中体现的特别分明。

由此可见，创设具有现实意义，又贴近学生生活实际的情境，能有效地唤醒学生的生活经验及学习经验，引发学生的数学思考，让学生体会到

学习小数除法是解决生活中现实问题的需要，而不仅仅是在学习小数除法的知识，从而认识到数学的价值。

2. **在解决问题的过程中，注重让学生经历除数是整数的小数除法计算方法的探究过程**

小数除法是学生学习中的一个难点，教材顺应学生的思维特点给予合理引导，一方面逐步突破小数除法计算的难点，另一方面充分利用学生的生活经验和已有知识，鼓励学生自主探索小数除法的计算方法。

教材为了帮助学生理解算理，设计了两个“分钱”的问题情境作为研究素材，结合元、角、分的背景，有效解决了余数“3”该怎样算下去，为何可以继续算下去的问题。在关键的问题处，通过提示性的语言，鼓励学生自主探索除数是整数的小数除法的计算方法。

教学时，教师要恰当地使用教材设计的问题串，把学生原有的概念带到课堂中来。如：教学“买 4 个簸箕共花了 26 元。每个簸箕多少元？估一估，算一算”时，应鼓励学生自主尝试进行解决，让学生广泛而深入地参与，从调研的情况看，学生快速地解决了问题（结果是 6 元余 2 元），又快速地发现了新的问题（每个簸箕的价钱不能这样表示），围绕新问题的讨论与交流，是原有的概念与新概念的冲突，是学习新知识和方法的过程，也是学生理解小数除法算理的过程。

“余下的 2 元能不能分，怎样分”正是整数除法与小数除法的本质区别，对这个问题的深度探究就是学生理解小数除法算理的过程，既突破了除数是整数的小数除法教学的重点和难点，又使学生深刻理解了小数除法的算理（当被除数的整数不够整除时，把个位上的“2”看作 20 个十分之一，即 20 个 0.1，所得到的商自然是在十分位上，就是多少个 0.1）。可以说这个自主探索算法的过程，就是学生理解算理的过程，是学生的知识和技能形成的过程，也是学生数学核心素养发展的过程。

3. 拓展教学视野，发展运算能力

运用所学知识解决生活中的实际问题是“除数是整数，余数需要补 0 的小数除法”的一个学习目标。如何提高学生解决实际问题的能力，这就要求教学不能仅仅停留在分物这种直观理解的层面上，而应结合情境，脱离元、角、分的背景，从小数的组成本身来理解算理，这个教学路径在教材的问题设计中，体现得非常分明。目的是鼓励学生经历探究算法的过程，逐步体会到除数是整数的小数除法与整数除法的计算类似，只要商的小数点与被除数的小数点对齐就行了。

后测中也显示，一些学生对解决新情境的问题存在困难，如从元、角、分的背景下拓展到千克、吨的背景下，少数学生在理解小数除法竖式中每一步的含义时有困难。这就要求教师在日常的教学中，依据教材的问题设计，注重开阔学生的视野，如结合学生对人民币的直观经验，关注学生从“实物的等分”转化成“竖式的分”，而对于小数除法竖式，要帮助学生从分人民币等直观理解提升到对小数意义的抽象理解，增强学生对除数是整数的小数除法算理的理解。在深入理解算理、掌握算法的同时，提高学生抽象思维水平，发展学生数学运算能力。

参考文献

[1] 蔡金法，聂必凯，许世红．做探究型教师［M］．北京：北京师范大学出版社，2015.

[2] 陈春妮．把握学习本质，发展学生核心素养——吴正宪老师“小数除法”教学片段赏析［J］．新教师，2017（10）.

[3] 何娟．小学生小数除法错误类型研究［D］．天津：天津师范大学，2013.

[4] 贾福录．探索“问题引领式”儿童数学学习之路——吴正宪老师“小数除法”一课带给我们的思考［J］．小学数学教育，2017（09）.

[5] 李燕．小数除法竖式计算错误的主要类型及错因分析［D］．北京：首都师范大学，2007.

[6] 马云鹏．小学数学教学中核心素养的培养——以吴正宪老师“小数除法”教学为例［J］. 小学数学教育，2016（11）.

[7] 么亚楠，朱长青．打开“分”的思维闸门——“除数是整数的小数除法”教学实践与反思［J］．小学数学教育，2017（07）.

[8] 全美数学教师理事会．美国学校数学教育的原则和标准［M］．蔡金法等，译．北京：人民教育出版社，2004.

[9] 史宁中．《义务教育数学课程标准（2011 年版）》解读［M］．北京：北京师范大学出版社，2012.

[10] 王哲燕．简而不单　由表及里“除数是整数的小数除法”磨课历程［J］．小学数学教育，2014（12）.

[11] 位惠女，陶文中．义务教育教科书·数学·教师教学用书·五年级上册［M］．北京：北京师范大学出版社，2012.

[12] 吴正宪，陈春芳，金千千．从课堂里生长出来的“问题链”——“小数除法”教学实录与赏析［J］．小学教学（数学版），2016（07）.

[13] 吴正宪，刘劲苓，刘克臣．小学数学教学基本概念解读［M］．北京：教育科学出版社，2014.

[14] 夏瑞雪．以计数器明算理　以数位表通算法——“除数是整数的小数除法”教学实录与反思［J］．小学数学教师，2018（01）.

[15] 张丹．小学数学教学策略［M］．北京：北京师范大学出版社，2010.

[16] 张奠宙，孔凡哲，黄建弘，等．小学数学研究［M］．北京：高等教育出版社，2009.

[17] 赵云峰．不同版本教材中“除数是整数的小数除法”编排思路与教学思考［J］．小学数学教育，2017（10）.

[18] 中华人民共和国教育部．义务教育数学课程标准（2011 年版）［S］．北京：北京师范大学出版社，2012.

[19] 周静，吴贞旺．以“学”为中心，聚焦算理与算法——《除数是整数的小数除法》教学与评析［J］．教育视界，2017（12）.

附录 1

教师观察表

____年级____班　　被观察学生：__________　　观察教师：__________

序号	问题	可能出现的情况	教师引导语	教师观察记录重点	访谈记录
1	买 6 把笤帚共花了 18.9 元。每把笤帚多少元？估计一下，每把笤帚大约多少元？写出你的想法，并与同伴交流。	（1）18÷6＝3，每把比 3 元多。 （2）20÷6＝3……2，每把比 3 元多。 （3）4×6＝24，每把比 4 元少。 （4）不能独立进行估算。	（1）独立估算。 （2）唤醒经验，引导学生想想以前的经历，以前用了什么方法。 （3）引导学生将 18.9 看成 18。 （4）学习别人的想法。 访谈及观察时，要记录学生估算的方法。同时，对不能独立进行估算的学生，先了解原因，根据情况，借助（2）（3）（4）任意一个途径进行帮助。	（1）学生不理解的地方及其困难所在。 （2）教师是如何帮助学生估算的。	
2	请结合问题列出算式，并尝试算一算。	（1）能正确列出算式 18.9÷6。 （2）不能列出算式。 （3）结合元、角、分的背景。 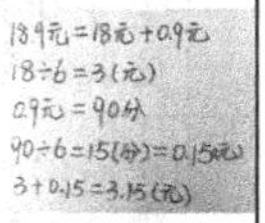 （4）能用竖式正确计算。 （5）不能正确计算。	分为两部分。 第一部分：列出算式。 （1）记录学生能否正确列出算式，视情况询问学生的想法，说一说为何用除法计算。 （2）对不能正确列出算式的学生，先了解原因是什么，而后引导其正确列出算式。 第二部分：计算。 （1）记录学生的方法，视情况追问计算的想法和道理。 （2）对不能进行计算的学生，首先了解其困难是什么，引导他们结合元、角、分的背景想一想；其次可出示教材上左边的方法，让他们观察后看他们是否能懂。	1. 记录学生出现的各种情况，必要时访谈学生是如何想的。例如： （1）学生不能正确列出算式，他们的困难是什么； （2）学生不会计算的困难是什么； （3）随着教师的引导，学生想法发生变化或调整时，访谈他是怎样想的。 2. 教师可借助前一节课的经验及结合元、角、分的背景帮助学生理解，教师要对自己讲解的过程进行记录。	

（续表）

序号	问题	可能出现的情况	教师引导语	教师观察记录重点	访谈记录
3	在用学过的知识计算这道题目时，你有困难吗？ □没有 □有 如果有困难，请写出你的困难。		根据情况，追问困难是什么？	详细记录学生的困难点是什么，并记录每一次的追问问题，哪个追问问题引发了学生的思考。	
4	怎样继续算下去呢？想一想，说一说。 请你继续算下去，尝试写出竖式中每一步的含义，并与同伴交流。	(1) 能继续算下去，并能清楚地表达竖式中每一步的含义。 (2) 能继续算下去，解释不清。 (3) 不能继续算下去。	解释不清或不能继续算下去的学生，结合元、角、分的背景，理解竖式中的“3”怎么变成“30”的，理解“30”是30个什么？即原来是3个1角，现在是30个1分；原来是3个0.1，现在是30个0.01。	1. 记录学生出现的各种情况，必要时访谈学生是如何想的。例如： (1) 学生不能继续算下去的困难点是什么； (2) 教师提供了什么样的支持，学生可以继续算下去了； (3) 学生是在哪个层次上突破难点的。 2. 随着教师的引导，学生的想法发生变化或调整时，访谈学生的想法。	
5	在用竖式计算这道题目时，你有困难吗？ □没有 □有 如果有困难，请写出你的困难。		(1) 请学生在作业纸上画“√”，提示单选。 (2) 如果有困难，追问困难在什么地方，并请学生写出来。	详细记录学生的困难点是什么，并记录每一次的追问问题，哪个追问问题引发了学生的思考。	

（续表）

序号	问题	可能出现的情况	教师引导语	教师观察记录重点	访谈记录
6	你觉得借助元、角、分模型，对你理解竖式中每一步的含义有帮助吗？ □有很大帮助 □有帮助 □没有帮助		（1）请学生在作业纸上画“√”，提示单选。 （2）如果有帮助，追问帮助是什么，并请学生写下来。 （3）如果没有帮助，追问学生的想法是什么，并请学生写出来。	详细记录学生的困难点是什么，并记录每一次的追问问题，哪个追问问题引发了学生的思考。	
7	买4个簸箕共花了26元。每个簸箕多少元？ 请结合问题列出算式，并尝试算一算。	（1）能正确列式，并计算正确。 （2）能正确列式，计算不正确。 （3）不能正确列式，计算不正确。	分为两部分。 第一部分：列出算式。 （1）记录学生能否正确列出算式，视情况询问学生的想法，说一说为何用除法计算。 （2）对不能正确列出算式的学生，先了解原因是什么，而后引导其正确列出算式，需要详细记录引导过程。 第二部分：计算。 ①记录学生的方法，视情况追问计算的想法和道理。 ②对不能进行计算的学生，首先了解其困难是什么，其次可出示教材上的方法，让学生观察，看其是否能懂。	1. 请记录学生出现的各种情况，必要时访谈学生是如何想的。例如： （1）学生不能正确列出算式，他们的困难是什么； （2）学生不会计算的困难是什么； （3）随着教师的引导，学生的想法发生变化或调整时，访谈其是怎样想的。 2. 教师可借助前面的学习经验及元、角、分模型帮助学生理解，教师要对自己讲解的过程进行记录。	

（续表）

序号	问题	可能出现的情况	教师引导语	教师观察记录重点	访谈记录
8	请用竖式进行计算，尝试写出竖式中每一步的含义，并与同伴交流。	（1）能用竖式正确计算。 （2）能用竖式计算一部分。 （3）不会用竖式计算。	（1）对能用竖式进行计算的学生，追问竖式中每一步的含义。 （2）对能借助前面的学习经验，用竖式能计算一部分的学生，引导其结合元、角、分的背景，把余数2元看成20个1角，即把余数“2”看成20个0.1，继续除下去就可以了。 （3）对不会计算的学生，了解其困难是什么？可出示问题串的问题3中学生的讨论过程，观察其是否能读懂，并进行指导。	1. 记录学生出现的各种情况，必要时访谈学生是如何想的。例如： （1）学生不能继续算下去的困难点是什么； （2）教师提供了什么样的支持，学生可以继续算下去了； （3）学生是在哪个层次上突破难点的。 2. 随着教师的引导，学生的想法发生变化或调整时，访谈学生的想法。	
9	在用竖式计算这道题目时，你认为重要的地方有哪些？可结合18.9÷6进行说明。	（1）用竖式计算时，商的小数点要与被除数的小数点对齐。 （2）余数补0，可以继续除下去。	关注学生不同的描述方式，学生描述不清时，可让学生举例来说明自己的想法。	详细记录学生不同的描述方式及举的例子，对学生举的例子进行追问，详细记录交流的过程。	
10	今天的自习课，你想？ □再试着用自己的方法计算 □开始另外一个数学活动 □赶紧上其他课吧 □再也不做这个活动了		请学生独立完成，在选项前的方框内画“√”，提示单选。	追问一下为什么选择这个选项，并记录交流的过程。	

（续表）

序号	问题	可能出现的情况	教师引导语	教师观察记录重点	访谈记录
11	今天回家，你可能会？ □特别想和家人说这个活动 □家长问才说，不会主动说 □我想和家长说其他的活动 □不想再说这个活动了		请学生独立完成，在选项前的方框内画“√”，提示单选。	追问一下为什么选择这个选项，并记录交流的过程。	
12	对于今天的数学活动，你的感觉？ □很喜欢 □比较喜欢 □不喜欢 □很不喜欢		选项前的方框内请学生独立完成，在画“√”，提示单选。	追问一下为什么选择这个选项，并记录交流的过程。	
13	对于今天所学的内容，你的感觉是？ □再遇到时，我会很容易地解决 □再遇到时，我可能会有困难 □我比其他同学学得好 □我不如其他同学学得好		请学生独立完成，在选项前的方框内画“√”，提示单选。	追问一下为什么选择这个选项，并记录交流的过程。	
14	请你用一种水果或动物来比喻一下你现在的心情，并写出原因。		关注比较个性的想法。	对学生比较个性的想法进行追问，并详细记录交流过程。	

附录 2

后测题

1. 蓝鲸是世界上最大的动物，有的体重可达 198t。一头大象的体重是多少？估一估，再用竖式算一算，并说一说竖式中每一步的含义。

2. 平均每个卷笔刀多少元？

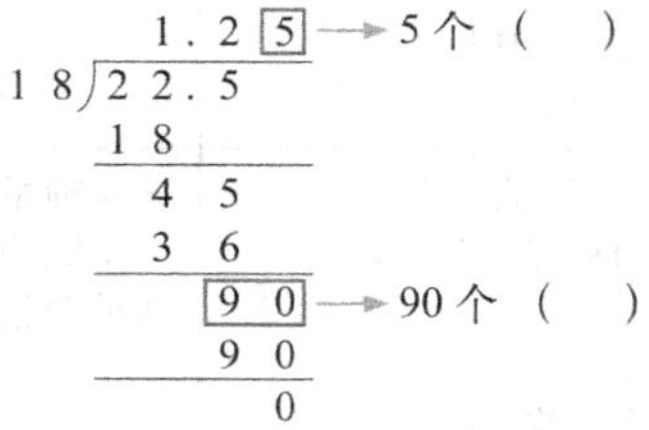

3. 用竖式算一算，并说一说竖式中每一步的含义。

(1) 12.3÷2　　(2) 45.9÷6　　(3) 42÷8

4. 森林医生。(尝试写出错因，并进行订正)

第 二 篇
读懂学生多样化的方法

“一一对应”与学生的数学学习

——以一年级上册“快乐的午餐”为例

刘可钦　杨丽君（北京市海淀区中关村第三小学）

一　研究背景及研究问题

不同民族发展中对数字的表达方式大相径庭，数数、记数方式也有差异，但是任何民族在逐一计物、逐一数数、数与物一一对应方面，都是共通的。强调一一对应是人类与生俱来的公平意识在“计物”过程中的具体体现，是人类的天性和人类理性的起源。“一一对应”是人类认识世界的一种最本源、朴素的思想方法，它是学生在数学学习的初级阶段理解数量关系的算理基础。因此，“一一对应”在学生的数学学习过程中有着举足轻重的作用。

众所周知，知识、技能可以通过“教”的方式直接获得，但数学思想方法却不同，需要借助数学的学习过程，通过反复实践、亲身操作、表达交流等环节逐步积累、不断感悟。

北师大版（新世纪）小学数学教材一年级上册编排了“快乐的午餐”一节内容，其目的是让学生经历一一对应的操作活动，直观认识两个数量之间的相等与不等关系并进行多与少的比较，初步体会一一对应的数学思想方法。这对于刚入学的学生来说，不仅会让他们在潜移默化的过程中，逐步养成有条理地思考问题的习惯，也为他们后续学习数的认识、数的运算奠定基础。

在实际教与学的活动中，这节课的价值和意义是否得到了很好的体现，我们了解到一线教师的困惑：教材编排设计的初衷是好的，但对于刚刚入学的一年级学生来说，通过摆一摆、画一画来解决问题，很难顺利完成，同时动手操作活动也为教师组织教学带来了很大的挑战。教学中，动手操作活动常常由教师演示后一带而过：有的教师认为如此简单的内容，学生能直接得到结果，没有必要再去经历动手操作。因此，这节课本该有的教育价值和数学意义没能得到很好的体现。

基于以上的思考，确定了以下研究问题。

1. 教材的情境是否调动了学生的原有生活经验？学生是否能读懂“情境+问题串”？学生会有怎样的思考方法？

2. 在运用“一一对应”比较多少的过程中，学生是否会真的存在困难，教师应提供什么样的学习支持？

3. 经过问题串的学习，学生能否运用“一一对应”解决同类问题？

二 研究设计

（一）研究思路

为了在学习过程中能为学生提供必要的学习支持，本研究主要采用个体访谈与课堂观察相结合的研究方法。

首先进行个体访谈。访谈的目的是为了细致地了解学生学习的展开过程，从而开展后续的研究。依据学习水平优秀、中等、有待提升及男女搭配的原则选取 6 名学生，由 3 位教师分别对这 6 名学生进行访谈。访谈中，教师及时追问“你是怎么想的”；当学生遇到困难时，教师予以提示或指导；对学生的表现、教师的指导和学生进一步的表现都要进行详细记录。

其次进行课堂观察。我们根据个体访谈的情况及时调整课堂观察表和教学设计，再选取样本班级进行课堂观察。课堂观察成员由 1 位授课教师和 10 位观察教师组成。在授课教师提出问题后，观察教师负责观察并记录学生的反应，当学生出错或没有任何思路时，要询问“你是怎么想的”或根据课堂观察表进行相应的提示和指导，并且对指导语言及行为和学生的进一步表现进行详细记录。

课堂观察后，面向全班进行后测，后测不进行任何指导，由学生独立完成，以考查学生的学习效果。

具体研究思路如图 1 所示。

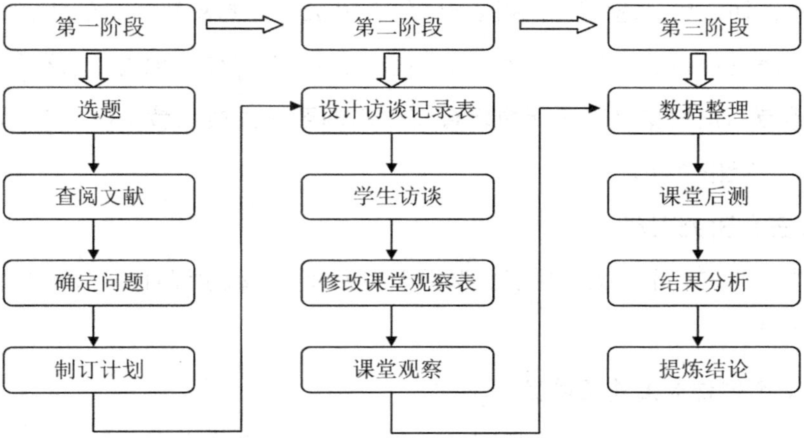

图 1

（二）研究样本

本研究选取了北京市海淀区中关村第三小学红山校区一年级 2 班 6 名学生和万柳校区一年级 5 班 42 名学生，共 48 人。

红山校区地处北京市海淀区山后地区，学生主要是八一队、309 医院的职工子女及外地务工人员的子女，同一个班级内学生的情况差异较大。访谈对象是由红山校区所在班级执教教师根据日常学习情况推荐的 6 名学生，其中优秀、中等、有待提升各 2 名学生，同时兼顾男女搭配的原则（如表 1）。

表 1

	生 1（男）	生 2（女）	生 3（男）	生 4（女）	生 5（男）	生 6（女）
思维敏捷，表达能力强	√	√				
思维比较活跃，动手操作能力较强			√	√		
反应比较慢，动手操作能力较弱					√	√

个体访谈后，选取万柳校区一年级 5 班进行课堂观察，本班共有 42 名学生，随机对其中的 20 名学生进行课堂观察。万柳校区地处中关村科技园核心地带，家长普遍对子女的教育有很高的要求。授课教师明雨老师，硕士毕业，教龄 9 年。

（三）研究工具

本研究编制了访谈记录表、课堂观察记录单、教学设计、后测题共 4 份研究工具。

1. 个体访谈工具及说明

访谈提纲主要以教材中呈现的“情境＋问题串”为主要材料，围绕以下三个问题进行设计：

（1）教材的情境是否调动了学生的原有生活经验？

（2）学生能否读懂教材内容的“情境＋问题串”？

（3）学生会有怎样的思考方法？

在访谈过程中，访谈教师要按照同一标准对学生进行访谈，以保证访谈工具的一致性；要根据学生在学习过程中普遍出现的困难点给予提示；要详细记录学生出现的困难，为后续课堂观察提供证据支持。(访谈记录表详见附录 1)

在个体访谈中要特别注意以下两点：

（1）呈现教材中的“情境＋问题串”，学生先自主阅读，并尝试解答。

教师要根据学生的反应及时追问；当学生遇到困难时要予以指导。

（2）对学生的表现、教师的指导和学生的进一步表现都要详细记录。例如：学生是否能读懂“情境＋问题串”，哪些地方读不懂，教师提供了什么帮助，方法是什么；学生学习过程中的困难是什么，有哪些想法；等等。

在个体访谈中，我们一方面可以更深入、更细致地了解学生对比较多少的原有生活经验、方法和思维路径；另一方面还可以依据个体访谈中出现的问题，来丰富、调整课堂观察中所用的调研工具，并适当调整教学设计。因此，个体访谈也起到了一个预调研的作用。

2. 课堂观察工具及说明

由10位教学经验丰富的教师对20名学生进行课堂观察。在授课教师抛出问题后，每位观察教师观察并详细记录2名学生会有怎样的想法，尤其对学生“开始没有思路—教师进行怎样的引导—学生开始尝试用学具摆一摆—与同伴交流”的动态学习过程要进行详细的记录。在学生出现错误、有不同的想法或遇到困难点时，教师提供什么样的支持、学生的进一步表现如何等都要进行详细的记录。同时，观察教师对学生的作答进行拍照并详细描述，为后续研究提供支持。（课堂观察记录单详见附录2）

3. 教学设计及说明

通过对大量文献资料、《义务教育数学课程标准（2011年版）》和北师大版（新世纪）小学数学教材的研读，以及一线小学数学教师的访谈，围绕本研究所关注的问题，结合修订后的访谈记录表，确定了本节课的学习目标，并制订了教学设计。（教学设计详见附录3）

“快乐的午餐”这节课需要50分钟完成课堂调研。在每一个问题的解决中，以学生的独立思考、动手操作、表达交流为主，充分展现学生的思维过程，从而寻求有效的学习途径，帮助学生体会、运用“一一对应”比较多少，积累活动经验。

4. 后测题及说明

后测题以细化的学习目标为依据，以教材中“练一练”的题目为主。

题目分为三种类型：第一种，教材中“练一练”的第 1 题，让学生尝试用“一一对应”解决实物之间比较的问题；第二种，教材中“练一练”的第 2，3 题，运用“一一对应”比较多少，解决生活中的实际问题；第三种，教材中“练一练”的第 4 题，本题是拓展题，答案不唯一。第一、二种类型主要是了解学生对“一一对应”的理解和应用，第三种类型是“一一对应”的提升，主要是了解学生对“一一对应”的感悟。

后测在课堂观察结束 10 分钟后进行。后测过程中建议先带着学生读一遍题目要求，再让学生独立完成。教师不再进行任何的干预，在学生完成后测题目后，针对学生出现的问题，可以及时进行追问，并做好记录，但不再让学生修改答案。测试在 20 分钟内完成。(后测题详见附录 4)

（四）数据分析

本研究收集的数据资料来源于个体访谈、课堂观察和后测。

个体访谈资料中有录音、照片，结合访谈记录表进行的详细记录，以及对学生的回答进行的分析。

课堂观察资料有课堂观察记录表，课堂的全程录像，观察教师与学生的对话录音，拍摄的学生的作答情况，对学生的回答进行统计、分析的结果。

后测学习效果分析主要是通过学生对后测题目的作答情况，分析不同层次的学生达到的水平。

三 研究过程与结果分析

（一）学生的学习过程分析

1. 个体访谈带给教师的思考

问题 1 是“盘子够吗?”先让学生独立思考，再说一说自己是怎么想的。

学生能够读懂小动物就餐的情境图，并能结合已有的数数经验得出结果：盘子够了，一样多，正好，一个也不多，一个也不少。6 名学生中，有 5 名学生能主动伸出小手数一数，这 5 名学生中有 1 名学生数错数据（经提醒后马上调整）；还有 1 名学生能在情境图上连一连。6 名学生都能运用已有的生活经验解决问题，并能说清楚自己的思考过程。

教师继续引导，并提供实物图和彩笔：你能用摆一摆、画一画的方法，清楚地告诉别人盘子够了吗？旨在鼓励学生尝试用“一一对应”表达自己的思考过程。学生由最初很快得出答案的满足到凝神思考，到尝试着摆一摆、画一画的动手操作活动，再到交流、表达，是在一个循序渐进的过程中无痕迹地体会着“一一对应”。对于不会摆、不会画的学生，访谈教师引导学生观察教材中笑笑的想法，学生很快能够读懂并得到启迪，然后开始模仿，一个对应着一个进行摆一摆。

问题 2 是在问题 1 的基础上，继续探索：“勺子够吗？杯子呢？”

因为有了比较的方法和经验，学生开始自主选择，能够运用“一一对应”进行比较，体会到比较中除了一样多，还有多了、少了的情况。通过动手操作，呈现自己的思考过程，进一步体会到数学是讲道理的。

问题 3 是“谁最多？谁最少？”

“谁最多？谁最少？”是三个量之间的比较。因为有了动手操作的经验和方法，都能用“一一对应”摆或画。

个体访谈的三个问题都是教材中的，并且沿用了教材的处理方式，在为学生提供图片让学生摆一摆的同时，还为学生提供了彩笔和纸，鼓励学生用简洁的图形或符号表达自己的思考过程。让学生熟悉的聚餐情境、原有良好的数数经验，都成为学生解决问题的基础和抓手。

在个体访谈中，看到学生都能读懂“情境＋问题串”，并能够按照教师的引导解决问题，但同时发现学生的学习兴趣没有想象的那样浓厚。由此引发思考：

教材的情境是否调动了学生的原有生活经验及学习兴趣？在运用“一一对应”比较多少的过程中，学生是否会真的存在困难？教师应提供什么样的学习支持？经过问题串的学习，学生能否运用“一一对应”解决同类问题？

2. 课堂观察带给教师的思考

我们借助课堂观察中的三个学习片断来分析上述“思考”。

学习片段1：摆一摆，画一画，说得更清楚。

教师出示问题1，先让学生独立思考，然后再交流，并提示观察教师关注学生的困难在哪里。

师：盘子够吗？这个问题是什么意思？你能解决这个问题吗？说一说你是怎么想的。

生1：够了，因为盘子有6个，松鼠也有6只，一样多。

生2：正好！不多也不少！

生3：刚好够，每只小松鼠都能拿到1个盘子，不多不少，正合适！

观察教师详细记录的20名学生中，有19名学生都可以通过数一数的方法解决盘子和松鼠一样多、够了的问题，有1名学生数错了数量，观察教师提示后做了调整。

师：老师看到了，你们都是用数数的方法解决了问题。可是，小松鼠不识数，也不会数数，你能用手中的图片把自己的想法摆一摆或用彩笔画一画，给小松鼠讲清楚“盘子够吗”？

“小松鼠不识数，也不会数数，你能用手中的图片把自己的想法摆一摆或用彩笔画一画，给小松鼠讲清楚‘盘子够吗’”，教师充满童趣的提示语调动了学生新的学习兴趣，使摆和画变成了新的学习需求——我要帮助小松鼠，就要用小松鼠能懂的方法理解，学生开始尝试用图片摆、用彩笔画。20名学生中，有14名学生选择摆一摆，有6名学生选择用彩笔画一画。

在摆一摆的过程中，有个别学生开始不知道如何下手，处于观望状态；大部分学生能借助类似于分糖果、摆餐具的生活经验，摆1只小松鼠拿1个盘子与其对应，开始尝试着摆。仔细观察，发现在学生头脑中已经有了“一一对应”的雏形。图2是观察教师记录的学生的几种摆法。

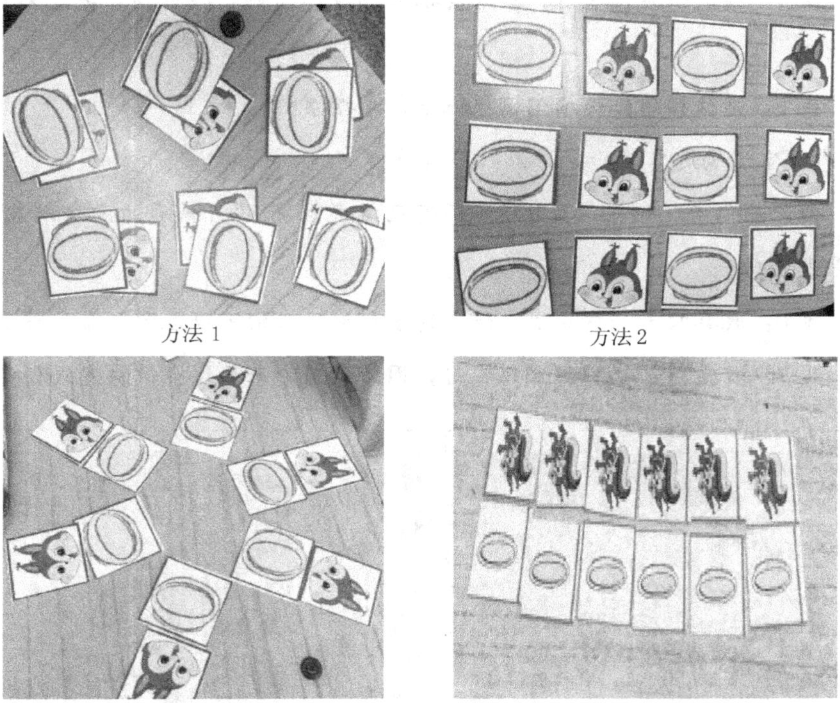

方法 1　方法 2　方法 3　方法 4

图 2

师：根据你摆好的图片，先和同桌小声说一说。

同桌交流这个环节，我们看到没有任何思路、处于观望的学生，听了同桌的想法后，开始动手尝试摆一摆或画一画。全班学生都有了摆一摆、画一画的经历和体验后，教师组织全班学生进行交流、分享。

师：现在我们进行交流，看看你看懂了谁的方法，喜欢哪一种方法，一会儿请你说一说理由。

生 1：我欣赏方法 1，因为这样一个对应着一个。摆 1 只松鼠有 1 个盘子，盘子不多也不少，正好够了！

生 2：我喜欢方法 3，围成一个大圆圈，就像我们平时吃饭的样子！盘子够了！

生 3：我喜欢方法 4，为什么呢？摆成一排，一个对着一个摆，看起来很方便，别人很容易看清楚是一样多！

生4：摆成一排比较好！如果有很多比较的东西，摆成圈，数起来就比较麻烦。

生5：是这样的！那咱们调整一下，再摆摆吧！

（教室里响起掌声）

师：你们看，这儿（如图3）还有两名学生是用画一画的方法解决的，你看懂了吗？

生6：我喜欢第一种画法，他画得很好看！我们可以看到，盘子够了。

生7：我觉得第二种画法比较好，因为用图形来画，会很快完成任务！

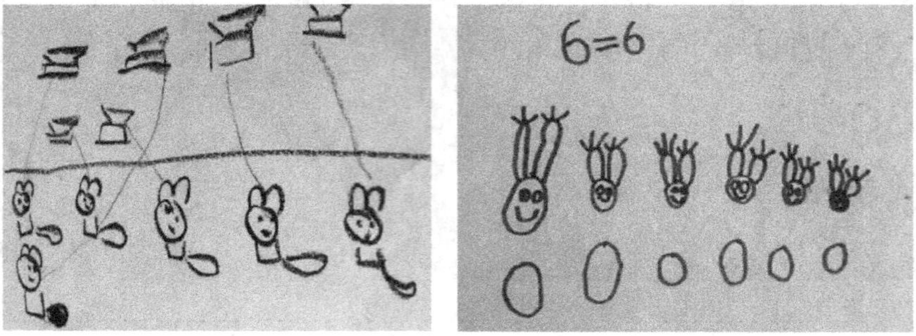

方法1　　方法2

图3

随着全班学生的交流、分享，学生很快能意识到一个对应着一个摆，看得更清楚，交流起来更方便。画一画的学生，看到同伴用简单的图形或符号表示出小松鼠和盘子很快就解决了问题，也意识到自己画小松鼠的过程既慢又没能在规定的时间内完成任务，发现用简洁的图形更容易表达自己的想法，于是很快进行了调整。最后教师出示了教材中笑笑的方法。

师：笑笑是这样做的，谁的方法和他们一样？把掌声送给自己吧！

由此我们看到，只要教师给予学生一定的空间和时间，让学生充分经历摆和画的过程，经历交流与分享的过程，经历尝试和反思、调整的过程，学生就能对“一一对应”有所体验和经历，并在这个过程中积累活动经验。通过课堂观察可以发现，学生在这个过程中遇到的真正困难是从来没有运用过“一一对应”解决问题，不知道怎么摆、怎么画，无从下手。

学习片段 2：摆一摆，画一画，解决问题更快。

教师出示问题 2。

师：勺子够吗？杯子呢？你能独立解决这个问题吗？你可以用手中的学具摆一摆，也可以画一画。能说清楚你是怎么想的吗？

因为有了问题 1 的动手操作基础，学生很快运用“一一对应”解决了问题。在交流、分享的过程中，可以看到，曾经用摆的方法的学生开始尝试一一对应地画一画，同样，画图的学生也开始拿起手中的学具摆一摆。当然，也有部分学生整节课都喜欢用摆图片的方法来帮助自己解决问题。在全班交流、分享前，先和同桌说一说想法，可以促使学生之间相互学习和理解。

学生由开始的懵懵懂懂地动手尝试，到能自主选择学具、动手操作，用“一一对应”比较多少，并能认真倾听，自信表达、交流分享，教师的引导和适时的追问发挥着重要的作用。

方法 1：摆一摆

方法 2：画一画

图 4

课堂观察的 20 名学生中，有 12 名学生用摆一摆的方法，有 8 名学生用画一画的方法。

通过课堂观察发现，学生在思考、操作、倾听、质疑的过程中，会不断地反思、调整自己的方法，同时也能主动借鉴同伴的方法，进行问题解决。

学习片段3：选择自己喜欢的方法解决问题。

解决了问题1和问题2，学生有了比较多少的方法和经验的积累，那么，学生能否独立解决对三个量进行大小比较的问题？是否存在思维困难与障碍？我们将问题直接抛给学生，观察教师详细记录。

师：在刚才的活动中，你们都有了自己喜欢的方法。看，松鼠宝宝又遇到了问题：你知道勺子、盘子、杯子谁最多？谁最少吗？

生1：我用图片摆一摆，知道杯子最多，勺子最少（如图5）。为什么呢？你们看，这样一个对应着一个摆，勺子排得最短，杯子排得最长。所以杯子最多，勺子最少，少1个。

图5

生2：我是这样画的（如图6），你们能看懂吗？我用一个长方形当杯子，用“?”当勺子，用圆当盘子，你们看，这样画图，就知道了谁最多，谁最少！

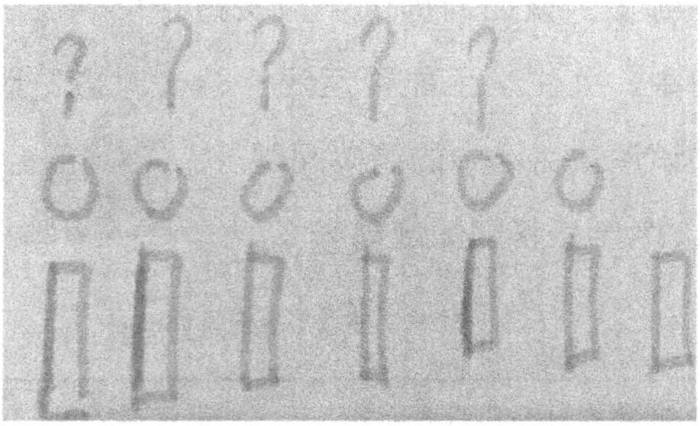

图 6

生 3：因为我们知道盘子和小松鼠的数量一样多，有 6 个。勺子比小松鼠少 1 个，杯子比小松鼠多 1 个，那我觉得应该是杯子最多，勺子最少。

我们发现所有学生能够运用“一一对应”进行摆一摆或画一画，喜欢画一画的学生在不断增多，并且能够用简单的图形、符号来代替盘子、勺子、杯子，更加清晰地表达自己的思考过程。由于教师提出的问题比较开放，鼓励学生用自己喜欢或适合的方法解决问题，又惊喜地观察到有 2 名学生，没有摆也没有画，而是从数量之间的关系进行推理，解释了杯子最多，勺子最少，如生 3 的描述。当教师追问“谁听懂他的方法了”，全班有 8 名学生举起小手。在比较的过程中，建立一个标准，将 6 个盘子作为标准。勺子比 6 个盘子少 1 个，杯子比 6 个盘子多 1 个，从而推出谁最多与谁最少。

课堂观察的 20 名学生中，有 10 名学生用摆一摆的方法，有 8 名学生用画一画的方法，还有 2 名学生用推理的方法。

在放手让学生自己解决问题的过程中，我们看到 3 个数的比较大小，因为有了“一一对应”，学生比较起来更加轻松，没有遇到我们想象中的困难，学生表达自己的思维过程和想法也更加顺畅。学生已经能在摆一摆、画一画的基础上，体会到“一一对应”的简洁，并能有选择地利用。同时，我们也发现学生能够从推理的角度解决问题，明白并感受到了数学是讲道理的。

（二）学生的学习效果分析

三个问题的学习，有多少学生能够达到基本要求？达不到基本要求的学生，主要困难在哪里？该如何提供学习支持帮助学生理解呢？我们又进行了后测。在后测中，关注学生能否运用“一一对应”比较多少，能否运用“一一对应”尝试解决生活中的简单问题。

参加后测的42名学生答题情况如表2。

表2

<table>
<tr><th colspan="2" rowspan="2">题号</th><th colspan="2">独立正确完成</th><th colspan="2">语言提示下正确完成</th><th colspan="2">提示后仍不能完成</th><th rowspan="2">备注</th></tr>
<tr><th>人数</th><th>百分比/%</th><th>人数</th><th>百分比/%</th><th>人数</th><th>百分比/%</th></tr>
<tr><td rowspan="4">第1题</td><td>(1)</td><td>42</td><td>100</td><td>0</td><td>0</td><td>0</td><td>0</td><td></td></tr>
<tr><td>(2)</td><td>42</td><td>100</td><td>0</td><td>0</td><td>0</td><td>0</td><td></td></tr>
<tr><td>(3)</td><td>34</td><td>80.95</td><td>8</td><td>19.05</td><td>0</td><td>0</td><td>经过语言提示才能正确完成题目的学生，基本是没看清题目要求。8名学生中，有7名学生画成了同样多，有1名学生没有进行一一对应。</td></tr>
<tr><td>(4)</td><td>35</td><td>83.33</td><td>7</td><td>16.67</td><td>0</td><td>0</td><td>经过语言提示才能正确完成题目的学生，基本是没有看清题目要求，画成了同样多。</td></tr>
<tr><td rowspan="2">第2题</td><td>(1)</td><td>42</td><td>100</td><td>0</td><td>0</td><td>0</td><td>0</td><td></td></tr>
<tr><td>(2)</td><td>42</td><td>100</td><td>0</td><td>0</td><td>0</td><td>0</td><td></td></tr>
<tr><td rowspan="2">第3题</td><td>(1)</td><td>42</td><td>100</td><td>0</td><td>0</td><td>0</td><td>0</td><td></td></tr>
<tr><td>(2)</td><td>42</td><td>100</td><td>0</td><td>0</td><td>0</td><td>0</td><td></td></tr>
<tr><td colspan="2">第4题</td><td>42</td><td>100</td><td>0</td><td>0</td><td>0</td><td>0</td><td>对于答案不唯一的问题，还不能将正确答案写全。回答出“6”“7”两个答案的人数是34，只能回答出“6”或“7”一个答案的人数是8。</td></tr>
</table>

四 研究结论与教学建议

（一）研究结论

通过对学生学习过程及学习效果的分析，我们发现：

（1）有趣的生活“情境＋问题串”，不仅能充分调动学生原有的生活经验，有效帮助学生解决问题，还能引领学生进入新的情境，使学生解决问题的方法丰富多样，有助于学生数学思想的萌发。教材由浅入深、层层递进的问题串设计，对“一一对应”的渗透及活动经验的积累能够起到积极的支撑作用。

（2）帮助学生充分经历独立思考、动手操作与分享表达的过程，是学生体验、感悟数学思想和方法的有效路径。在研究过程中，我们发现学生的学习困难和教师的组织教学交织在一起。由于刚入学的学生解决问题的思维方式比较单一，语言表达、交流还不够流畅，课堂秩序和规则还没有建立，大量的动手操作会为教师的组织教学带来很大的挑战，所以学生的动手操作常常被教师代替，学生思维的困难点也常常被掩盖。如果教师从学生入学的第一天起，能够不断地为他们提供动手操作、表达与交流的机会，积累数学活动经验，引导学生慢慢体会到数学学习是需要讲道理的，学习过程会更加丰富立体，学生在学习中的困难也会降低。

教师提供的支持，最核心的是为学生提供经历独立思考、动手操作和表达与交流的机会，引导学生逐步将自己的思维过程外显。静静地独立思考，尝试着摆、画、比，再与同伴分享交流，学生获得的不仅仅是数学结论，更为重要的是逐步体会获得数学结论的思想方法，这对学生的数学学习来说是非常有意义和有价值的。尽管动手操作、交流分享与教师简单的告知、演示相比用时较长，但对学生来说，是体验、感悟数学思想和方法的重要路径。

在研究中我们还发现，建立良好的课堂约定非常重要。比如，教师的一个手势，表示操作停止；教师走到某个位置，表示要进行交流、分享。

如果教师和学生从入学初就共同制订富有童趣的课堂约定，学生会更容易遵守这些约定，课堂的学习状态及学习效果会更理想。在这样的操作活动中，学生获得的经验越多，体验就越丰富，数学思想和方法也会随之渗透。

（3）经过问题串的学习，学生能够比较好地运用“一一对应”解决同类问题。重视知识的形成过程，为学生创设独立思考的机会，丰富的动手操作、表达交流的学习活动，能有效帮助学生运用“一一对应”解决问题和积累活动经验。

在后测中，我们从三个方面做了数据的统计，学生能较好地完成题目，数据表明在“快乐的午餐”学习中，学生不仅知道从数量的多少去比较，还获得了比较的方法，体会了几个量之间“一样多，谁比谁多，谁比谁少，最多，最少”的关系和道理。重视学生的探究过程，让学生经历发现问题、寻找解决问题的途径及解决问题的过程，为后续的学习积累数学思想方法和活动经验。

（二）教学建议

在课例研究的过程中，我们更加确定“快乐的午餐”（用“一一对应”比较多少）一课的重要地位，也更加明晰在日常教学中教师要有意识地进行数学思想方法的渗透。下面结合课例谈几点教学建议。

1. 长目标，细功夫

数学思想方法不同于知识、技能可以通过教的方式去实现，它需要长时间的体验、感悟、积累，所以我们称之“长目标”。这不是一节课，几节课就可以完成的，需要日积月累、循序渐进地让学生在经历学习的过程中感悟数学的基本思想和方法，所以说这是一个细功夫，如小火慢炖，需要教师不断地提供学生喜闻乐见的情境，使之发现问题，解决问题，积累活动经验，感悟数学思想。

表达、操作、合作、倾听、如何使用学具、学习的规则、思考的方法等都不是天生具有的，每一节课都是学生学习的过程，教学也不是等到学生都会了，再让学生去做，而是在做的过程中让学生去不断地学习。比如说怎么操作学具，怎么读懂图，怎么把自己心里的想法有条理、有根据地告诉别人等，都是这节课所承载的数学教育价值。

所以，面对刚入学的学生，学习内容要少一些，增加彼此交流、倾听的时间，让学生慢慢地学习。在每个操作环节的开始与结束，教师的指导性语言要清晰具体，环节要有始有终，注重培养学生良好的学习习惯。若操作完了，学具散落在桌子上，必然会分散学生的注意力，影响学生的学习，不利于学生良好学习习惯的培养。当然，最重要的是，学生刚开始上学的种种不适应恰恰说明了学习过程的必要性，教师要树立“从我这里出发”的意识，带领学生学会上课、学会表达、学会管理学具、学会用自己的语言解释自己的想法等。

2. 重过程，多驻足

在解决问题的过程中，学生仅仅知道结果或结论还是不够的。比如这节课中的三个量的比较，“谁最多，谁最少”这个问题，学生解决起来并不难，因为他们有了数数的经验，通过数量比较，很快能得出结论。在平时的教学中，教师要和学生一起研究。在研究的过程中，教师是引领者、合作者、参与者。教师要在肯定学生方法的同时，停下来，追问一些帮助学生理解数学本质的问题。比如，这只松鼠有两个盘子，另一只没有盘子，所以我得拿走一个，盘子够了。此时，教师除了引导学生思考、表达、倾听之外，还可以在学生没有提出问题的情况下，举手并风趣地说：老师有一个问题要问，你为什么要拿走一个给它，不给不行吗？这样追问，学生会纷纷解释：因为它有两个，拿出来一个，每只小松鼠就都有一个盘子了，小松鼠和盘子就一样多了，就可以吃饭啦。这不就是用“一一对应”解决问题吗？因此，适时地驻足，让学生想一想、说一说，明白数学的道理，就是理解数学的过程。

3. 常回应，快节奏

回应就是评价。教师对于学生思考、回答、表达思考的过程都要能够积极回应，及时具体地回应，就是在帮助学生学习，所以说学习即评价，评价即学习。

一年级学生的注意力尤其容易分散，学习的兴趣来得快消失得也快。所以，一年级的学生更适合在节奏紧凑的学习活动中，保持学习的兴奋度。当学生从情境中获得信息，明晰要解决“盘子够吗”这个问题时，教师为学生提供了丰富的学具，这非常好。但在课堂的组织上，针对一个问题，不必过长停留在同一个水平上的一一问答上，而要及时引入到下一个环节中。交流与分享，也是教师组织教学的一个重要的环节。节奏明快，点评与追问到位及时，都会让学生保持兴致盎然，每个清晰的环节，会让一年级的学生精力集中，不走神。

这样看来，研究的过程，就是学习的过程，其中，教师是引领者、合作者、参与者。怎样和别人说清楚自己的思路？这样适时地驻足、回应，天长日久地积累，经历从头到尾思考问题的全过程，就会帮助学生形成思考并解决问题的意识，逐步渗透数学思想。

参考文献

[1] 鲍建生．数学学习的心理基础与过程［M］．上海：上海教育出版社，2009.

[2] 蔡金法，聂必凯，许世红．做探究型教师［M］．北京：北京师范大学出版社，2015.

[3] 郜舒竹．问题解决与数学实践［M］．北京：高等教育出版社，2012.

[4] 刘加霞．小学数学教学中基本数学思想的类别与内涵［J］．课程·教材·教法，2015（9）.

[5] 刘可钦，张红．义务教育教科书·数学·教师教学用书·一年级上册［M］．北京：北京师范大学出版社，2012.

[6] 马云鹏．小学数学教学论［M］．北京：人民教育出版社，2003.

[7] 全美数学教师理事会．美国学校数学教育的原则和标准［M］．蔡金法等，译．北京：人民教育出版社，2004.

[8] 史宁中．《义务教育数学课程标准（2011年版）》解读［M］．北京：北京师范大学出版社，2012.

[9] 吴正宪，刘劲苓，刘克臣．小学数学教学基本概念解读［M］．北京：教育科学出

版社，2014.

[10] 张丹．小学数学教学策略［M］．北京：北京师范大学出版社，2010.

[11] 张奠宙，孔凡哲，黄建弘，等．小学数学研究［M］．北京：高等教育出版社，2009.

[12] 中华人民共和国教育部．义务教育数学课程标准（2011 年版）［S］．北京：北京师范大学出版社，2012.

附录 1

访谈记录表

访谈提纲	学生可能出现的答案		教师引导语及提供的支持		访谈记录
	正确答案	其他答案	引导语	提供的支持	学生特殊的语言或表情
读情境图，说一说你发现了哪些数学信息，想到了哪些数学问题？	有 6 只小松鼠，有 1 张桌子，有 6 个盘子，7 个杯子……	(1) 数错了数量。 (2) 只找到了很少的信息。 (3) 其他。	(1) 用小手指着数一数，再看看有几个？ (2) 再看看，图中还有什么，有几个？		
问题 1“盘子够吗?” 先让学生独立思考，再说一说自己是怎么想的。	小松鼠有 6 只，盘子也有 6 个。一样多。够了。	不知道。	(1) 够了，说一说你是怎么想的？一样多是什么意思？ (2) 你是用数的方法知道够了，还有其他的方法吗？ (3) 能用图片摆一摆，把自己的想法说清楚吗？ (4) 怎么摆比较好？ (5) 笑笑是这样想的，你能读懂她的方法吗？和她的方法一样吗？	我们来摆一摆，看看小松鼠有几只，盘子有几个？每只小松鼠用一个盘子，够用吗？ 如果仍旧没有想法，继续引导：看看教材中笑笑的想法。	我明白了，就是一只小松鼠拿一个盘子吃饭，每只小松鼠都有了，够了。
问题 2“勺子够吗？杯子呢?”通过动手操作，呈现自己的思考过程。	勺子少 1 个，杯子多 1 个。				
问题 3“谁最多？谁最少”？让学生摆或画。	杯子最多，勺子最少。				

附录 2

课堂观察记录单

一年级____ 班　　姓名：____________　　日常学习情况 ______

温馨提示：每位观察教师持续观察 2 名学生，尽量详细记录学生的真实想法。在观察的过程中，对于学生的特殊表情或语言，也请详细描述。

1. 师出示情境图。

师：看到小松鼠就餐这幅图，你发现了哪些数学信息？想到了哪些数学问题？先和同桌说一说，再进行交流。

此处观察教师观察 2 名学生交流的情况，进行详细记录，学生是否能读懂情境图。

2. 师出示问题 1：盘子够吗？

(1) 师：你能读懂这个问题吗？说一说，这个问题是什么意思？

观察教师详细记录学生的特殊表情或语言。

(2) 师：盘子够吗？你能解决这个问题吗？说一说你是怎么想的？还有其他的好方法吗？小松鼠可不识数，你可以用手中的图片摆一摆，也可以画一画，帮助你给小松鼠讲清楚。

观察教师详细记录：

学生的第一反应。谁是数的？谁是摆的？摆的同学是否一一对应着摆？没有一一对应着摆的同学，教师是怎么引导的？画的同学是怎么画的？请观察教师把学生“数”“摆”“画”的结果记录下来。

数一数：

摆一摆：

画一画：

（3）分享、交流。

观察教师详细记录：交流后，学生对自己的摆法或画法是否有所调整。

（4）学生对“一样多”是怎么理解的？

观察教师详细记录：

一样多就是正合适，不多也不少。盘子有 6 个，小松鼠有 6 只。

（5）师：淘气是这样想的，你能看懂他的想法吗？和你想的一样吗？

3. 师出示问题 2：勺子够吗？杯子呢？

（1）师：你能读懂这个问题吗？说一说这个问题是什么意思？

观察教师详细记录学生的特殊表情或语言。

（2）师：你能自己解决这个问题吗？可以用手中的图片摆一摆或用符号画一画。

观察教师详细记录：

学生是否主动用图片一一对应着摆一摆；曾经摆一摆的学生是否尝试着用画一画的方法。即在问题 1 的基础上，交流、分享后，是否听懂了别人的方法，并尝试着用一用。

（3）分享、交流。

观察教师详细记录：

在交流后学生是否对自己的方法进行调整。

4. 师出示问题 3：盘子、勺子、杯子，谁最多？谁最少？

（1）师：你能读懂这个问题吗？

观察教师详细记录学生的特殊表情或语言。

（2）师：你能用自己喜欢的方法解决这个问题吗？

观察教师详细记录：

学生摆一摆或画一画的结果；关注是否有推理等其他的方法。

（3）分享、交流。

附录 3

教学设计

一、学习目标

1. 在数一数、比一比、画一画的活动中，直观认识两个数量间的相等和不等关系。

2. 结合动手操作活动，能清楚地表达出谁和谁同样多、谁比谁多、谁比谁少，积累“一一对应”的活动经验。

3. 继续学习并养成认真倾听、有序操作、大胆表达的习惯。

二、学具准备

每人准备一套学具图片。(小松鼠、勺子、盘子、杯子的图片各 10 个。)

三、主要学习活动

1. 观察情境图，你发现了哪些数学信息，想到了哪些数学问题？能讲一个数学小故事吗？

【设计意图与说明】

教材提供了学生喜闻乐见的故事情境，能激发学生的学习兴趣，调动学生的学习热情，促使学生很快进入思考状态。

2. 问题 1：盘子够吗？

(1) 你能读懂这个问题吗？说一说，你是怎么想的？可以用手中的图片来摆一摆，也可以用简单的符号画一画，帮助你说清楚自己的想法。学生能否进行一个对应着一个摆一摆，是本节课的学习起点。

(2) 在分享、交流的过程中，学生会尝试着用一一对应的方法，一个对应着一个摆，发现盘子和小松鼠的数量一样多，够了。如果学生只能说出答案“够了”，不能用手中的图片摆或用符号表示，教师继续引导：你们看，笑笑是这样解决这个问题的，你能看懂吗？这样摆有什么好处呢？引导学生在交流的过程中，体会到用“一一对应”进行比较的简洁性。

【设计意图与说明】

教材提供了简单的图示用一个对应着一个进行比较，目的是引导学生用“一一对应”比较两种物体数量的多少。

3. 问题 2：勺子够吗？杯子呢？

(1) 你能读懂这个问题吗？说一说这个问题是什么意思？

(2) 你能读懂这个问题吗？可以用手中的图片来摆一摆，也可以画一画，看看谁把自己的想法表达得最清楚？

【设计意图与说明】

先让学生独立完成，观察学生在问题 1 的学习基础上，是否开始尝试着通过动手摆一摆，或用简单的符号画一画，来解释自己的比较方法。目的是观察学生面对比较的问题，不仅从数量上进行比较，重要的是能够学习用“一一对应”进行比较。(访谈和课堂观察时，观察教师详细记录曾经没有想法的学生是否开始尝试用手中的图片摆一摆，曾经摆一摆的学生是否尝试着用简单的符号画一画。)

(3) 与同伴说一说，你是怎么想的？

摆一摆：一一对应着摆一摆，发现勺子比小松鼠少 1 个，不够；杯子比小松鼠多 1 个，够了。

画一画：用简单的符号，一一对应着画一画。

【设计意图与说明】

观察学生是否在交流的过程中获得学习经验；观察学生是否能够读懂教材，从而积累比较的经验。

4. 问题 3：盘子、勺子、杯子，谁最多？谁最少？

(1) 你能读懂这个问题吗？你能用自己喜欢的方法解决这个问题吗？

(2) 与同伴说一说，你是怎么想的？

(3) 淘气和笑笑是这样做的，你能读懂他们的方法吗？谁的方法和他们的一样？

【设计意图与说明】

引导学生结合动手操作，运用“一一对应”，进行三个量的比较，知道谁最多，谁最少，积累活动经验。

附录 4

后测题

一年级____班　　姓名：__________

1. 画一画。

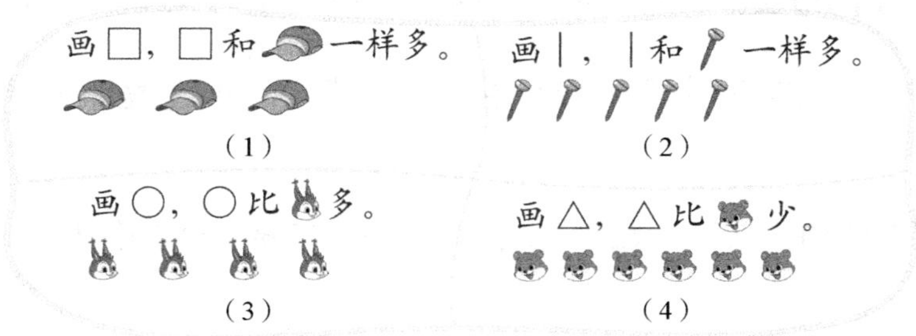

2. 哪一堆正合适？画“√”。

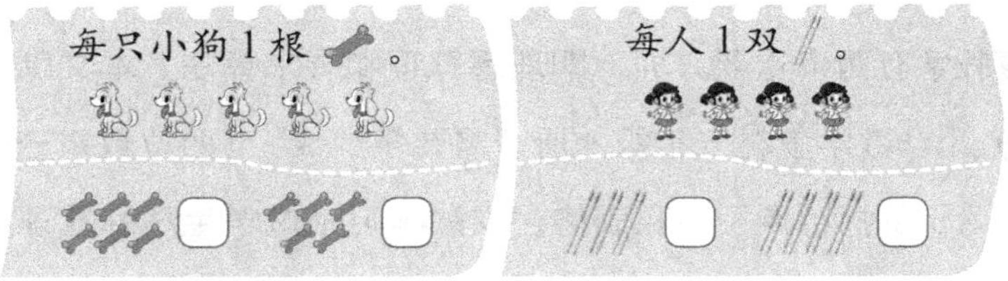

(1)　　　　(2)

3. 比一比，最多的画“√”，最少的画“○”。

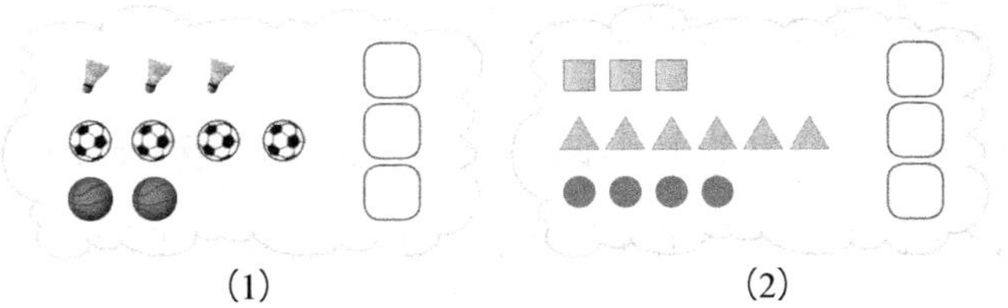

(1)　　　　(2)

4. 猜一猜，采了多少个？

借助直观模型理解乘法和寻求算法

——三年级上册“需要多少钱”学习过程的研究

陈晓梅　韩　巍（吉林省吉林市第一实验小学）

运算教学有两个重要方面，即理解算理和寻求算法。本文以北师大版（新世纪）小学数学教材三年级上册“需要多少钱”（两位数乘一位数的口算乘法）为例，探讨点子图和表格在乘法学习中对学生理解算理和寻求算法的支撑作用，并归纳出学生在学习过程中理解算理、寻求算法方面的主要学习表现和存在的困难，为教师教学提供可借鉴的经验。

一　研究背景及研究问题

运算能力是《义务教育数学课程标准（2011 年版）》的新增内容，是十个核心词之一，“主要是指能够根据法则和运算律正确地进行运算的能力。培养运算能力有助于学生理解运算的算理，寻求合理简洁的运算途径解决问题”。所以说寻求算法、理解算理分别解决的是“怎样算”和“为什么这样算”的问题，在运算中相辅相成、密不可分。

本节课的学习是在学生熟练掌握表内乘法和整十、整百数乘一位数口算的基础上进行的，主要学习的是两位数乘一位数的口算，这也是学生学习笔算乘法的重要基础。教材设计的本节课重点是引导学生探索学习两位数乘一位数、乘积在百以内的口算乘法，并向学生提供了更多可选择的方法和策略。在这节课中，直观理解乘法的算法和算理是重点，也是难点。

为了解决本节课的重点和难点，教材首先借助实物模型（人民币）来解释算理（如图 1），并对应出现了乘法算式，沟通了模型和算法之间的联系；紧接着引入“点子图”（如图 2），借助点子图进行乘法的直观运算；然后借助“表格”（如图 3）进一步解释算理。当学生理解了乘法的算理，就能够逐步摆脱对直观计算工具的依赖，直接运用数进行两位数乘一位数的口算。直观运算是算法运算的基础，算法运算是直观运算的抽象和提升。在掌握口算的基础上，学习笔算（包括横式与竖式）才有意义。

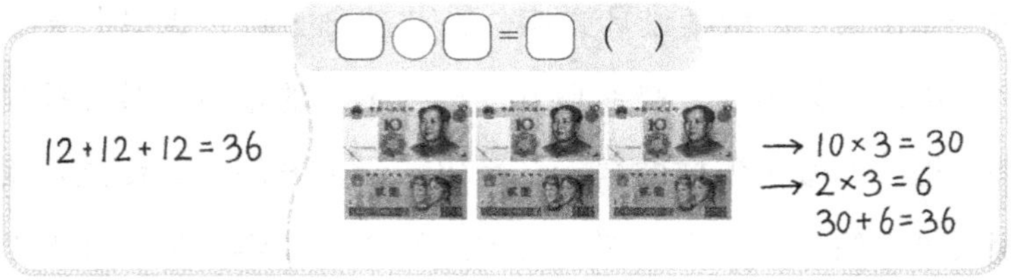

图 1

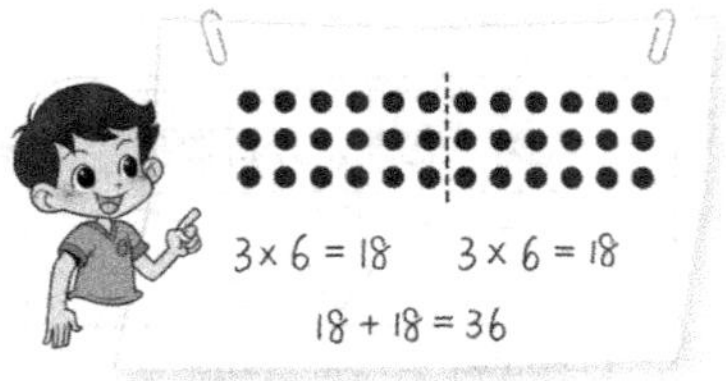

图 2

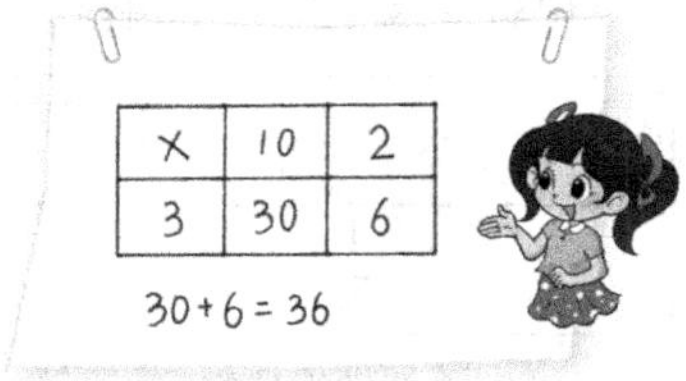

图 3

教材设计的问题串是否能够帮助和促进学生理解算理、寻求算法，基于此确定了以下主要研究问题：

1. 通过点子图和表格进行乘法的直观运算，对学生理解两位数乘一位数的口算方法有怎样的帮助？

2. 学生在理解算理、寻求算法的过程中遇到了哪些困难？教师可以提供什么样的学习支持？

3. 学生在学习过程中是否能沟通不同途径（借助人民币模型、点子图、表格进行计算）之间的内在联系，即从算理的角度去理解算法？

二 研究设计

（一）研究思路

本研究的主要目的是基于研究问题，以教材“情境＋问题串”为研究载体，探究学生能否读懂“情境＋问题串”，并在每个问题的学习过程中理解、掌握两位数乘一位数口算的算理和算法，充分展现学生在计算过程中思考问题、解决问题的不同方法等。

通过个体访谈形成教学设计方案，在此基础上进行课堂教学，观察记录学生学习中的具体表现，特别是发现学生不懂的地方，教师提供帮助支持的详细过程，如做了怎样的提示，运用了什么方法，最终是否帮助学生克服了困难等。保留与学生一起交流的原始资料及学生原始作业等，为后期数据的收集整理、汇总分析做好充分准备，最终得出研究结论和提出教学建议。

研究思路的流程图（如图 4）。

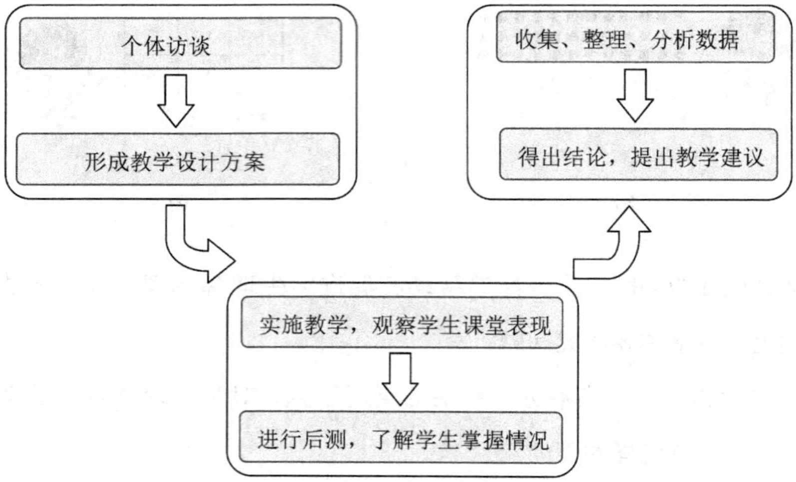

图 4

（二）样本描述

本研究采用的是目的抽样的方法。调研学校吉林省吉林市第一实验小学是一所市属小学，约有学生3000名，学生主要来自周边社区，学习水平和习惯差异较大。

研究中，随机选取三年级两个班，把A班学生按学习水平分为优秀、中等、有待提升三类，分别从中随机抽取2名（共6名）学生作为个体访谈对象；让B班30名学生全部参加课堂教学过程。选择15名教师进行课堂观察，每位教师负责观察2名学生，观察记录他们在学习过程中的表现。

（三）研究工具

1. 个体访谈问卷的设计及说明

从本单元整体出发，从教师教学用书的学习目标切入，结合“情境＋问题串”，把经历计算两位数乘一位数的思考与交流的过程，理解两位数乘一位数的乘法意义，探索并掌握两位数乘一位数的口算方法；了解点子图和表格是进行两位数乘一位数乘法的工具，会利用点子图或表格探索乘法的口算方法，理解乘法的算理，体验算法多样化等目标进行细化，分解到每个问题中，设计了访谈提纲。具体访谈提纲如下。

1. 针对问题串的问题1的访谈问题

（1）一个泳圈12元，买3个需要多少元？列式计算，写出计算过程，并在图上圈一圈；说一说你是怎么想的。

（2）上面的问题你是独立解决的吗？你能讲清楚自己的计算方法吗？

2. 针对问题串的问题2的访谈问题

（1）淘气是这样算的，你看懂了吗？说一说。还可以怎样分？试一试并写出计算过程。

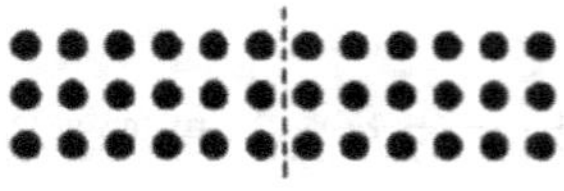

3×6=18　3×6=18

18+18=36

（2）笑笑是这样算的，你看懂了吗？说一说，然后试着用表格算一算。

×	10	2
3	30	6

30+6=36

（3）淘气和笑笑的算法你更喜欢哪一种？

3. 针对三种算法的问题

前面用到的三种算法有什么相同之处和不同之处吗？具体说一说。

4. 针对问题串的问题 3 的访谈问题

（1）一个皮球 18 元，小皮艇的价钱是皮球的 4 倍，一个小皮艇多少元？列式算一算，并讲一讲你的算法。

（2）上面的问题你是独立解决的吗？

5. 总结性问题

（1）在点子图上分一分、算一算，对你理解和掌握两位数乘一位数的计算方法有帮助吗？

（2）以后再计算这样的乘法时，你会选择哪一种方法？你喜欢这节课的学习活动吗？

选取优秀、中等、有待提升的 6 名学生进行个体访谈，边访谈边记录。访谈结束后根据录像对记录进行二次整理，详细记录学生对算理和算法的具体学习过程，以及学习过程中遇到的困难和迷思。依据个体访谈情况，形成教学设计方案，以帮助教师在课堂教学中为学生提供学习支持。

2. 教学设计方案

基于前期个体访谈的具体情况，特别是学生在学习过程中遇到的学习障碍，在尊重教材问题串设计的前提下，对个别问题进行了适当处理，形成了教学设计方案。具体教学设计方案如下。

问题串的问题1“买3个泳圈需要多少元？说说你是怎样想的”的教学主要是引导学生从情境中获取信息并列出算式，运用已学知识和经验得出结果。考查人民币模型在学生理解计算方法时的作用，是否有利于学生理解算法和算理，学生能否讲清楚自己的算法等。

问题串的问题2“淘气和笑笑是这样算的，你看懂了吗？与同伴说一说”主要考查学生对利用点子图和表格进行乘法运算的理解情况，是否能够运用这两种工具进行新的乘法运算，理解算理并体会算法间的内在联系。

问题串的问题3“小皮艇的价钱是皮球的4倍，一个小皮艇多少元”主要考查学生是否能利用点子图或表格探索18×4的算法，并用算式记录计算的过程与结果。

为了更好地了解学生的学习情况，设计了5个问题，如下。

1. 一个泳圈12元，买3个需要多少元？列式计算，写出计算过程，并在图上圈一圈；说一说你是怎么想的。

2. 淘气和笑笑是这样算的，你看懂了吗？与同伴说一说。

（1）淘气是这样算的，你看懂了吗？与同伴说一说。

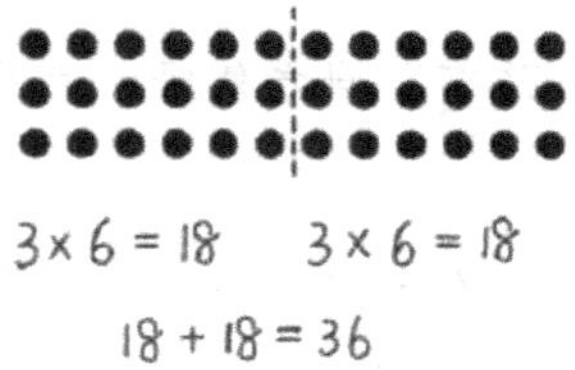

（2）你能像淘气那样分一分，算一算吗？

12 × 3 = □

（3）还可以怎样分？试一试，并写出计算过程。

12 × 3 = □

12 × 3 = □

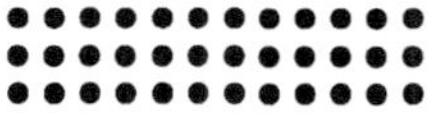

(4) 笑笑是这样算的，你看懂了吗？与同伴说一说。

×	10	2
3	30	6

30+6=36

(5) 你能像笑笑那样填一填，算一算吗？

12 × 3 = □

×		

□ + □ = □

(6) 试着用表格算一算。

14 × 2 = □

×	10	4
2		

□ + □ = □

3. 选一选，并在选项前的□中画“√”，每题只能选一个。

(1) 淘气和笑笑的算法你更喜欢哪一种？

□淘气的算法　　□笑笑的算法　　□都喜欢　　□都不喜欢

(2) 前面用到的三种算法有相同之处吗？如果选择“有相同之处”，请你和同伴具体说一说。

□没有相同之处　□有相同之处　　□不清楚

(3) 前面用到的三种算法有不同之处吗？如果选择“有不同之处”，请你和同伴具体说一说。

□没有不同之处　□有不同之处　　□不清楚

4. 一个皮球 18 元，小皮艇的价钱是皮球的 4 倍，一个小皮艇多少元？你能用学过的方法解决问题吗？

18×4=

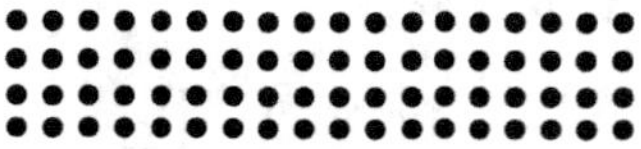

18×4=

×		

5. 选一选，在下面的□中画“√”，每题只能选一个。

(1) 上面的问题你是独立解决的吗？

□独立解决（正确列式并计算） □独立列算式，不会计算

□不能独立解决

(2) 你觉得点子图和表格，对你理解和掌握两位数乘一位数的计算方法有帮助吗？

□有很大帮助 □有帮助 □没有帮助

□一点帮助都没有

(3) 以后再计算这样的乘法时，你会选择哪一种方法？

□用点子图计算 □用表格计算 □其他

第 1 个问题主要考查学生是否能借助已有知识和经验解决问题，并清楚地讲解自己的想法。第 2 个问题，在学生通过观察初步了解淘气运用点子图计算的方法后，要求学生重现计算过程，亲自动手分一分，并讲一讲，考查学生是否真的“看懂”了；之后提出问题“还可以怎样分?”启发学生打开思路，尝试更多分法，逐步体会借助点子图如何计算乘法（先分块、求积，再求和)，以此来帮助学生实现对算法和算理真正意义上的“理解”。对于笑笑运用表格计算的方法也进行了类似处理。第 3 个问题是在分别探索三种算法后，引导学生思考发现不同算法内在的相通之处，考查学生对算理的理解程度。第 4，5 个问题主要考查学生是否真正理解用点子图计算和用表格计算两种方法，并能选择合理方法进行计算；了解学生是否能够运用所学方法独立完成计算过程，在计算方法的选择上更倾向于哪种方法，以及借助点子图和表格进行直观计算对理解算理、寻求算法是否起到促进作用。

3. 后测题的设计及说明

后测题以学习目标为依据，以教材中的“练一练”为基础进行设计。不仅注重检测学生是否能够正确计算两位数乘一位数的口算乘法，而且更加关注学生是否真正理解了方法背后的道理，以及不同方法间的内在联系。

为巩固学生对两位数乘一位数口算乘法算理的理解，考查学生借助点

子图、人民币等进行直观计算的情况，第 1 题设计了“圈一圈、算一算”，如下：

15×4＝

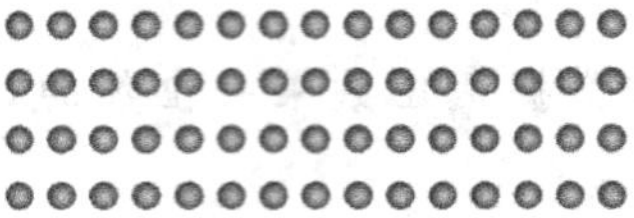

□×□＝□
□×□＝□
□＋□＝□

22×3＝

□×□＝□
□×□＝□
□＋□＝□

为考查学生借助表格计算两位数乘一位数的方法，第 2 题设计了“想一想、填一填”，帮助学生进一步理解算理，并体会算法间的内在联系，如下：

14×7

×	10	4
7		

□＋□＝□

13×6

×	10	3
6		

□＋□＝□

12×8

×		

□＋□＝□

为考查学生是否能够逐步脱离点子图、表格等，直接进行计算。第 3 题设计了“算一算，说一说你是怎样想的”，如下：

13×3＝　　12×5＝　　24×2＝

34×2＝　　15×3＝　　24×4＝

为考查学生是否能够运用两位数乘一位数的口算解决实际问题，第 4 题设计了“一共有多少块饼干？说一说你是怎样想的”，如下：

一共有多少块饼干？说一说你是怎样想的。

□○□＝□

在学生独立完成后测题后，教师要对答案进行反馈，并要求学生不在原处修改，在旁边另写并标记。

（四）数据分析

课堂观察结束后，首先将 30 名学生的作业纸（主要是教学设计方案中的问题和后测题）按学习水平分成三类，进行编码；接着将学生对每个问题的回答情况一一录入，完成数据的收集；最后将问题中每种回答结果的人数统计出来，进行数据分析。

本研究采用定性分析与定量分析相结合的方法。通过对课前个体访谈结果的定性分析初步了解学生对两位数乘一位数有关内容的具体学习情况，形成教学设计方案；再通过对班级全体学生课堂学习情况的定量分析，进一步明确学生在学习这部分内容时的主要障碍，存在哪些迷思，教师如何提供支持等。对作业纸中的问题主要从以下几方面进行分析：学生选择各种计算方法的百分比、学生的迷思分布、典型的案例描述及计算方法的掌握情况等。

研究过程与结果

本研究主要是借助教材提供的“情境＋问题串”来展开学习活动，通过学生在两位数乘一位数口算乘法的思考和交流的过程中呈现出的具体学习表现，来评估点子图和表格对学生理解两位数乘一位数口算乘法的方法有怎样的帮助；同时了解学生在这一学习过程中遇到的困难会有哪些，在教学时需要提供什么样的学习支持等问题。下面通过一些课堂教学片段和数据来呈现具体的研究过程与结果。

1. 借助已有经验尝试解决问题，弄清学习的起点

问题串的问题 1（如图 5）主要是引导学生借助熟悉的人民币模型尝试计算 12×3。在引入点子图和表格计算方法之前，先借助问题串的问题 1 的学习过程充分了解学生学习这一内容的真实起点。全班完成情况的统计结果：30 名学生中有 28 名学生借助自己已有的经验或熟悉的人民币模型计算出正确结果，正确率是 93.3%，有 2 名学生算式正确，计算结果错误。结

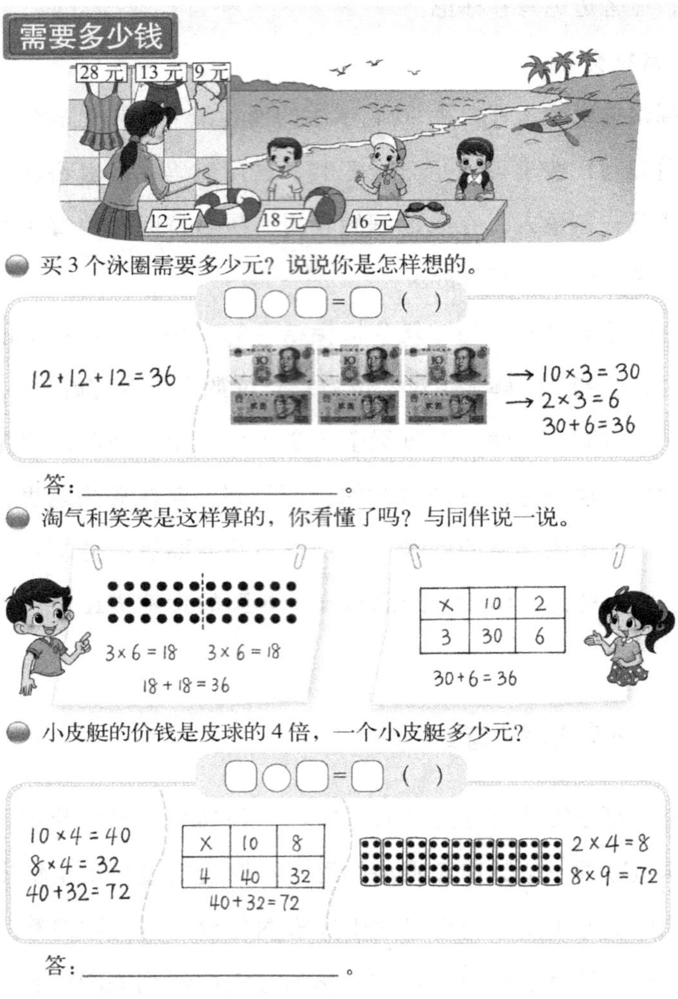

图 5

果正确的 28 名学生中有 24 名学生能表达清楚自己的计算方法，其中用连加计算的有 13 名学生，用 10 和 2 分别乘 3 再相加的有 11 名学生；另有 4 名学生没有讲清楚所用的方法。

从上面的数据统计结果中可以看到，能想到把 12 拆分后分别乘 3 再相加的学生约占 36.7%。这些学生无一例外都是把 12 拆分成 10 和 2，当被问及这样拆分的原因时，个别学生说是根据问题中的人民币模型，多数学生都不知道该如何回答，甚至有的学生认为会算就行了，不用知道为什么这样算。

这样的结果一方面反映出两位数乘一位数的口算乘法对学生来说并不是全新的学习内容，他们多数能借助已有经验想出办法来解决问题；另一方面从中也能够发现只有不到一半的学生能够想到运用拆分进行计算，这凸显了引入计算工具点子图和表格帮助学生理解算理、寻求算法的必要性。

2. 借助点子图和表格的直观运算，理解乘法的算理

片段1和片段2是问题串的问题2（如图5）的具体教学过程。这一部分教学是要鼓励学生读懂如何利用点子图和表格进行口算，理解乘法的算理。教学中，将淘气和笑笑的计算方法分别呈现，先让学生独立观察、思考，再进行交流，同时观察教师关注学生对算法的解释和具体的困难是什么。

片段1：淘气的算法你看懂了吗？

师（出示问题串的问题2中淘气的算法）：淘气是这样算的，你看懂了吗？先让学生独立观察、思考，再进行交流。

在30名学生中，24名学生能够看懂并用自己的话清楚地解释计算过程中每一步表示的含义，占80.0%。比较典型的描述：

生1：左边有3行，每行6个，右边也有3行，每行6个，左边、右边得数都是18，18加18就是36个。

生2：有3行，每行12个，从中间分开一半是6个，3×6=18（个），2个18就是36个。

有6名学生表示没看懂，具体表现为：不知道点子图表示的含义，没有看出来这是12×3；或不知道点子图与下面的算式有什么关系。需要提供学习支持：

生3：这么多圆点是什么意思？

师：你来数一数每行有多少个？有几行？

生4（认真数了一下）：每行有12个点子，有3行。

师：现在你们知道它表示的意思了吗？

生5：哦，知道了，表示的就是12×3这个算式。

师：对呀！看看淘气是怎样分的？

生5：他是从中间平均分的。

师：那你们能看懂下面的算式分别求的是哪一部分点子的数量吗？

生6（边想边慢慢地说）：6×3=18算的是左边3行，每行6个，一共是18个，右边跟左边一样，也是18个，加起来就是36个。啊，现在我看懂了！

在看懂算法的基础上，提供点子图鼓励学生像淘气那样分一分、算一算，亲自体验一次这个过程。30名学生中有22名学生能顺利完成，8名学生有困难。有困难的8名学生的具体表现为：无从下手，不知道怎样分；或者能模仿淘气从中间分开点子图，但写不出计算过程。需要提供学习支持：

师：想一想，刚才淘气是怎样分的？

生1：从中间分的。

师：左边的部分怎样计算？右边呢？

生2：左边是6×3=18，右边也是6×3=18。

师：最后要怎么办？

生3：把两部分加起来。

这里遇到困难的学生比看不懂点子图的增加2名。这也引起我们的思考，究竟该如何看待学生的“看懂”？学生不仅要“会说”，还要“会做”，能独立完成整个过程，真正理解了才是“看懂”。

接着进一步启发学生思考：还可以怎样分？学生独立完成后全班进行展示交流。有25名学生完成了两种分法，约占83.3%，剩余5名学生完成了一种分法。由此可见，学生受淘气方法的启发，是能够独立运用点子图进行正确计算的，并且能想到不同的拆分方法，这其中点子图起到了很好的作用。

学生对点子图的分法大体上有7种（如图6）。

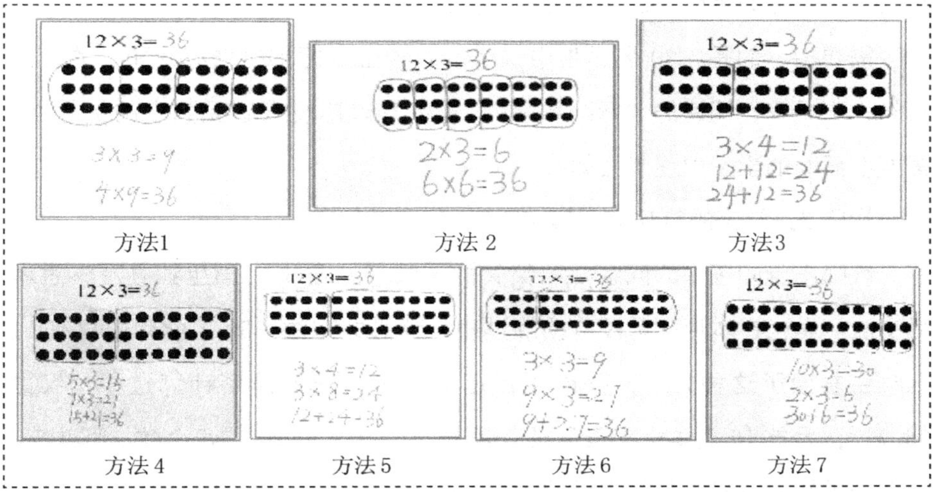

图 6

这时引导学生观察、对比，发现各种方法之间的区别与联系，学生有很多发现：

生 1：我认为方法 1、方法 2、方法 3 有相同点，都是把点子平均分，每个部分一样多。

生 2：我同意她的意见，其他方法分完之后都是一个多一个少，都是不平均分的。

生 3：我还发现平均分的方法只要算两步，每一步都是乘法；不平均分的要算三步，前两步是乘法，最后一步是加法。

生 4：不对，方法 3 就算了三步，后两步都是加法。

生 5：3 个 12 相加可以写成乘法 12×3，哎呀，不过这样不就又回到原来的这道题了吗？跟没分是一样的。

学生通过集体的交流和讨论，明确了 7 种方法可以分为两类：等分和不等分。并且发现等分方法中分成 4 份和 6 份能将两位数乘一位数转化成学过的表内乘法，而分成 3 份则不能将 12×3 转化成已经学过的表内乘法。学生能够初步体会到不是怎样分都可以，而且分完后要方便计算。同时也能感受到虽然分法不同，但都是先求部分再合起来，这样做的目的是使没有学过的、不会算的转化为已经学过的、会算的。

需要指出的是，30 名学生中仅有 3 名学生是把 12 分成 10 和 2 的，占 10%。可见我们期待的“标准算法”，学生暂时还没有感受到它的优越性，需要在后面的学习中逐步去体会。

片段 2：笑笑的算法你看懂了吗？

教师出示问题串的问题 2 中笑笑的算法（如图 5），学生独立观察思考后交流。学生在本课之前没有接触过表格计算的方法，30 名学生中只有 11 名学生看懂了这种方法，并能用自己的语言大致说清楚计算过程，仅占 36.7%；另外 19 名学生都表示没有看懂，不清楚表格中的每个数从哪儿来，分别表示什么意思。教师提供的学习支持：

师：笑笑是借助表格计算 12×3 的，你看懂了吗？说一说她是怎样算的？

生 1（仔细看了一会儿）：这个表格我没看懂。

师：具体说说哪里没看懂呢？

生 2：不知道表格里这些数都是什么意思。

师：笑笑计算的是 12×3，想一想表格里 10 和 2 这两个数是怎样得到的？

生 3（想了一下）：应该是把 12 拆分成 10 和 2。

师：对呀！那这个 3 呢？

生 4：就是算式里面要乘的那个 3。

师：那么再想一想下面的 30 和 6，分别是怎样得到的呢？

生 5：知道了，是 10×3＝30，2×3＝6，再把 30 和 6 相加就是 12×3 的得数了。

通过集体交流，绝大多数学生听懂并理解了这种方法，30 名学生中有 28 名学生都能够像笑笑那样借助表格计算出 12×3 的结果，有 2 名学生不知道怎样填写，需要教师提供支持。

在尝试用表格计算 14×2 时，27 名学生正确，3 名学生出现错误或需要教师帮助。师生交流片段：

师：你能用笑笑这样的方法来计算 14×2 吗？

（学生面对空白表格看了一会儿还是没有落笔开始计算。）

师：看一看笑笑算 12×3 时是把哪个数进行了拆分，怎样拆分的？

生 1：她把 12 拆分成 10 和 2。

师：现在是 14×2，应该拆分哪个数？怎样拆分？

生 2：应该拆分 14，把 14 拆分成 10 和 4。

师：现在要先算什么？再算什么？

生 3（边说边写）：先算 10×2＝20，再算 4×2＝8，最后算 20＋8＝28。

从学生完成情况看，无论哪种计算方法，学生接受或学会需要一定的过程。例如，学生能看懂淘气在点子图上是如何分、如何算的，并能用自己的语言比较清楚地表达，当自己尝试计算 14×2 时，几乎是不假思索就模仿淘气将点子图从中间分开。从中我们发现学生仅仅是看懂了淘气的方法，并未深入去思考“为什么要这样分？”“还可以怎样分？”等一些借助点子图进行乘法运算需要思考的关键问题。而对于笑笑的方法学生开始并没有看懂，但在教师提示下知道了表格里的数分别表示什么意思，可是在尝试计算 14×2 时还是有些无从下手，需要教师逐步引导才能完成。因此学生如果只是看一看、说一说，仅仅能实现表面上的“看懂”，却根本无法达到内在的“理解”。教师在这个过程中需要适时适当地提供帮助和指导，将问题作进一步细化处理，增加学生的实际操作和体验活动，才能更好地实现学习目标，但也不要操之过急，要给学生时间让他们逐渐去理解和感悟。

3. 进行不同计算方法之间的对比，理解算理

片段 3：三种算法之间的关系。

教师直接呈现前面研究的不同方法（如图 7）。

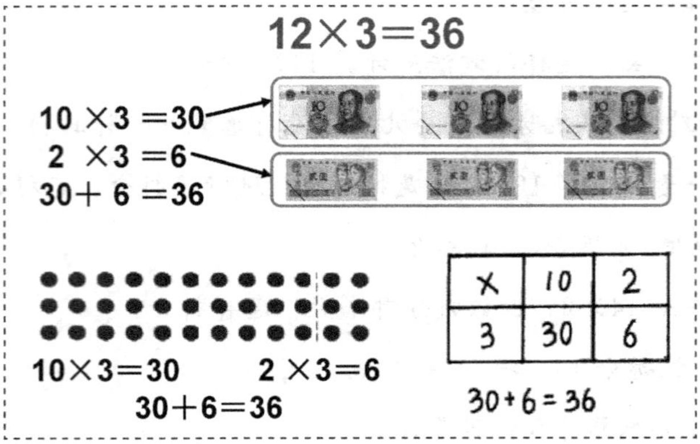

图 7

教师调研问题（2）。

（2）前面用到的三种算法有相同之处吗？如果选择“有相同之处”，请你和同伴具体说一说。

□没有相同之处　　□有相同之处　　□不清楚

调研结果显示：有 25 名学生选择“有相同之处”，约占 83.3%，其中多数学生能发现并说出三种算法都是把 12 拆分成 10 和 2，分别与 3 相乘，再把两个积加起来，也有个别学生能够感受到有联系，但是不能清楚地表达出来；有 2 名学生选择“没有相同之处”；有 3 名学生选择“不清楚”。学生典型的想法：

生 1：这些算法都是先算 10×3，再算 2×3，最后算 30+6=36。

生 2：都是把乘数 12 拆分成 10 和 2，10 和 2 都先和 3 相乘，再把两个积相加。

生 3：这三种算法的计算过程其实都是一样的。

（3）前面用到的三种算法有不同之处吗？如果选择“有不同之处”，请你和同伴具体说一说。

□没有不同之处　　□有不同之处　　□不清楚

调研结果显示：有 19 名学生选择“有不同之处”；有 10 名学生选择“没有不同之处”，认为这些方法的道理其实都是一样的；有 1 名学生选择

“不清楚”。学生典型的想法：

生 1：表示的方法不一样，用钱表示，用点子图表示，用表格表示。

生 2：算式虽然相同，但算的方式不同。

从调研中可以看出，大多数学生都能发现并理解这些算法之间的内在联系。虽然计算的工具、形式不同，但内在方法相同。

4. 尝试运用学到的计算方法，巩固所学

片段 4：你能运用学到的方法解决问题吗？

教学时教师直接出示问题串的问题 3 并提供点子图和表格，鼓励学生独立思考，选择喜欢的方法计算。30 名学生中仅有 1 名学生计算错误，其余 29 名学生都正确，占 96.7%。借助点子图的典型算法如图 8。

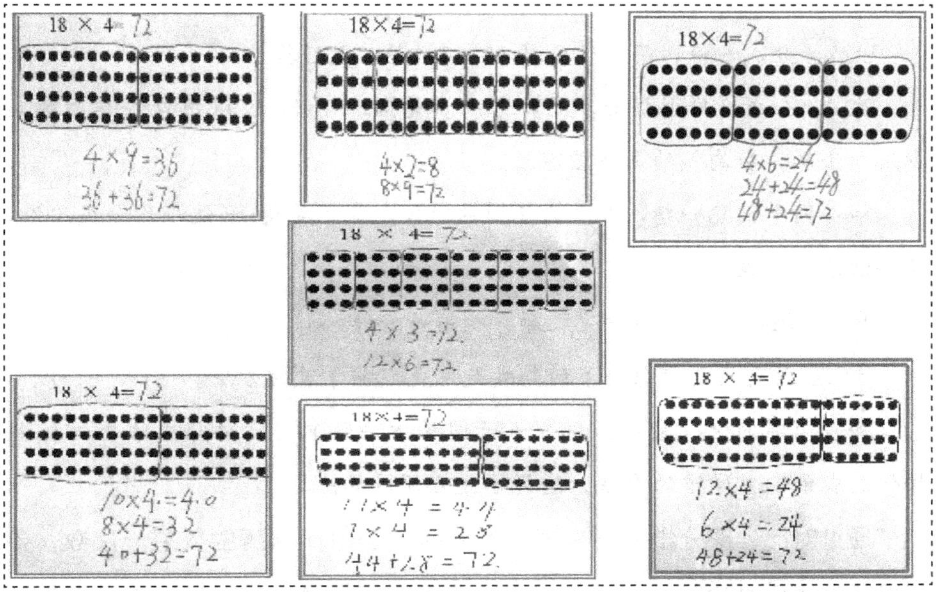

图 8

这一次把 18 分成 10 和 8 来算的有 17 名学生，占 56.7%，与计算 12×3 时比较，增加了 14 名学生，可见学生正在逐步理解和接受这种方法。

对于 18×4，等分成 2 份或 9 份，才能转化成学过的乘法，而等分成 3 份或 6 份，第二步计算还是两位数乘一位数的进位乘法。这反映出有的学生在划分点子图时没有充分考虑到如何分才能使计算更简单，只考虑 18 能平均分成几份，所以并没有达到拆分的真正目的。教师在教学中也对此开展了讨论。

生 1：老师，我感觉这些方法虽然都是平均分的，但有的好算，有的不好算。

师：能举个例子说一说吗？

生 1：比如分成 9 份，先算 2×4＝8，再算 8×9＝72，都能用乘法口诀算，特别简单。如果分成 3 份，第一步 6×4＝24 很好算，第二步 24×3 就不好算了。

师：说得很有道理！我们一起看看这些方法，哪些好算，哪些不太好算？

生 2：分成 6 份，第二步要算 12×6，也不太好算。

生 3：分成 2 份也挺好算的，第一步是 4×9＝36 可以用口诀算，第二步用加法算，和淘气的算法差不多。

师：同学们想一想，在分点子图的时候，除了要想 18 能平均分成几份，还要注意什么呢？

生 4：还要注意这样分完之后，是不是好算。

生 5：就是要看看每一步的算式是不是以前学过的方法。

师：同学们说得真好！用分点子图的方法计算时，要想办法把这道题转化成我们以前学过的乘法，这样才更方便计算。

通过对比，部分学生能够体会到借助点子图计算两位数乘一位数，要想办法转化成已经学过的乘法，这样才更方便计算，不能只盲目地去想能等分成几份。

从计算方法选择的角度，有 29 人次选择了借助点子图计算，有 23 人次选择了借助表格计算，有 13 人次选择了不借助直观模型直接口算，具体情况如表 1。

表 1　计算方法的选择情况

计算方法	借助计算工具		直接口算
	点子图	表格	
人次	29	23	13
占总学生数的百分比/%	96.7	76.7	43.3

可以看出不借助点子图和表格直接口算的人次最少，多数学生还是借助点子图、表格等帮助计算。针对这一结果，对没有直接口算的 17 名学生进行了课后访谈。典型的想法有：

生 1：我喜欢看着点子图和表格来计算，不容易算错。

生 2：点子图可以有很多种分法，很有趣；表格算起来很简便。

生 3：不借助点子图和表格，我不怎么会计算 18×4，所以没选择直接口算。

学生的想法在一定程度上反映了三年级学生还是以直观的形象思维为主，需要多积累一些直观运算的感性经验，才能逐步进行数的抽象运算。

进一步，教学结束后，我们还对学生进行了如下调研。

5（2）你觉得点子图和表格对你理解和掌握两位数乘一位数的计算方法有帮助吗？

□有很大帮助　□有帮助　□没有帮助　□一点帮助都没有

23 名学生选择“有很大帮助”，7 名学生选择“有帮助”，各占 76.7% 和 23.3%。从中可以反映出学生在学习乘法过程中点子图和表格这样的计算工具的确能起到帮助理解算理和算法的作用。

5. 检测学生计算方法的掌握情况，评估教学效果

在后测中，不仅要关注学生是否能够正确计算两位数乘一位数的口算乘法，更重要的是要关注学生是否真正理解了方法背后的道理，以及不同方法之间的内在联系。

（1）借助直观模型学生是否理解了计算方法

第 1 题“圈一圈、算一算”中用点子图计算 15×4 时，有 29 名学生是把 15 分成 10 和 5，分别与 4 相乘后再把积相加，约占 96.7%，这其中有 1 名学生出现计算错误；另有 1 名学生把 15 等分成 5 份，每份是 3 列，共 3×4＝12，先算 12×3＝36，再算 12×2＝24，最后 36＋24＝60，也转化成已学的乘法。第 2 题“想一想、填一填”正确率达到 100%。从第 1 题和第 2 题的完成情况看，学生经过问题串的前两个问题的学习活动，已经掌握了借助点子图和表格来计算两位数乘一位数口算乘法的基本方法，并能够正确计算。

（2）学生是否能够脱离计算工具直接口算

第 3 题“算一算，说一说你是怎样想的”，要求学生脱离点子图、表格等直接进行计算。6 道题平均正确率约 93.9%，具体情况如表 2。

表 2

题目	13×3＝	34×2＝	12×5＝	15×3＝	24×2＝	24×4＝
正确人数	29	29	27	28	29	27
正确率/%	96.7	96.7	90.0	93.3	96.7	90.0

从完成过程和结果看，不进位的 3 道题各有 1 名学生做错，进位的 3 道题各有 2～3 名学生做错，总体来说情况是不错的，但也反映出两位数乘一位数的进位乘法对个别学生来说的确是个难点，虽然学会了基本方法，但部分学生算得比较慢，个别学生需要借助表格或写出每一步计算的横式才能得出结果，所以要达到正确计算的目标还需要进一步的练习和巩固。

（3）学生是否能够运用乘法知识解决实际问题

第 4 题是“一共有多少块饼干？说一说你是怎样想的”。30 名学生中有 26 名学生能正确解决问题，出现错误的 4 名学生中有 1 名学生算式错误，有 3 名学生计算错误。可以看出大多数学生都能运用本节课学习的乘法来解决基本的现实问题。

通过对后测题完成情况的分析，发现学生通过一节课的学习能理解和掌握基本的口算方法，但是完全脱离计算工具直接进行口算，对个别学生来说还是有一定困难的。所以还需要进一步丰富学生直观运算的经验，在过程中加深对算理的理解，逐步摆脱对计算工具的依赖，自然进入直接进行两位数乘一位数口算的阶段。

四 研究结论与建议

（一）研究结论

1. 学生利用点子图、表格等进行直观计算，有效促进了对乘法算理、算法的理解

点子图是学习乘法的一个典型的直观模型，在学习过程中具有非常重要的意义和价值。这一点在对问题串的问题 1 和问题 2 教学后的数据分析中得到了充分的印证，学生由解决问题 1 时的方法单一且不清楚计算道理，到解决问题 2 计算 12×3 共出现了 7 种不同的分法，非常直观地体会和理解了两位数乘一位数的算法：分块求积，再求各个积的和。而表格则是把前面经历的直观运算的过程和结果以一种相对简洁的形式呈现出来，从直观的点子图到简单明了的表格，这一抽象过程对他们下一步脱离计算工具，进入直接用数进行计算的阶段起到了至关重要的作用。因此学习乘法需要组织学生开展多次圈画点子图的探索活动，通过利用点子图动手分一分、算一算，充分地经历乘法的直观运算过程；同时也要将这一直观过程逐步过渡到表格形式，在探索交流不同方法的过程中逐步加深理解两位数乘一位数口算的计算道理，积累更多的乘法计算的活动经验。

2. 教师要在学生探究算法的过程中遇到困难时提供有效的学习支持

学生在本课前没有借助点子图计算乘法的经验，在理解算理、寻求算法的过程中会遇到一些困难，需要教师在恰当的时机提供有效支持。困难一是在理解淘气借助点子图计算的方法时，20％的学生没看懂点子图表示的含义，或不知道图与算式的关系。需要教师进行引导：数一数，每行有几个，有几行？圈出的点子表示算式中的哪个数？淘气是怎样分的？下面的算式分别求的是哪部分点子的数量？通过具体问题引导学生逐步理解淘气的方法。困难二是学生在像淘气那样分一分、算一算时，超过四分之一的学生有困难，有的无从下手，不知怎样分；有的模仿淘气从中间分开点子图，但写不出计算过程。需要教师提示：想一想刚才淘气是怎样分的？左边部分怎样计算？右边呢？最后要怎么办？一步步引导和帮助学生经历完整的圈画、计算的过程，为接下来的探究提供保证。

对于表格计算方法也会出现相似的情形，反映出学生面对一种新方法，接受或学会总是需要一定的过程。教师既要适时、适当地提供帮助与支持，但也不要操之过急，要给学生充足的时间逐渐去理解和感悟，最终接受和掌握。

3. 沟通不同方法的内在联系，是促进学生理解算理的又一重要活动

从上面的研究过程中不难发现，引导学生通过观察、对比，沟通不同算法之间的内在联系，有效地促进了学生对于算理的理解。这样学生能有机会再一次回顾、理解这些算法，在观察、比较过程中体会到它们的联系与区别：虽然借助不同工具来计算，但内在的计算道理其实都一样。同时，这也让学生对算法和算理的理解有了进一步的提升，帮助他们逐步由直观运算过渡到算法运算，为后面继续学习两位数乘一位数的笔算做好铺垫。

（二）教学建议

1. 充分利用点子图、表格等计算工具

本节课通过点子图的圈画过程和表格的简化呈现过程，帮助学生进行乘法的直观运算，在探索交流不同方法的过程中逐步加深理解两位数乘一位数口算乘法的计算道理。学生是第一次接触点子图和表格，对这样的计算工具还很陌生，认识了解它们，学会运用它们需要一个较长的过程，因此本节课要引导学生进行多次的在点子图上圈画、表格里呈现的活动，积累更多的直观乘法计算的活动经验。首先可以模仿淘气的方法分一分、算一算，然后自己尝试其他的分法，在集体交流中感受到同一点子图可以有多种分法，并且这些分法都能够用表格的方式更为简洁地呈现出来；接着运用前面积累的经验独立解决 14×2，巩固圈画点子图和表格计算方法的同时体会如何分，计算起来更方便；最后挑战 18×4，在展示对比不同方法的过程中进一步明确分点子图和在表格中将数进行拆分的目的都是把两位数乘一位数转化成学过的乘法来算，体会点子图和表格在乘法计算中的作用。通过多个层次的体验，帮助学生更好地理解算理。

2. 自主探索、互相启发、寻找联系有力地促进了学生的发现和创造

三年级学生好奇心强，喜欢探索与发现。在教学中，教师能够感受到学生喜欢用点子图计算两位数乘一位数的主要原因是方法比较灵活，可以有多种选择。课堂上只要提供充分的探索机会，学生就会非常乐于去尝试、发现不同的方法，并兴高采烈地与同伴一起展示和交流。在不同方法的对比活动中，学生既能够很好地体会到计算方法的多样化，同时也能感受到这些算法之间的区别与联系，逐步实现灵活选择适合自己的方法进行口算。因此，教师在课堂上要尽量多地给学生留出探索的空间，再多一些恰当的引导，使得每一种算法都可能被学生找到，让课堂成为发现和创造的肥沃土壤。

此外，拆分转化为以前学习过的内容，是后面学习乘法计算问题的通法，这一过程也是学生运算能力发展的过程。所以，教师可以再给予充分的时间，拉长学生探索和体会的过程，真正实现对乘法基本算理和算法的理解与提升，为后继学习奠定更好的基础。

学生如何实现对数学概念的“意义理解”[①]

——“百分数的认识”学习过程研究

朱德江（浙江省嘉兴市南湖区教育研究培训中心）
王建良　王　荣（浙江省嘉兴市南湖国际实验学校）

本研究以“意义学习，理解为先”的教学为基点，以“百分数的认识”一课为例，基于教材的“情境＋问题串”，顺着教材的“情境问题—概念描述—丰富实例—举例拓展”的学习路径，采用问卷调查、课堂观察、作答情况分析、个体访谈等研究方法，研究学生对“百分数的认识”的学习发生、发展过程，探索实现百分数概念意义理解的策略。

一　研究背景与研究问题

“百分数的认识”是北师大版（新世纪）小学数学教材六年级上册第四单元第一课时的内容。百分数的学习是在学生学过整数、小数，特别是分数的意义和应用的基础上进行的。本单元内容包括“百分数的认识”“合格率”“营养含量”“这月我当家”四个课节。“百分数的认识”是学习百分数的意义，后三节是百分数的实际应用，引导学生在实际应用中深化对百分

① 研究团队主要成员：浙江省嘉兴市南湖区教育研究培训中心朱德江，浙江省嘉兴市南湖国际实验学校王建良、王荣、沈强、钟燕、占晓媛、温春梅和费树平。

数的理解，解决简单的实际问题。

“百分数的认识”是一节数的认识概念课，作为“数”概念教学的核心，需要学生能描述其意义，并能结合生活实际进行解释。百分数在实际生活中有着广泛的应用，对学生来说，在生活中或多或少都见到过百分数，在分数学习中也有过表示“一个数（量）是另一个数（量）的几分之几”，这些都是学生理解百分数意义的基础。但从教学实践看，学生学完后，很多学生看似理解了百分数的意义，但总是不能用数学语言准确表述百分数的意义。为此，需要思考理解百分数的意义要关注什么，是让学生按“百分数表示（　）是（　）的百分之（　）的数”固定的格式表述，还是让学生结合具体情境用自己的方式表述对百分数的理解？从以往教学实践看，很多学生即使会用“男生人数是总人数的60%”“出勤人数是总人数的98%”这样的语言来说明百分数的意义，但理解还是不深入。

美国当代教育改革专家格兰特·威金斯和杰·麦克泰积极倡导“理解为先教学设计”模式[1]。“意义学习，理解为先”的教学强调了三个不同却相互关联的学习目标：(1) 帮助学生掌握重要的知识和技能；(2) 帮助学生对知识进行意义建构；(3) 帮助学生有效地在新情境中运用所学知识和技能。“意义学习，理解为先”，通过关注知识掌握、意义建构、知识迁移，真正实现知识的“意义理解”。因此，对百分数概念的理解重点在于鼓励学生结合具体情境和已有经验，用自己的语言表达对百分数本质的理解，特别是能从两个量的关系、假设举例、画图表征等多个角度进行解释，进而有效促进学生对百分数概念的内化，帮助学生实现对百分数概念的“意义理解”。

为了促进学生对百分数概念的“意义理解”，教材用“情境＋问题串”的方式进行了学习过程设计，共设计了四个问题，形成了“情境问题—概念描述—丰富实例—举例拓展”的学习路径，其中，联系实际情境理解百分数概念，重点设计了两个问题：问题1是结合“罚点球”的情境，在思考和讨论“该选派哪名队员去罚点球”的问题中，从分数引出百分数，体会用分母是 100 的分数比较大小的简捷方便，并结合情境进一步理解“一个数是另一个数的几分之几”，为理解百分数的含义奠定基础；问题 2 是结合生活中大量的实例（教材中举了三个实例，再让学生自己举实例），引导学生解读百分数的意义，在实例解读中内化百分数的概念。教材这样的设计能否有效支撑学生的学习，能否有效帮助学生实现对百分数概念的“意义理解”，这构成了如下的研究问题。

1. 学生面对教材中设计的“该选派哪名队员去罚点球”的问题，是否能想到用分数比较，进而转化为分母是 100 的分数比较？部分学生想不到“一个数是另一个数的几分之几”的方法时，教师提供怎样的学习支持？

2. 如何结合对丰富实例的解释促进学生对百分数概念的“意义理解”？在结合生活中的实例解释百分数的意义时，通过怎样的方式促进学生表达自己对百分数的理解？学生有怎样的困难，教师可以提供怎样的学习支持，促进学生百分数概念的意义建构？

3. 教材设计的“情境问题—概念描述—丰富实例—举例拓展”的学习路径，是否能够促使学生达到对百分数理解的基本要求？

二 研究设计

（一）样本描述

本研究的样本学校为浙江省嘉兴市南湖国际实验学校，该校为寄宿制学校，生源结构多元，有来自城市的学生，也有来自周边乡镇的学生。本研究选择六年级两个班的学生：6 班作为“预研究”班级，其中 30 名学生是独立预学前测调研，6 名学生作为个体访谈对象；5 班作为主要研究班级，进行课堂教学、课堂观察与后测等。

样本班级的情况如表 1。

表 1　样本班级的情况

班级	样本情况	样本人数
6 班	独立预学前测调研	30
	个体访谈	6
5 班	进行课堂教学、课堂观察与后测	35
合计		71

个体访谈是选取 6 班的 6 名学生，包括 3 名男生和 3 名女生，他们的学习水平分别属于优秀、中等和有待提升三个层次。为了更好地了解学生学习中的具体情况，在课堂观察环节，将 5 班学生分成 9 个小组，每个小组有 4 名学生（有 1 组有 3 名学生），每个小组成员由研究者和班级的数学教师共同商议确定。结合学生平时表现，有 4 名学生的小组应包含 2 名学习优秀的学生、1 名中等及 1 名学习有待提升的学生，有 3 名学生的小组应包含学习优秀、中等及有待提升的学生各 1 名。

参与课堂观察与访谈的教师为该校数学教师，承担上课任务的教师为该校校级数学骨干教师。

（二）研究思路

本研究是基于课例的行动研究，研究思路如下：

1. “预研究”。通过对 6 名学生的个体访谈和对 30 名学生的独立预学前测调研，了解学生学习的基本想法和主要障碍。

2. 教学过程与研究工具设计。以教材呈现的“情境＋问题串”为基本载体，结合学生学情的调研情况进行学与教路径的设计、学习单的设计，以及研究过程跟进的设计等。

3. 教学实施与课堂观察研究。执教教师组织教学活动，9 位教师跟进 9 个小组进行课堂观察，协助收回学习单等，必要时跟进个体访谈。

4. 后测。课后 10 分钟后进行后测，了解学生基于“情境＋问题串”背景下的学习效果。

5. 数据分析。对课堂学习单、后测进行数据统计和分析，从学生学习百分数的认知过程中搜集、分析学生对百分数概念理解水平的发展状况。

6. 撰写研究报告。梳理得出研究结论，给出教学建议。

（三）研究工具

本研究主要采用个体访谈、问卷调查、课堂观察、作答情况分析等研究方法，同时编制了个体访谈问卷与前测调研卷、课堂观察与课堂学习单、后测题等研究工具。

1. 个体访谈问卷与前测调研卷的设计与说明

个体访谈问卷。个体访谈问卷主要以教材中呈现的“情境＋问题串”为主要访谈材料，逐一呈现教材中的“情境＋问题串”，学生先自主阅读，并尝试回答，教师根据学生的反应进行追问，对学生的表现进行详细的记录。

前测调研卷。为了了解大部分学生的学习基础和基于教材的“情境＋问题串”的独立学习情况，设计了前测调研卷，由学生基于教材独立作答。

2. 课堂观察与课堂学习单的设计与说明

学习单既是学生学习过程中的操作单，也是学习过程的观察工具，通过“学习单”能分析学生对这类问题的原始思维状态，分析学生知识理解的情况。本节课共设计了四份“学习单”。下面是学习单的设计，其中“学习单二”和“学习单三”进行了“同构设计”，便于对比、分析、研究。

学习单一

在一场足球比赛中，猛虎队获得一次罚点球的机会，他们准备派三名队员中的一名去罚点球。下面是这三名队员近期罚点球情况统计。

你认为该选派哪名队员？

队员	罚球数/个	进球数/个
淘气	20	18
奇思	10	8
不马虎	25	21

根据表中的数据想一想，算一算。你认为该选派哪名队员？把你的想法写下来。

学习单二

第六次全国人口普查结果表明：目前我国男性人口约占总人口的51%。

“51%”这个百分数表示什么意思？请试着从以下几个不同的角度来解释。

（1）假设举例。

（2）画图。

（3）根据百分数与分数的关系。

学习单三

今天全校学生的出勤率是95%。"95%"这个百分数表示什么意思？请试着从以下几个不同的角度来解释。

(1) 假设举例。

(2) 画图。

(3) 根据百分数与分数的关系。

学习单四

在生活中，你在哪里见过百分数？你能举一个例子吗？并写一写这个百分数表示的意思。

3. 后测题的设计与说明

在学生基于教材设计的学习路径的学习之后，为了解学习目标的达成情况，设计了如下后测题。

后测题1：

阳光小学的一项调查表明，近视的学生人数占全校人数的30%。这个百分数表示什么意思？请你从不同的角度来解释，并把解释记录在下面。

后测题2：

根据国家学生体质健康测试标准，我校学生一分钟跳绳达标率是97%。"97%"这个百分数表示什么意思？请试着从以下几个不同的角度来解释。

(1) 假设举例。

(2) 画图。

(3) 根据百分数与分数的关系。

(4) 97%是怎么算出来的。

后测题3：

你在生活中还见过哪些百分数？分别表示什么意思？

后测题围绕"理解百分数的意义"的核心目标设计，主要设计了三个问题让学生解释百分数的意义。后测题1没有提示，主要考查学生在没有提示的情况下对百分数意义的理解情况以及能从几个角度解释百分数的意义；后测题2提示学生从四个角度考虑，要求学生从不同角度表达自己对百分数意义的理解，除了教学中的三个角度，另外增加了一个角度，了解学生是否能从“求一个数是另一个数的百分之几”的角度解释；后测题3提示学生举例后，要写一写这个百分数的意思。测试在课后10分钟后进行，测试时，由学生独立完成，教师不作指导。测试单分两次下发，先单独发后测题1的测试单，再发后测题2和后测题3的测试单。

（四）数据分析

本研究的数据分析资料分为个体访谈资料、课堂观察记录资料和后测资料三种，对这些数据资料进行定量和定性处理，处理方式如下。

1. 个体访谈资料的数据分析

根据访谈对象的性别、学习水平对个体访谈的数据资料编码，进行定量分析；对访谈过程中的录像资料中学生的回答进行定性分析。

2. 课堂观察记录资料的数据分析

在课堂观察环节，由观察教师分别对9个小组进行观察，并负责发放和回收学习单。课后，观察教师分工整理、统计相关数据，统计与分析的重点是学生在学习过程中的不同阶段对百分数概念的理解情况。由专人负责全程录制课堂观察过程，并整理课堂实录作为文字资料，对学生的回答进行定性分析。

3. 后测资料的数据分析

在学生经过教材设计的“情境＋问题串”的四个问题的学习后，通过后测题统计学生的学习效果，重点统计分析学生多角度表达对百分数意义理解的情况。

三 研究过程与结果

（一）面对“罚点球”情境，学生的思考情况

1. 学生预学情况

教材问题串的问题1呈现一个关于“罚点球”的问题情境，引导学生通

过数据分析确定“该选派哪名队员去罚点球”。独立面对“该选派哪名队员去罚点球”的问题，学生是否能想到用分数来进行比较，进而化为分母是100的分数来进行比较？部分学生想不到“一个数是另一个数的几分之几”的方法时，教师该提供怎样的学习支持？

通过对学生的学习单分析发现，面对“罚点球”这个情境，学生能从多种角度思考问题，具体见表2。

表2　学生思考问题情况

问题回答情况	类型	人数（百分比/%）
选派淘气	用进球数与罚球数的关系，并用分数来比较大小。其中，有写成两个分数进行比较大小的；有通分成分母为100的分数进行比较大小的；也有已经会写成百分数来表示的	17（48.6）
	用其他方法思考比较的。如从罚球数与进球数的差思考比较的等	7（20.0）
选派不马虎、奇思或选两个人	从罚球数、进球数、失球数等单一角度思考的	9（25.7）
没有答案	没有选择答案或空白的	2（5.7）

从表2中我们可以看到，学生在面对“该选派哪名队员去罚点球”这样陌生的问题时，调动已有知识和经验思考问题的角度是多方面的，有只从罚球数、进球数、失球数等进行思考的；也有从进球数与罚球数的关系进行思考的，用罚球数与进球数的差或商进行思考比较。其中，从罚球数与进球数的商进行比较，能用分数来表示的有17名学生，约占48.6%，学生作答情况如图1。

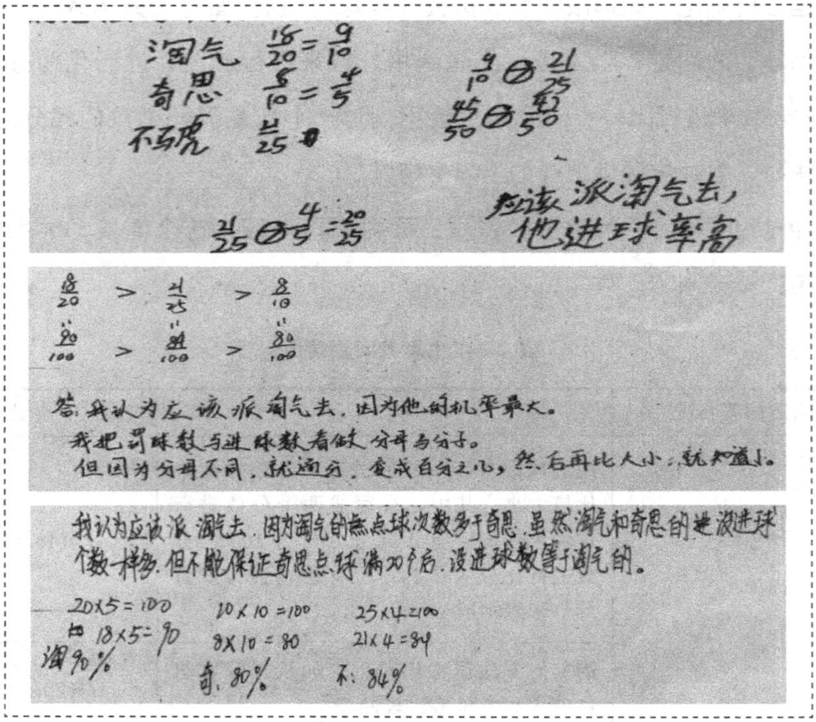

图 1

还有的同学只从罚球数、进球数、失球数等单一角度进行思考（如图 2），对这些学生需要提供教学支持。

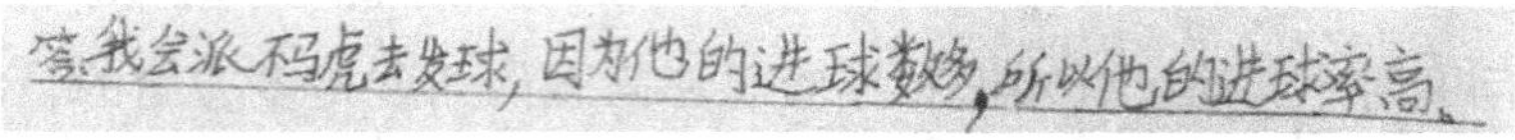

图 2

2. 课堂交流情况

基于上述预学情况，部分学生还缺少分析问题的角度，搞不清“需要比较什么才能确定派谁去”的关键思路，有一半左右的学生还不会从“罚球数是进球数的几分之几”的角度思考问题，这对“从分数引出百分数”的学习带来障碍。

面对这样的学情，如何组织后续的学习呢？本研究采用了“分享讨论、互相启发”的策略。首先，反馈了一组“从进球数和罚球数的差”进行比较分析的学生材料，也就是比较失误的个数，虽然淘气和奇思失误的个数是一样的，但是总数不一样，使更多的学生慢慢领悟到“不能只看失误的个数，而应该既要看失误的个数，也要看总数”。接着，再反馈“用分数表示成功率”的材料，让学生体会到“用进球数是罚球数的几分之几”更能清晰、简洁地分析问题，并让全班同学再写一写解决问题的方法、思路，帮助每一名学生理解这种方法，并顺势引出百分数。通过对学生的学习单分析，发现经过再次分享后，有 31 名学生学会了从“进球数是罚球数的几分之几”的角度分析思考问题，会用分数表示结果，并进行比较、分析问题。

在学情差异较大的情况下，利用学生的资源（特别是出现的错误），用“分享讨论、互相启发”的策略，能有效激发“生生互动”，促进知识理解。

（二）结合丰富实例，了解学生对百分数意义的理解情况

教材问题串的问题 3 提供了三个典型的百分数实例，目的是引导学生通过解读百分数，理解百分数的意义。三个实例分别是“今天全校学生的出勤率是 95%”“第六次全国人口普查结果表明：目前我国男性人口约占总人口的 51%，女性人口约占总人口的 49%”“妙想入学时的身高是 1.2 m，现在身高是 1.5 m，现在身高是入学时的 125%”。需要思考的是，在学习过程中，通过怎样的方式促进学生表达自己对百分数的理解？学生有怎样的困难？教师可以提供怎样的学习支持？

教学时，采用三个百分数实例分步呈现的方式，并把“出勤率”和“人口百分比”两个实例（第二个实例只选取了男性人口的百分比）设计成学习单，让学生把自己的理解用书面形式表达出来，既能了解学生对百分数的理解情况，也便于对比和分析。同时，为了鼓励学生从多个角度解释百分数的意义，在学习单中从假设举例、画图、根据百分数与分数的关系等角度作了提示。

1. 学生初次表达对百分数理解的情况分析

教师呈现学习单二（如图 3），组织学生独立尝试表达自己对“我国男性

人口约占总人口的51%”的理解，引导学生根据三个角度的提示进行解读。

学习单二

第六次全国人口普查结果表明：目前我国男性人口约占总人口的51%。

“51%”这个百分数表示什么意思？请试着从以下几个不同的角度来解释。

（1）假设举例。

（2）画图。

（3）根据百分数与分数的关系。

图3

学生对“我国男性人口约占总人口的51%”的多角度理解和表征情况如表3。

表3　“我国男性人口约占总人口的51%”的多角度理解和表征情况

角度	假设举例		画图		根据百分数与分数的关系	
	人数	百分比/%	人数	百分比/%	人数	百分比/%
理解（解释）正确，表述完整	21	60.0	14	40.0	3	8.6
理解正确，表述或图示不完整	7	20.0	18	51.4	18	51.4
理解或图示错误	7	20.0	2	5.7	0	0
空白，没有填写	0	0	1	2.9	14	40.0

从表3中可以看到，学生对百分数已经有了初步的理解，能用假设举例、画图、根据百分数与分数的关系以文字语言等多种方式表征百分数的意义。从表3中还可以看到，很多学生在表达自己的理解时，还存在着表述或图示不完整、不理解或理解错误等情况。从三种表征方式比较来看，正确运用假设举例和画图的方式来表征百分数的学生更多一些，而能根据关系与语言解释的学生则少一些。

（1）用假设举例的方式理解和表征百分数

有 21 名（60.0%）学生能够正确理解且表述完整，图 4 为部分学生的作答情况；有 7 名（20.0%）学生只对总人数进行了假设（例如假设总人数有 100 人，或者假设总人数有 1000 人），并没有对男性人数的具体数量做出说明，也就是“回答不够完整”；还有 7 名（20.0%）学生还不会假设具体数量来思考问题。

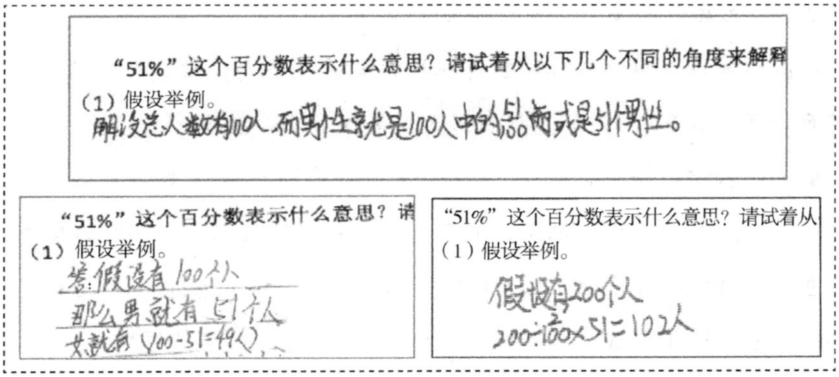

图 4

基于这样的学情，教师组织学生进行了交流，交流片段如下：

师：谁来说一说这个百分数表示什么意思？

生 1：如果把总人数比作 100%，然后把 100%化成分数就是$\frac{100}{100}$，那么这个 51%就是$\frac{51}{100}$。

师：你们听懂他的意思了吗？他在说，这个百分数和分数是一样的，51%和$\frac{51}{100}$是一样的。这是一个解释，还有吗？

生 2：这个表示 100 人里面有 51 人是男性。

师：听明白了吗？他想说什么？

生 3：他假设全国人口为 100 人，男性占总人口的 51%，100 人的 51%就是 51 人。

师追问生 3：100 人里有 51 人，那 200 人呢？

生 3：有 102 人。

师：还可以怎么假设？

生 4：还可以假设总人数为 300 人，那么男性就有 153 人；如果总人数 400 人，那么男性就有 204 人。

师：他想表达的意思，你们能用一句话来说说吗？

生 5：也就是说每 100 人里就有 51 人是男性。

师：非常好，刚才几位同学都在举例说明这个百分数。也就是说每 100 人里面，男性有 51 人；每 200 人里面，男性有 102 人……

从上述教学过程可以看到，教师并没有停留在仅仅假设总人数为 100 人、200 人、1000 人等的情况，而是希望学生多体会对“每 100 人里有几人是男性”的理解。在反馈交流的过程中，教师特别注意让一个人能有多个举例的过程，逐步形成“每 100 人就会有 51 人是男性”的理解。

(2) 用画图的方式理解和表征百分数

图示表达比较直观，也是学生比较喜欢的表达方式，有 32 名（91.4%）学生都利用图示表示出了自己对百分数的理解，只有 3 名（8.6%）学生不能用图示进行表达。但从课堂上学生的作答情况看，只有 14 名（40.0%）学生能准确、完整地表达出“百分数 51%”的意义；有 18 名（51.4%）的学生所画的图不完整或表述的意义不到位，这其中有一些学生的图示只是以总数 100 人为基础画的，而不是 100%或 1。图 5 为部分学生的作答情况。

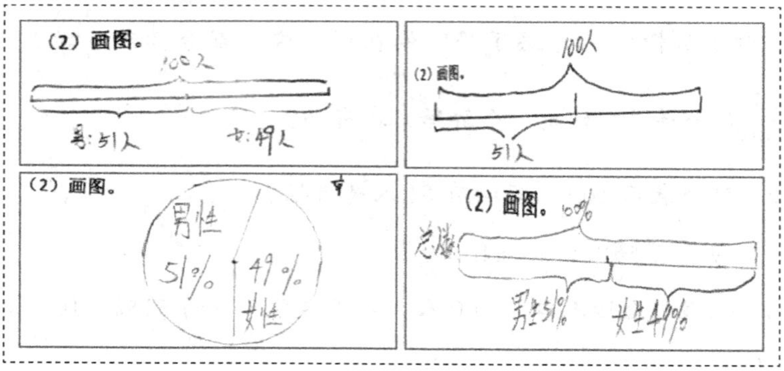

图 5

基于这样的学情，教师组织反馈的着力点就是引导学生准确、完整地用图示表示百分数的意义，并促进学生对百分数的深刻理解。在实际教学中，教师分三步反馈学生的作答情况：第一步，呈现用具体人数的图示，引导学生讨论完善；第二步，呈现一个不完整的图示，再一步步进行完善；第三步，呈现几个画得比较完整的图示，鼓励学生进一步感悟。

通过呈现学生不完整的作答，并引导学生帮这样的作答进行修正，让学生经历多次“补图”的过程，其实就是让学生经历多次完善图示的过程，进而促进学生的理解由浅显到深入，思考由不完整到逐步完整。

（3）根据百分数与分数的关系解释和表征百分数

从“学习单二”的统计结果可以看到，鼓励学生根据百分数与分数的关系解释百分数的意义，能清晰地用文字语言表述的学生较少，只有 3 名（8.6%）学生能够进行正确且完整的表达，这可能也与学生不太理解提示语的意思有关；18 名（51.4%）学生考虑到了用分数意义的表述方式去解释，但表述不清楚。图 6 为部分学生作答情况。

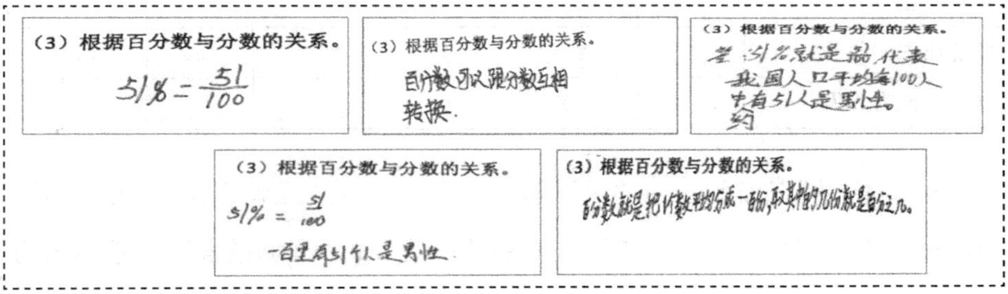

图 6

基于这样的学情，教师注意追问“哪两个量在作比较”，并鼓励学生开展互动交流。

2. 学生再次表达对百分数的理解情况分析

在“学习单二”学习的基础上，教师呈现“学习单三”，再次鼓励学生从三个角度解释“出勤率是 95%”表示什么意思。

学习单三

今天全校学生的出勤率是95%。“95%”这个百分数表示什么意思?请试着从以下几个不同的角度来解释。

(1)假设举例。

(2)画图。

(3)根据百分数与分数的关系。

学生对“今天全校学生的出勤率是95%”的多角度理解和表征情况如表4。

表4　“今天全校学生的出勤率是95%”的多角度理解和表征情况

角度	假设举例		画图		根据百分数与分数的关系	
	人数	百分比/%	人数	百分比/%	人数	百分比/%
理解(解释)正确,表述完整	28	80.0	30	85.7	21	60.0
理解正确,表述或图示不完整	6	17.1	4	11.4	12	34.3
理解或图示错误	1	2.9	1	2.9	2	5.7
空白,没有填写	0	0	0	0	0	0

从表4中可以看到,在“学习单三”中,学生“理解正确,表述完整”的百分比相比“学生单二”有了较大提升,另外,“理解错误”的基本没有了。比如,可以看到有85.7%的学生已经能“正确、完整”地用图示的方式解释百分数,与之前用图示的学生占40.0%相比,已经有了很大的变化。再如,根据百分数与分数的关系解释和表征百分数时,从百分数意义本质上去解释的学生多了。

总之,通过“学习单二”和“学习单三”的对比分析,可以看到,通过教材“情境+问题串”的学习和教学跟进,学生对百分数意义的理解有了变化,明显地看到了学习的增量。

（三）后测结果分析

为了了解学生对百分数意义的理解情况，在课后设计了三道后测题进行测试，具体测试结果如下。

后测题 1：

阳光小学的一项调查表明，近视的学生人数占全校人数的 30%。这个百分数表示什么意思？请你从不同的角度来解释，并把解释记录在下面。

本题没有具体的解释角度提示，但学生都能从不同的角度解释 30%的意义。35 名学生中，有 27 名学生能从假设举例、画图、根据百分数与分数的关系三个角度解释，有 7 名学生能从两个角度解释，只有 1 名学生的解释是错误的。也就是有 97.1%的学生已经理解了该百分数的意义，并能用不同的方法说明其意义，学习效果较好。

后测题 2：

根据国家学生体质健康测试标准，我校学生一分钟跳绳达标率是 97%。“97%”这个百分数表示什么意思？请试着从以下几个不同的角度来解释。(1) 假设举例。(2) 画图。(3) 根据百分数与分数的关系。(4) 97%是怎么算出来的。

本题从四个角度提示学生解释自己对百分数的理解，其中前三个角度是课堂教学中出现过的，有 90%以上的学生能理解正确、表述完整或基本完整。而对于新的角度，即第四个“97%是怎么算出来的”，有 31 名学生理解正确并能完整表述，占 88.6%（学生作答情况如图 7），从中可以看出学生对百分数的理解已经比较深入了。

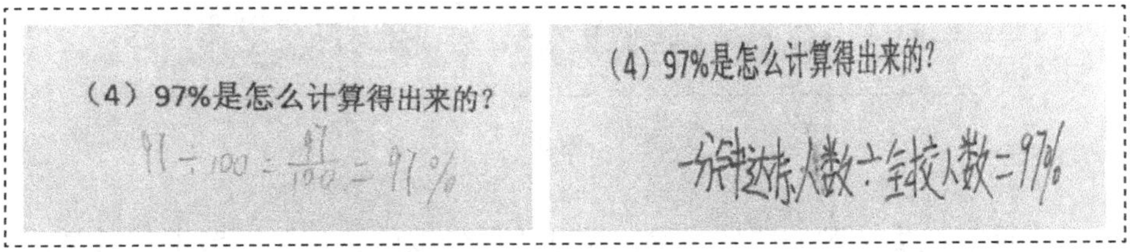

图 7

后测题 3：

你在生活中还见过哪些百分数？分别表示什么意思？（提示：举例后，要写一写这个百分数的意思。）

从作答情况来看，能举出百分数例子的有 31 名学生，其中有 19 名学生能完整地解释自己举的例子，有 12 名学生不是很清晰或不够完整地解释自己的例子。不是很清晰或不够完整地解释自己举的例子的学生，有一部分是因为他们举的例子不常见，对数量关系不熟悉。图 8 呈现的是学生的作答情况。

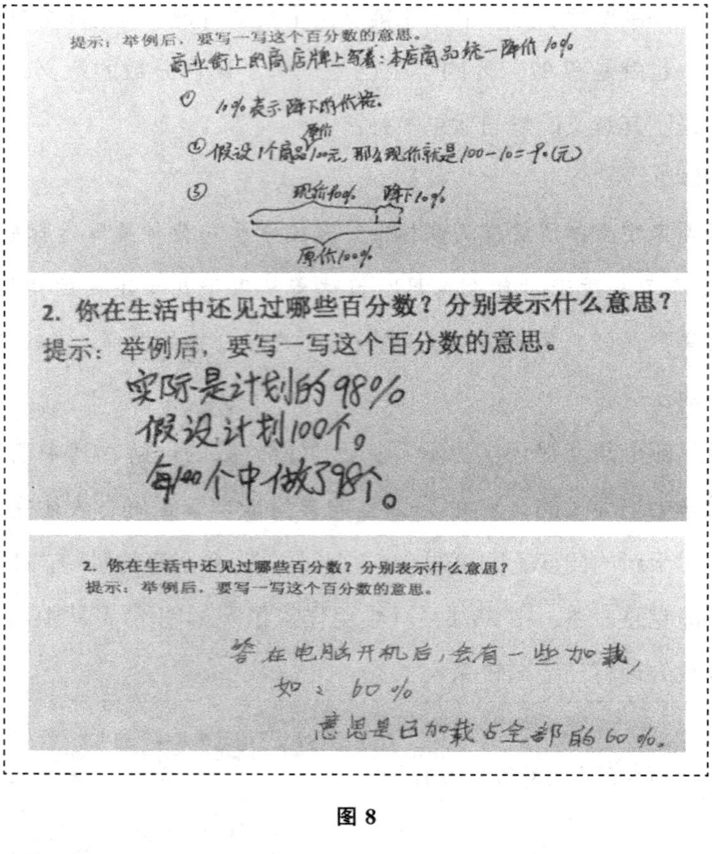

图 8

上面三道后测题的结果显示，经过“百分数的认识”一节课的教学后，学生对百分数意义的理解较好，能从假设举例、画图、根据百分数和分数的关系等不同角度理解百分数的意义，学生达成了学习目标，实现了对百分数概念的“意义理解”。另外，从学习单、后测题的作答情况，看到了学生的思维痕迹，同时也看到了学生学习的增量。

四 研究结论与建议

（一）研究结论

1. 面对“罚点球”情境及问题时，学生能从不同角度思考问题，但学生之间的差异较大，需要提供适当的学习支持

面对“罚点球”情境及“该选派哪名队员去罚点球”这样的陌生问题时，近一半学生能从进球数与罚球数的关系角度思考问题，并用分数比较大小，在这样的情况下，有利于教师从分数引出百分数，让学生体会百分数的价值；但也有部分学生只从罚球数、进球数、失球数等单一角度思考问题。因此，一方面，要相信学生能独立尝试解决问题，鼓励学生独立思考问题，学会想问题；另一方面，要利用学生的差异资源，用“分享讨论、互相启发”的策略，促进学生对知识的理解。组织反馈交流时，需要注意选择适当的、典型的反馈材料和不同类型材料呈现的先后顺序。

2. 结合生活中丰富的百分数实例，引导学生从不同角度解释和表征百分数的意义，有利于促进学生对百分数概念的“意义理解”

面对生活中的百分数实例，学生能从假设举例、画图、根据百分数和分数的关系等不同角度解释和表征百分数的意义，但存在理解不深刻、表述不完整等情况，对于这种情况需要进一步的教学跟进。教师采用“分步呈现典型材料、组织学生反思交流、利用关键语言引导”等教学策略，促进学生对百分数概念的“意义理解”。在对比中可以看到，通过提供一定方式的学习支持和教学跟进，学生对百分数意义的理解有了明显提高。

3. 通过“情境＋问题串”的学习路径，学生能实现对百分数概念的“意义理解”

教材以“情境＋问题串”为基本思路，设计的“情境问题—概念描述—丰富实例—举例拓展”的学习路径，从课堂观察和后测分析中不难看出，能实现学生对百分数概念的“意义理解”。

（二）教学建议

1. 任务驱动，促进学习的真实发生

教学中，教师要用好教材问题串的问题1“罚点球”情境、问题3“生活中的百分数”等学习材料，用“任务驱动”的学习方式，引导学生独立思考问题、尝试解决问题或表达自己的理解，让学生的学习自然、真实地发生，让学生的思维过程充分暴露，从而有效了解学生的真实学情，并基于学情展开学习过程。

2. 引导学生从多个角度解释和表征百分数，促进学生对百分数意义的理解

结合教材中提供的几个生活中的百分数的例子，引导学生通过假设举例、画图、根据百分数与分数的关系等多个角度解释和多元表征百分数的意义，促进学生对百分数意义的理解。教师要注意了解所教班级的学情，选择典型作答组织学生交流，促进学生的理解。在根据百分数与分数的关系表征、交流的过程中，教师还可以通过追问“百分数与分数的联系与区别是什么”“为什么学习了分数，还要学习百分数”等问题，引导学生思考、深入理解。另外，教材中还呈现了一个超过100%的百分数：“妙想入学时的身高是1.2 m，现在身高是1.5 m，现在身高是入学时的125%”，部分学生可能会产生困惑，教师要根据班级学情组织学生思考和交流，通过举例等多种方式使学生突破认知障碍，深化学生对百分数的认识。

3. 联系实际，通过举例深化认识和理解

百分数的认识要结合生活实例促进理解，除了教材中提供的几个例子，教师还可以让学生自己收集例子，并通过不同的方式、用自己的语言解释，沟通生活与数学的联系。

参考文献

[1] 盛群力，何晔．意义学习，理解为先——UbD模式对课堂教学改革提出的新建议[J]．课程教学研究，2013（8）：20-31.

第三篇

读懂学生的学习路径

小学生学习减法意义过程的研究

—— 一年级小学生减法学习调研启示

张　红（清华大学附属中学上地小学）

一　研究背景及研究问题

用减法解决问题时会涉及两种数量关系：一种是从总数中去掉部分，求剩余部分，另一种是比较两个数量的多少。北师大版（新世纪）小学数学一年级下册教材“开会啦”（如图 1）一课涉及的是第二种数量关系，这种数量关系是学生第一次学习。

教材设计了“情境＋问题串”的呈现方式，情境是学生熟悉的开会背景，问题串的问题 1 着重于提出要解决的问题，问题 2 引导学生利用已有经验解决问题，问题 3 侧重于抽象概括出算式。3 个问题步步深入，鼓励学生借助情境和操作，引导学生一步一步地学会比较两个数量的多少用减法计算，丰富学生对减法意义的理解。

因为学生不能自发地把“比较多少”与减法运算联系起来，所以造成不少教师认为学生在解决本节课的问题中存在着较大困难。这就需要教师在教学过程中，在教材现有问题的基础上提出一些引导性问题，帮助学生把“比较多少”与减法运算建立联系。

图 1

那么，针对要解决的问题，学生是否能够按照教材所呈现的问题串，借助操作和经验解决问题，并且将解决问题的过程与减法运算联系起来？本研究试图通过调研和访谈，了解学生在学习中的真实想法，探究教师放手之后，学生到底能走多远。

研究的主要问题有：

1. 针对要解决的问题，借助情境和操作活动，有多少学生能将解决问题的过程与减法运算建立联系？学生有哪些思考方法，可以分为几种类型？

2. 经过问题串的学习，有多少学生能够达到基本要求？达不到基本要求的学生，主要问题在哪里，教师需提供什么帮助？

二 研究设计

（一）研究思路

本研究主要采用个体访谈与课堂观察相结合的研究方法。首先进行个体访谈，由同一位教师对 A 班 6 名典型学生进行访谈。接下来由 9 位教师对 B 班学生进行课堂观察。

在个体访谈和课堂观察时，教师都要逐一呈现教材中的“情境＋问题串”，学生自主阅读，并尝试解答。观察教师要观察学生会有怎样的反应，要询问学生做法背后的想法，发现学生有困难时也要进行适当的指导，所有的指导语言及行为和学生进一步的表现都要进行详细记录。

通过个体访谈，一方面可以更深入、细致地了解学生的学习过程，发现不同水平的学生在学习过程中是怎么思考的；另一方面还可以依据个体访谈中出现的问题，丰富、调整课堂观察中所用的调研工具。

课堂观察后进行后测，后测过程中教师不进行任何干预，当学生自己做完后，若观察教师发现问题，要对学生进行追问，但不再让学生修改答案。后测在 20 分钟内完成。

（二）样本描述

本研究采用的是目的抽样的方法。选择的学校地处北京市海淀区北部新区，是一所普通城镇学校。该校学生主要来自周边的居民家庭及外来务工家庭。之所以选择一所普通城镇学校，是因为要考虑研究结果的代表性，学生水平能代表普通学校学生的整体水平。

按照学习水平优秀、中等、有待提升三个层次分别选择该校一年级 A 班的 3 名女生和 3 名男生共计 6 名学生作为个体访谈对象。选择在 B 班进行课堂观察，B 班的学生情况如表 1。

表 1　B 班的学生情况

班级	人数	京籍 11 人		非京籍 16 人	
B 班	27 人	男生 6 人	女生 5 人	男生 10 人	女生 6 人

（三）研究工具设计说明

本研究编制了访谈问卷、课堂观察表、教学设计、后测题 4 份调研工具。

1. 访谈问卷

问卷主要是以教材中呈现的“情境＋问题串”为主要材料，并且为防止材料中的列式对学生有暗示作用，设计了两个访谈问卷。在问题串的问题 1 之前补充了“你能说说图中讲了一件什么事吗”，在问题串的问题 2 后补充了“你能通过摆一摆、画一画说明你的想法吗”，在问题串的问题 3 后补充“11，7，4 分别表示什么意思”，3 个非引导性问题主要是想了解学生能否读懂教材的情境和问题串，学生会有怎样的思考方法。教师按照同一标准对学生进行访谈，以保证访谈工具的一致性。(访谈问卷详见附录 1)

2. 课堂观察表

课堂观察表是以访谈问卷为基础，增加了对学生反应情况的预设和教师引导说明。(课堂观察表详见附录 2)

3. 教学设计

围绕本研究所关注的问题，通过对文献整理、《义务教育数学课程标准(2011 年版）》与北师大版（新世纪）小学数学教材的研读、一线小学数学教师的访谈，结合修订后的访谈问卷，确定了本节课的学习目标，并进行了初步的教学设计。(教学设计详见附录 3)

4. 后测题

后测题是以细化的学习目标为依据进行设计的。后测题（1）是教材“练一练”的第 1 题，内容跟教材主情境中研究的问题类似，主要看学生能否根据具体情境独立解决问题。在学生做后测题（1）时，观察教师要观察学生首先用到了什么方法，是数数、画图还是列式。后测题（2）给出了4个不同情境，有一年级上册学过的情境，也有本节课学习的和接下来需要进一步研究的情境，主要想了解学生对减法意义理解的程度。（后测题详见附录4）

研究过程与结果

调研中我们发现学生在读懂情境和问题串方面基本没有困难，只有极个别学生说不清楚，在等待及提示后，学生都能很快明白题目的要求。从调研结果看，本节内容的难点有2个：

第一，理解解决还缺几把椅子的问题为什么要列减法算式。

第二，将比较背景下的减法与求剩余背景下的减法建立联系。

这2个难点是我们关注的重点。因此，将重点结合研究问题，从以下2个方面来呈现调研结果。

（一）学生的列式情况及思考方法

33名学生（包括A班被访谈的6名学生和B班接受课堂观察的27名学生）的作答情况如表2。（因统计时发现有2名学生列出两个算式，故出现表2中总人次为35的情况）

表2　学生的列式情况

<table>
<tr><td rowspan="2">方法</td><td colspan="4">正确</td><td colspan="2">错误或不会</td></tr>
<tr><td>11－7＝4</td><td>11－1－1－1－1－1－1－1＝4</td><td>11－4＝7</td><td>7＋4＝11</td><td>11＋7＝18</td><td>不会</td></tr>
<tr><td rowspan="2">人次</td><td>28</td><td>1</td><td>1</td><td>3</td><td>1</td><td>1</td></tr>
<tr><td colspan="4">33（有2名学生列出两个算式）</td><td colspan="2">2</td></tr>
</table>

从表2中不难看出，大多数学生都能正确列式并解决问题，其中31名学生将比较背景下的减法与求剩余背景下的减法建立了联系。学生的思考方法如下。

方法 1：通过一一对应地画图或摆学具，看看个数多的一类中去掉部分后剩余多少，列出算式。

下面列举一些学生解决问题的思考过程。

情形 1：能列出减法算式 11－7＝4。

生 1（个体访谈对象）借助画图（如图 2），自然地将减法的两种数量关系联系起来。下面是教师与生 1 的对话。

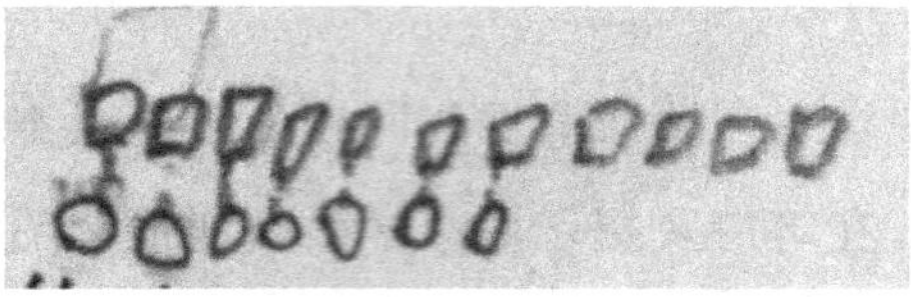

图 2

生 1：11 个小朋友，只有 7 把椅子，11－7 的得数就是还缺几把椅子。

师：以前有人给你讲过这样的题目吗？

生 1：有，杨老师。

师追问：杨老师讲过什么样的题目呢？你能举个例子吗？

生 1：杨老师讲过“一共有 10 个苹果，掉下来 5 个，还剩 5 个”这样的问题。

师：你觉得这样的题目和开会的问题是一样的吗？

生 1：是的，一样的。

师：你能再通过摆一摆来讲讲道理吗？

生 1（边摆边讲）：一共需要 11 把椅子，有 7 个人有椅子，还剩下 4 个人没有椅子，看还剩多少就要用减法。

那么，其他学生是如何思考的呢？下面摘录了部分学生的思考过程。

生 2（课堂观察对象）是这样想的：7 个人，7 把椅子，还剩 4 个人没椅子。

生 3（课堂观察对象）是这样思考的：因为 11 个人，7 把椅子，11 个人需要 11 把椅子，减去现在有的 7 把椅子，还缺 4 把椅子（如图 3）。

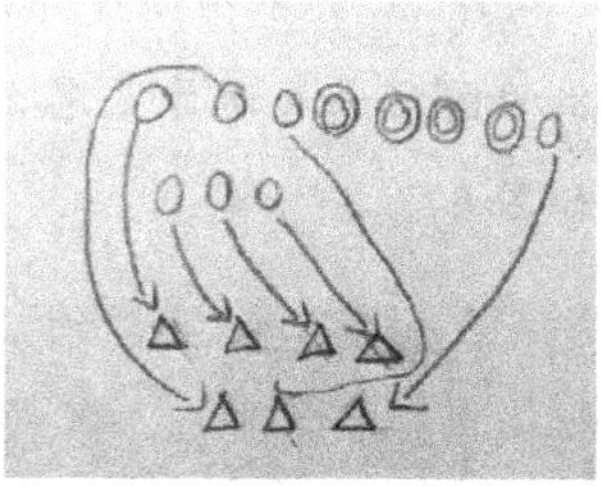

图 3

生 4（个体访谈对象）说不清楚，但画了这样一个图（如图 4）。

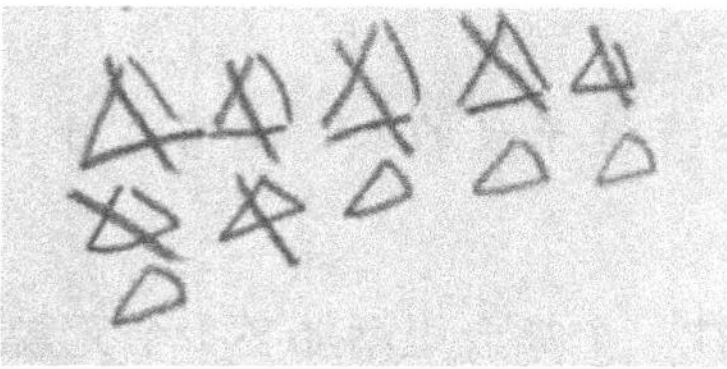

图 4

生 5（个体访谈对象）开始列出了这样的算式：11－1＝10，10－1＝9，9－1＝8，8－1＝7，7－1＝6，6－1＝5，5－1＝4。接着给出了这样的解释：有 11 个小朋友，7 把椅子，一个一个地数还剩 4 个小朋友，所以缺 4 把椅子。最后又一边演示一边讲解，因为一个小朋友坐 1 把椅子，就是 11－1；又一个小朋友坐 1 把椅子，就是 10－1；再一个小朋友坐 1 把椅子，就是 9－1；……剩下的 4 个小朋友没椅子坐了，所以缺 4 把。学生讲完后将算式改成 11－7＝4。

情形 2：11－1－1－1－1－1－1－1＝4。

课堂观察中，有 1 名学生（课堂观察对象）列出这样的算式（如图 5）。

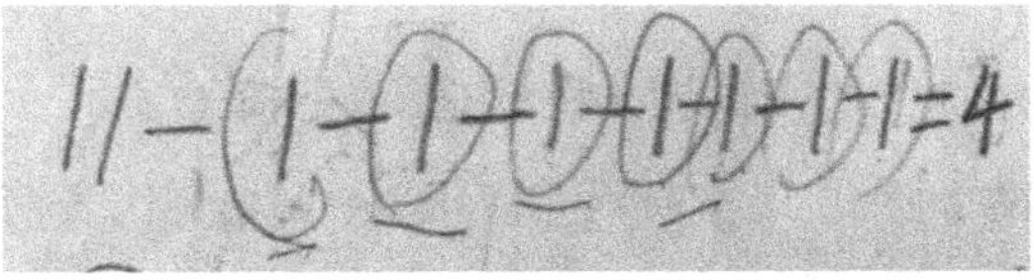

图 5

下面通过师生对话展示这位学生的思考过程。

师：你能说一说这个算式表示什么意思吗？

生：11表示11个人，减去1，代表有1个小朋友有椅子坐了。

师：你能用动作在摆出的图形上表示你是怎么减的吗？（生一次一次把对应好的人和椅子推开，如图6）

图6

生：这样减去7把有椅子坐的人，还有4个人没有椅子坐，缺4把椅子。

方法2：找到应该往一个集合里添加多少个元素才能达到给定的数目。

下面是一些学生（课堂观察中一个小组的学生）的想法。

生1画了这样一个图（如图7），图中1个大圈表示10，1个小圈表示1。7个人有椅子坐了，再搬来4把椅子就够11个人坐了，7＋4＝11，缺4把椅子。

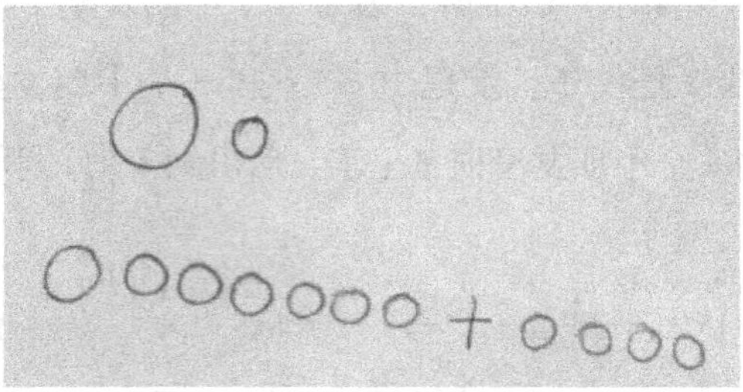

图7

生2的想法是7把椅子再加4把就是11把椅子了。

生3列出了两个算式11－7＝4和7＋？＝11。7代表椅子，11代表小朋友，11－7＝4表示还有4个人没有椅子，所以缺4把椅子，而11－7＝4和7＋（4）＝11一样。

上面的诸多例子表明，大部分学生能够借助直观操作和画图自觉建立比较背景下的减法与求剩余背景下的减法及加法背景下的减法之间的联系，这是此次研究最大的收获。事实上，我们发现，只要按教材中的问题一个个研究下去，学生就会有自己的发现。

（二）学生对问题串的学习情况

1. 课堂观察情况

课堂观察表中的问题 2：

每人坐一把椅子，够吗？你是怎么想的？

学生都回答不够，而说不出原因并表达不出来的只有 1 名学生。

课堂观察表中的问题 3：

还缺几把椅子？你能通过摆一摆、画一画说明你的想法吗？

27 名学生中，有 25 名学生是通过摆一摆、画一画说明还缺几把椅子的；有 1 名学生是看图数的；还有 1 名学生直接列式解答。

问题 4：

你能列式解决问题吗？下面的列式你同意吗？请说一说自己的想法。

在画图和拼摆的基础上，26 名学生能用自己理解的方式列式解答，其中 23 名学生能列出规范的减法算式；另外，有 1 名学生经过引导仍然不能列出正确的算式。

2. 后测情况

后测题（1）的正确率为 100%，学生的作答情况如表 3。

表 3　后测题（1）的作答情况

作答情况	人数	百分比/%	备注
只画图	11	40.7	其中 1 名学生画剩余图，另外，教师要求学生列式，有 10 名学生能列出规范的减法算式。
只列式	9	33.3	学生都能说清楚想法。 其中 15－6＝9（5 名学生）； 9＋6＝15（1 名学生）； 6＋（9）＝15（1 名学生）； 15－9＝6（1 名学生）； 6＋9＝15，15－6＝9（1 名学生）。
画图并列式	7	26.0	

从后测题（1）的作答情况看，27 名（100%）学生能得出正确答案，其中 26 名学生能列式解答，这 26 名学生中有 22 名学生能列出规范的减法算式。

后测题（2）的作答情况如表 4。

表 4　后测题（2）的作答情况

作答情况	人数	百分比/%
连 3 幅图	22	81.5
少图③	2	7.4
少图④	3	11.1

从后测题（2）的作答情况看，有 22 名学生能够找到与问题和情境相匹配的减法算式，不仅在遇到不同类比较背景下的情形时会选择用减法做，而且在遇到下节课要进一步研究的同类的比较背景下的情形时也会选择用减法做；有 3 名学生在遇到不同类比较背景下的情形时不能自然地将本节课所学问题与下节课内容建立联系；有 2 名（7.4%）学生在遇到不同类比较背景下的情形时不会列式，这一结果与后测题（1）的结果基本一致。

综上所述，教师引导之前有 26 名学生能通过画图或摆学具解决问题，其中有 25 名学生会解决“求剩余”背景的问题；在教师引导下，开始没有一一对应地画图或摆学具的学生，后来都调整了自己的方法，最终有 26 名学生能理解比较背景下减法的意义，有 1 名学生在大班讲解的背景下仍然不能达到基本学习要求。

四 结论及反思

（一）研究结论

1. 针对要解决的问题，借助情境和操作活动，26 名学生能够将解决问题的过程与减法运算建立联系，自己列式解决问题。学生的思考方法主要有 2 种：一种是通过一一对应地画图或摆学具，借助前面学习的“取走、剩余”的学习经验，看一看从整体中去掉部分后剩余多少，列式解答；另一种是借助前面加法的学习经验，想到应该往一个集合里添加多少个元素才能达到给定的数目，从而解决问题。

这颠覆了我们过去的认识：过去我们认为学生自己是不能自发建立“比较多少”与减法运算的联系的。在教学过程中，教师要结合解决“比较多少”的现实问题，引导学生探究、发现“比较多少”与减法运算的实质性联系。事实上，我们发现，只要按教材中的问题一个个研究下去，学生就会有自己的发现。

同时需要说明的是，与列出正确算式相比，解释比列式对学生来说更困难。只要学生通过动作或语言让我们感受到理解即可，不要在语言表述上提过高要求。

2. 经过问题串的学习，有 25 名学生能够达到基本要求，有 2 名学生达不到基本要求。达不到基本要求的学生不能将已知和未知建立联系，需要教师个别辅导，主要困难是他们的思维比较跳跃，对题目的问题和已知信息不能建立联系。把以前学习的内容与现在学习的内容建立联系对学生来说同样存在困难，需要个别辅导，辅导的重点应放在如何建立已知与未知的联系上，要先让学生不断明确你知道了什么，它们之间有什么关系，然后用图进行对接，再慢慢规范和抽象。

（二）反思

1. 结合情境、画图和操作去理解题目的含义在解决问题中起着重要作用

在观察与访谈中，发现多数学生能够自己建立已知与未知之间的联系，并且能通过语言或动作解释自己的想法。在此过程中，学习是自然而然发生的。教材创设的情境及摆一摆、画一画等活动，在支持学生探索方面起到了非常重要的作用。周欣著的《儿童数概念的早期发展》一书中也谈到了这样的观点，即学生对应用题问题情境的表征在解题中起着关键的作用，它直接影响到学生对运算策略的选择。学生最初学习简单的加减运算事实上是从学解决简单的口头应用题开始的，因为这种应用题用语言描述了真实生活中的一些数量事件，学生在画图和操作学具的时候要联系具体情境，要经历借助生活原型理解题目的意思、厘清数量关系、列式的过程。这样就给学生提供了可以帮助他们理解加减运算的具体情境，使他们运用自己的数学技能更容易一些。

2. “取走、剩余”和“加法”背景是帮助学生理解“比较背景下的减法”意义的重要支撑

学生在借助已有知识经验解决问题时，主要联系了“取走、剩余”和“加法”两类背景。通过调研学生的表达和中外学者对加减运算现实意义的分析，可以梳理出理解“比较背景下的减法”的意义的可能思路：一是借助“取走、剩余”背景思考；二是借助“加法”背景思考。

3. 要多关注情境的多样性，关注加法背景和减法背景的联系，不要一味地强调加减法的区别

一个算式，往往对应着不止一种现实情境。因此，在运算教学中我们不能一味地强调某一种现实情境，应关注情境的多样性，而不是表面的结构，真正做到从问题的现实意义到形式特性的转化。作为教师，应知道不同运算分别对应着哪几类现实情境，厘清数学问题与现实意义之间的关系。因此，梳理运算的现实意义是很有必要的。将减法的不同类型及加减法放在一起学习，反而更有利于学生理解。在《儿童数概念的早期发展》一书中提到：“因为减法是根据加法定义的，减法是加法的逆过程，如果我们在一个集合中加一定数目的物体，然后再减去相同数目的物体，集合的数目不变。实施减法就是撤销相同数目的加法。这就意味着加法事实与减法事实是紧密联系的，我们可以用同样的模式学习它们。”

4. 按类型教学不利于学生解决问题的学习

有的教师担心学生不会解决问题或解决问题对学生来说太难，经常是按类型一样一样地教给学生，甚至会教学生如何利用关键词判断用什么方法做，而这次调研显示事实并非如教师担心的那样。此次调研让我们深深体会到教师心目中的“难”和学生心目中的“难”不是一回事。教师心目中问题是有类型的，学生那里没有。将知识点分割细了有利于做题、套题，不利于对知识的理解、内化，更不利于知识的贯通。

5. 教师要给予学生足够的思考时间，鼓励个性化表达

通过对调研结果和教师日常教学的分析，发现教师普遍认为多数学生学习减法有困难的一个重要原因是在于平时上课一问一答，给学生预留的思考时间较少。而这次调研给了学生充分的独立思考时间和空间，学生的困难小了很多。

另外，学生前期的经验是不同的，不同学生的思维路径是不同的，他们建立联系的渠道和速度也是不同的，因此鼓励学生个性化的表达，不主张及时优化（学减法时通过列出加法算式，标出答案也是可以的），有利于学生更好地将经验内化。北师大版（新世纪）小学数学教材的编写是基于学生的认识发展，鼓励学生用自己的语言表达自己的想法，说自己的话，画自己的图。

6. 要加强对困难学生学习困难的诊断，并进行个别辅导

调研中发现，有些学生自我加工能力强，会很自然地建立知识与知识之间的联系，而有的学生不太会思考，或者语言理解能力弱，或者难以将知识与知识之间建立联系，需要长时间跟踪，进行个性化辅导。

参考文献

[1] 张红，刘可钦．义务教育教科书·数学·教师教学用书·一年级下册［M］．北京：北京师范大学出版社，2012.

[2] 中华人民共和国教育部. 义务教育数学课程标准（2011年版）［S］．北京：北京师范大学出版社，2012.

[3] 周欣．儿童数概念的早期发展［M］．上海：华东师范大学出版社，2004.

附录 1

访谈问卷

访谈问卷 1

1. 你能说说图中讲了一件什么事吗？

2. 每人坐 1 把椅子，够吗？

3. 还缺几把椅子？你能通过摆一摆、画一画说明你的想法吗？

访谈问卷 2

● 每人坐 1 把椅子，够吗？

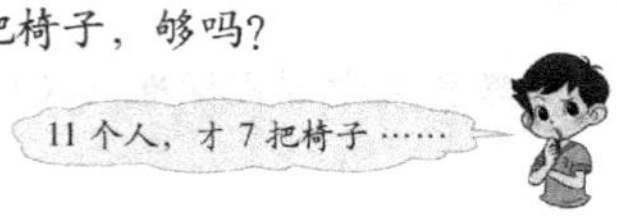

● 还缺几把椅子？

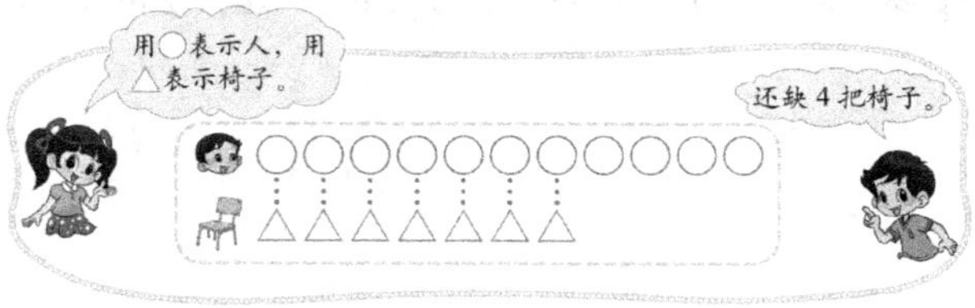

答：还缺____把椅子。

1. 你能列式解决问题吗？

2. “11－7＝4”的列式你同意吗？11，7，4分别表示什么意思？

附录2

课堂观察表

题号	题目	可能出现的答案		访谈记录： (1) 学生出现的各种情况。 (2) 学生是如何想的。 (3) 在教师提供各种支持后，学生还不会，需要教师讲解的，记录讲解过程。
		正确答案	其他答案及教师引导语	
1	出示教材情境图，问题1：你能说一说图中讲了一件什么事吗？	能说出11个人要开会，只有7把椅子。	说的不全面。 教师引导： (1) 请你再认真观察一遍，看看图中还有其他信息吗？ (2) 若还未说全，可针对学生漏掉的部分，进行追问。	能说清楚的有（　）人， 说不全的有（　）人。 表现： 在教师引导后，还没说全的有（　）人。 表现：
2	问题2：每人坐一把椅子，够吗？你是怎么想的？	能说出“不够”，并清楚表达自己的想法。	(1) 说“不够”，但表达不清楚。 教师引导： ①请你再认真看一看题目中的信息。 ②若还未说清楚，教师进行追问。 (2) 说“够”。问学生怎么想的。	(1) 说“不够”。 能说清楚的有（　）人。 说不清楚的有（　）人。 表现： 在教师引导后还未说清楚的有（　）人。 表现： (2) 说“够”的有（　）人。 表现：
3	问题3：还缺几把椅子？你能通过摆一摆、画一画说明你的想法吗？	一是画图的方法，借助直观感受再添上一部分就够坐了，从而厘清数量关系。二是摆一摆。三是列式计算。	(1) 摆不对或得不出结果。教师引导：请你再摆小棒。 (2) 不对齐画的，问学生是怎么想的。 (3) 直接说答案的，需请学生结合摆学具的过程解释得到答案的过程。	(1) 能自主得出答案。 通过计算得出答案的有（　）人， 摆出答案的有（　）人， 画出答案的有（　）人。 表现： (2) 不能自主得出答案。 不能得出答案的有（　）人， 通过教师启发，用学具摆出答案的有（　）人。 表现：

续表

题号	题目	可能出现的答案		访谈记录： (1) 学生出现的各种情况。 (2) 学生是如何想的。 (3) 在教师提供各种支持后，学生还不会，需要教师讲解的，记录讲解过程。
		正确答案	其他答案及教师引导语	
4	问题4：你能列式解决问题吗？下面的列式你同意吗？请说一说自己的想法。	能正确写出算式，能看懂。	不能列式的，教师引导：你能看懂他的算法吗？这里的11，7，4分别是什么意思？为什么要用减法做？这道题与我们学过的从总数中去掉一部分意思一样吗？有些学生说11个人需要11把椅子，7个人已经有了，看还剩几个人没有就缺几把，你同意吗？	能自主写对算式的有（　）人， 写成加法算式的有（　）人， 写不出算式的有（　）人， 通过操作学具或画图写出算式的有（　）人， 通过教师启发，写出算式的有（　）人。 表现： 其他的有（　）人。 表现：

附录3

教学设计

【学习目标】

1. 通过具体情境和实际操作，初步体会“比较两个数量的多少”可以用减法计算，丰富对减法意义的认识。

2. 能正确计算十几减7、减6的减法，并能简单应用，体会减法计算与日常生活之间的联系。

【教学思考】

本课的重点是拓展减法的意义——比多少。在开会的情境中，涉及参加会议的人数“11”与会场椅子的把数“7”之间比多少的问题。教材问题串的问题1可以转化为数学问题——比较11与7的大小，学生已有的经验是能够解决这个问题的，甚至他们也知道椅子缺4把。但是，他们不知道怎么算出这个答案，或者不理解为什么可以用减法来算。所以，拓展减法蕴含比多少的意义，是本节课的教学任务。

比多少的本质是基于一一对应的数学思想。教材问题串的问题 2 可以画图表征，借助图形可以提出所蕴含的数学问题，进而在探索这些问题的解决过程中，理解减法“比多少”的意义。

【学具准备】

教师准备教学课件，学生每人准备一套学具卡片（小圆片、三角片各 15 个，学生可以根据需要取用）。

【过程预设】

第一步：

看“开会啦”的情境图，回答问题。

你能说说图中讲了一件什么事吗？

每人坐 1 把椅子，够吗？为什么？

请学生写够或者不够，说一说自己是怎么想的。

第二步：

还缺几把椅子？你能通过摆一摆、画一画说明你的想法吗？

学生可能的想法：

再搬来几把椅子，椅子数与人数就一样多了。

每把椅子坐 1 个人，还剩下几个人没座位，即还缺几把椅子。

观察学生是如何操作或画图的，并借助直观感受再添上一部分就够坐了，从而厘清数量关系。上面学生的想法从形式上看意思不一样，但本质上都是看开会人数与椅子数之间相差多少。

第三步：

你能列式解决问题吗？说一说你是怎么想的。

如果学生经过思考，实在列不出来，教师就呈现减法算式，问：下面的列式你同意吗？也让学生说一说自己的想法。

学生可能的列式：

7＋（　）＝11

11－（　）＝7

11－7＝（　）

学生可能的想法：

将比较两个数量的多少与“从总数中去掉一部分，求剩余部分”建立联系，11 个人需要 11 把椅子，7 个人已经有了，看还剩几个人没有，就缺几把椅子。

与加法建立联系，7 把添上 4 把就是 11 把了。

小结：上面第一个算式从形式上看，列的是加法算式，但却不是求两个数量的和，而是求两个数量之间的差，用的是减法。今后遇到比多少的问题，可以直接列减法算式求两个数量的差。

第四步：

谈收获。(略)

附录 4

后测题

本节课结束后，希望学生能够达到如下要求：

1. 能够根据具体情境独立解决问题。要求教师在学生完成后询问学生是怎么想的，观察学生首先用到了什么方法，是数数、画图还是列式。如后测题（1）。

2. 给出 4 个不同情境，有一年级上册学过的，也有本节课学习的和接下来需要进一步研究的，看哪些可以用减法算。如后测题（2）。

后测题：

（1）每人 1 把，还差几把？

你是怎么想的？(算一算、画一画)

答：还差（　）把。

(2) 想一想，连一连，这 4 幅图哪个可以用减法计算？

一共11只小鸭子，走了5只，还有几只？

①

一共有几名小朋友？

②

用减法计算

每个小朋友戴一顶帽子，还需要几顶帽子？

③

足球比篮球多几个？

④

小学生学习有余数除法过程的研究

王明明（教育部北京师范大学基础教育课程研究中心数学工作室）

二年级学生第一次认识余数，并要了解余数与除数之间的关系，有一定的挑战性。本研究力图通过对学生的个体访谈及课堂观察，详细描述学生在学习过程中的表现与迷思，以及教材、教师帮助学生很好地掌握所学内容的方式、方法。研究发现，学生在有余数除法横、竖式的意义理解和表达方面存在困难，但是这个困难是可以在教材问题串的帮助下解决的。进一步，学生有借助搭一组小棒的活动发展探索规律能力的机会，且在探索与发现的过程中，有比知识更重要的收获。当然，要允许学生在探索规律方面存在差异性的发展。

一 研究背景及研究问题

二年级学生第一次认识余数，并要了解余数与除数之间的关系，虽有一定的挑战性，但却是必要的。“在小学数学中，有余数除法是常见的运算，它不仅存在于多位数除法的计算过程中，而且应用于解决周期等问题中。初等数论的证明中最重要、最基本、最常用的工具是有余数除法，也称为除法算法。有余数除法的重要性不只是体现在算术计算中，而且也是数论证明的重要工具。”[1]

认识余数与“余数要比除数小”的结论，在传统教学中一般都是以告知的形式“塞”给学生。学生记住这个结论后，利用它去完成相关的计算问题。由于是被动机械地记忆结论，所以学生往往容易混淆余数和除数的大小关系，进而在计算和解决问题的过程中出现错误。进一步，即便不去考虑出错的问题，在这样的记忆结论性的学习过程中，学生的收获也是微小的。

由此，我们不禁产生以下追问：少讲或不去讲道理，是因为学生没有能力懂得道理，还是因为我们没有找到帮助学生明白道理的方法和形式？在让学生明白道理的同时，可否借此让学生得到更多的发展？比如，余数要比除数小事实上是一个数学规律，那么，学生在探索规律方面又会有怎样的发展？

为了提升学生在有余数除法中的学习效果，北师大版（新世纪）小学数学教材在内容安排方面做出了新的尝试。比如，二年级下册“搭一搭（一）”一课问题串的问题1强调结合情境和操作活动，让学生去认识余数，了解余数的意思；更可贵的是，问题串的问题3设计了一个大的探索活动，让学生用14～20根不同根数的小棒搭正方形，并通过对所搭图形和所列算式的观察，去探索、发现、验证规律。那么，教材的这种安排对于学生认识余数、发现除数和余数之间的规律是否能够起到支撑作用？在问题串的问题3中，学生是如何发现规律的？学生遇到困难后教师可以给予怎样的帮助？本研究将围绕以下问题展开讨论。

1. 通过阅读教材，学生是否就能够明白余数的意思并发现余数和除数之间的关系？是不是存在有困难的学生，他们主要的困难和障碍是什么？

2. 对于余数的认识、余数与除数关系的认识，学生的起点到底在哪儿？特别是在余数与除数的关系方面，学生到底会有怎样的思考方法，这些方法可以分为几种类型或是否有水平之分？学生有哪些迷思？

3. 经过问题串的学习，有多少学生能够达到基本要求，明白余数的意思，也理解余数与除数的关系？达不到基本要求的学生，他们的主要困难是什么？在发现规律方面，具体表现如何？

二 研究设计

（一）研究思路

为了读懂学生的学习过程，本研究主要采用个体访谈与课堂观察相结合的研究方法。首先进行的是个体访谈，个体访谈依据学习水平（优秀、中等、有待提升）、男女搭配的原则选取 6 名学生，由 3 位教师对这 6 名学生进行访谈。访谈中，教师对学生的反应要追问你是怎么想的，当学生遇到困难时，要及时予以指导，并且对于学生的表现、教师的指导和学生进一步的表现都要详细记录。在个体访谈中，一方面可以更深入、更细致地了解学生有余数除法的学习过程，另一方面还可以依据个体访谈中出现的问题，来丰富、调整课堂观察中所用的调研工具。因此，个体访谈也起到了一个预调研的作用。课堂观察由 14 位教师对被观察班级的学生进行观察，在授课教师抛出问题后，观察教师要观察学生会有怎样的反应，学生出错时，要询问学生是什么想的，并进行相应的指导，所有的指导语言及行为和学生进一步的表现都要详细记录。

（二）研究样本

本研究选取的学校是北京市海淀区中关村第三小学红山校区。该校地处北京市海淀区山后地区，学生主要是八一队、309 医院的职工子女及外地务工人员的子女，同一个班级内学生的情况差异较大。

调研安排在开学初，是学生在二年级第一学期认识了乘法和除法意义的基础上展开的。调研发现：经过一个寒假的休息，学生对除法的意义、平均分有一些遗忘。

本研究首先选取该校二年级 1 班的 6 名学生进行个体访谈，以了解学生思维的展开过程。个体访谈后，又选取该校二年级 3 班进行课堂观察。本班共有 37 名学生，课堂观察及后测时有 2 名学生请假，延后测时没有学生请假。任课教师董丽敏本科毕业，教龄 7 年。

（三）研究工具设计与说明

本研究编制了个体访谈提纲和教师课堂观察表、后测题和延后测题共 4 份调研工具。

1. 个体访谈提纲和教师课堂观察表

把个体访谈提纲做成了学习单的形式，教师课堂观察表是在学习单的基础上，增加了对学生反应情况的预设和教师引导说明。依据教材的“情境＋问题串”、学生的学习起点和学习过程，设计了以下访谈问题与教师课堂观察说明。

1.1　淘气和笑笑在做什么？跟同伴说一说。

【设计意图与说明】

调研学生是否能读懂本节课的主情境。期待学生能通过看图说出搭正方形的过程，搭一个正方形需要 4 根小棒，一共有 13 根小棒。

如果学生说的不全面，建议任课教师在课堂上首先引导学生进行交流，访谈时建议教师进行如下引导：

(1) 让学生再认真观察一遍，看看题目中还有没有其他信息或读不懂的地方。

(2) 重读还未说全，可针对学生漏掉的部分，进行追问，如“搭一个正方形需要几根小棒？”“一共有多少根小棒？”

1.2　13 根小棒可以搭几个正方形，还剩几根？

搭（　）个正方形，还剩（　）根。

请你尝试用算式表示：______________。

【设计意图与说明】

第一，调研学生是否能明白题目的要求。第二，在尚未说明什么是余数之前，观察学生凭借自己的经验会有怎样的表现。

在表达对题目的理解方面，期望学生能复述题目，并能说明搭一个正方形需要4根小棒，如果小棒根数比4根多，就可能会有剩余。如果有学生说的不全面，建议教师追问“为什么要问还剩几根?”。

在解决问题方面，预期学生可能会有三种情况：①用小棒搭出答案；②直接说出答案；③出现困难或得不出答案。对于第②③种情况，建议教师作如下引导：①说不出来的，让学生再用小棒搭一搭，学习支持的手段就是用小棒搭；②如果有学生只说3个的，教师追问“小棒都用完了吗?”③直接说答案的，需请学生结合用小棒搭的过程解释得到答案的过程。

对于算式的表达出现困难的，教师不进行引导，因为在下一环节马上就会认识算式。

1.3　认一认，想一想。

$$13 \div 4 = 3\ (\text{个}) \cdots\cdots \boxed{1}\ (\text{根})$$

余数

结合用小棒搭的过程写一写。3个表示：________。1根表示：________。

【设计意图与说明】

学生对余数的认识不应该是一个“硬灌”的过程，而是要借助“脑中分”的表象操作策略，帮助学生实现从实物到算式的形式化过渡。胡松林等老师曾在有余数除法认识的研究中发现，“脑中分”的过程十分重要。胡老师是让学生借助分豆子的活动开展实验的，发现学生在获得方面的困惑：第一，如果教学的结果使学生做除法要依赖“拿豆子来”，只会动手做、不会动脑做，那么尽管课堂热热闹闹，但却陷入了数学教学的浅薄与贫乏；第二，如果这种“分豆子”的活动仍然没有促进学生形式化的算法理解，教师最后不得不将除法的操作程序教给学生，那么创设情境兜了一大圈，最后还是回到死记硬背的老路。

为解决死记硬背的问题，研究中教师创造性地采用了“动手分豆子—脑中分豆子—算式运算”这样一个非常重要的教学策略，设计了“实物到算式”之间的一个中介活动，即“放掉豆子和盘子，在脑中分豆子”，帮助学生通过了形式化的难关，体验到了数学化的过程。事实上，上述“分豆子”的活动过程，生动地解释了布鲁纳的认知发展理论，其中“脑中分豆子的方法是一种‘表象操作’，它是从‘实物操作’到‘符号操作’的中介。这样，儿童学习数学就是在具体、半具体、半抽象、抽象之间的铺排，是穿行于实物与算式之间的形式化过渡”。[2]

问题 1.3 是为了调研学生对余数认识的情况，对此，我们一方面让学生结合搭正方形的操作过程认识余数，另一方面鼓励学生结合“脑中想”的过程联系搭正方形的活动，解释“3 个”和“1 根”的意思，以促进学生对余数的意义有所理解。

对于无法解释“3 个”和“1 根”的学生，建议教师：①说不出来的，让学生再搭正方形；②只抽象地说 3 表示商，1 表示余数的，鼓励学生结合搭正方形的过程，把数与正方形个数、剩余小棒根数联系起来进行说明。

1.4　搭一搭，填一填，你发现了什么？

（1）先说一说，你读懂了什么？再填一填。

小棒根数	搭成的正方形	算式
14		14÷4＝3（个）……2（根）
15		□÷□＝□（个）……□（根）
16		□÷□＝□（个）……□（根）
17		□÷□＝□（个）……□（根）
18		□÷□＝□（个）……□（根）
19		□÷□＝□（个）……□（根）
20		□÷□＝□（个）……□（根）

（2）我的发现：________________________________。

【设计意图与说明】

张凤仙老师曾提到[3]：在学生研究时，我发现大部分学生虽然能结合用小棒搭正方形的活动，比较顺利地完成题目，获得答案，却不能把搭正方形的过程与算式结合起来理解；同时，对有时候小棒有剩余、有时候没有剩余表现出疑惑和好奇心。教师的实践表明，学生对于探索余数与除数的关系是充满好奇的。

教材问题串的问题 3 是一个较大的探索余数与除数关系的活动，学生在读题时需要知道活动是什么。

由于这个问题的信息较多，所以首先要观察学生是否可以读懂问题。在读懂问题方面，要求学生既要清楚表格中三个栏目各自的要求，又要清楚它们之间的关系。学生如果不说或说不出它们之间的关系，建议教师追问小棒根数与搭成的正方形、算式有什么关系。

在活动的过程中，要求学生能够根据小棒根数，画对图，写对算式，并能发现余数都比除数小或其他规律。学生可以一边搭小正方形，一边画、一边写算式。针对学生出现的问题，建议教师进行如下引导：

①学生正方形画错或计算错误，请学生再检查。

②学生能发现有余数，但不能发现规律。教师追问“余数是怎么变化的呢?”并提示、引导学生整体观察表格。

③学生发现余数一会儿大，一会儿小，不能概括。教师追问“请你看看余数和除数有什么关系?”并提示、引导学生整体观察表格。

④学生始终看不出规律。建议教师先追问两个问题“如果用 21，22 根小棒继续搭，余数会是多少?”“余数会比 4 大吗？为什么?”再提供淘气和笑笑的“冒泡”，请学生阅读并解释“余数一会儿大，一会儿小是怎么回事？”“余数都比除数小吗？为什么?”

需要说明的是北师大版（新世纪）小学数学教材把 0 作为有余数除法的特例处理。

《中国大百科全书 · 数学》（1992 年版）中指出：一般地，有所谓的带余除法，即设 a、b 是二整数，其中 $b>0$，则存在两个唯一的整数 q 和 r，使得 $a=bq+r$，$0\leqslant r<b$，r 叫作 a 被 b 除所得到的余数，记为 $\langle a, b\rangle=r$；显然，b 整除 a 当且仅当 $r=0$ 。

在我国台湾地区的《小学数学教材分析・整数的乘除运算》中也提到，依据除法原理，选定“被除数÷除数＝商……余数 ”为除法算式的一般格式，这种格式对以后的教材有两个重要的影响：第一，在以后的整数除法问题中，皆描述两个待解的问题，同时询问商与余数两个问题；第二，将“被除数÷除数＝商……余数”作为整数除法算式的标准格式。也就是说，教师在布置除法问题时，不必刻意地选择整除的情境，整除只是除法问题的一个特例。

在本研究中，也是照此，让学生来观察 0，1，2，3，0，1，2，3…余数周期的关系，这种处理，对于小学生来说应该是更容易发现并接受的规律。

1.5　再分别用 25，31 根小棒搭一搭正方形，试一试。

画一画：25 根　　　　　　算式

　　　　31 根　　　　　　算式

我的想法：____。

【设计意图与说明】

调研学生在前面学习的基础上，到底对余数和除数的关系理解了多少。如果学生已经领会，那么这就是一个验证性的学习活动，学生可以利用前面学习的结论解决这个问题。如果学生之前没有领会，则是一个继续学习的过程。

在调研过程中，如果有学生在搭、画、算的过程中出错，建议教师提示学生重新操作；如果有学生只能得出结果，不能联系规律验证，建议教师提示学生回顾问题串的问题 3 的结论，并说一说想法；而对于都明白的学生，建议教师请他们自己举个例子再次验证。

1.6　所有的余数都比除数小吗？

是□　　　　　不是□

【设计意图与说明】

在多个活动后，观察学生是否坚定地认为所有的余数都比除数小。只看结果，教师不用再指导。

2. 后测题与延后测题

之所以先介绍后测题是因为后测题体现着本节课要达成的细化的学习目标。

本节课结束后，希望学生能够达到如下要求。

(1) 能结合情境区分算式中的商和余数。如题 2.1。

2.1　淘气用 11 根小棒搭正方形，请将算式中的商和余数分别与小棒连一连。

11÷4＝2……3

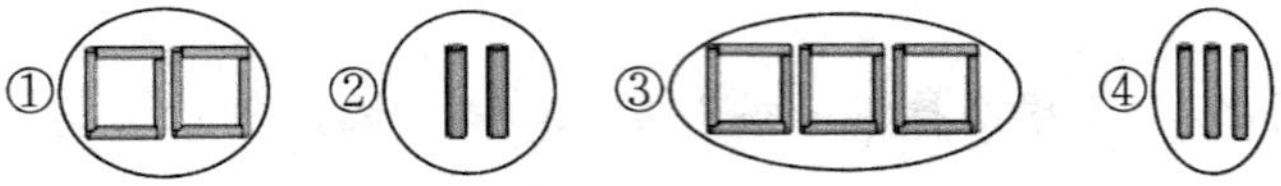

(2) 能根据情境独立列式并解决问题。如题 2.2。

2.2　搭一搭，算一算，填一填。

16 根|，每 5 根搭成一个⬠，可以搭□个⬠，还剩□根。

列式：＿＿＿＿＿＿＿＿＿＿。

(3) 能够正确地写出有余数除法的单位。如题 2.4。

2.4　下面的算式对吗？如果不对，把错的地方改正过来。

4 根小棒搭一个正方形，用 33 根小棒可以搭几个正方形，还剩几根？

①33÷4＝7（个）……5（根）

②33÷4＝8（个）……1（根）

(4) 能自主发现相关规律。如题 2.5。

2.5　看一看，并说一说你的发现。

7÷3＝2……1

8÷3＝2……2

9÷3＝3……0

10÷3＝3……1

11÷3＝3……2

12÷3＝4……0

我的发现：________________________________。

(5) 能结合抽象的算式，解释余数要比除数小。如题 2.6。

2.6　淘气说 8÷3＝1……5，你同意吗？说说为什么？

□同意　□不同意　　因为：________________________。

(6) 能通过举例的方式深度理解余数和除数的关系。如题 2.7。

2.7　请举例说明余数和除数的关系。（可以画图，或写个算式，或讲个分物的故事）

此外，还通过题 2.3 观察学生对除法意义的理解，当然这只是个复习内容，安排它是想观察学生是否会因为缺乏对除法意义的理解而不能达成本节课的目标。

2.3　哪个图跟算式的意思一样？连一连。

17÷5＝3……2

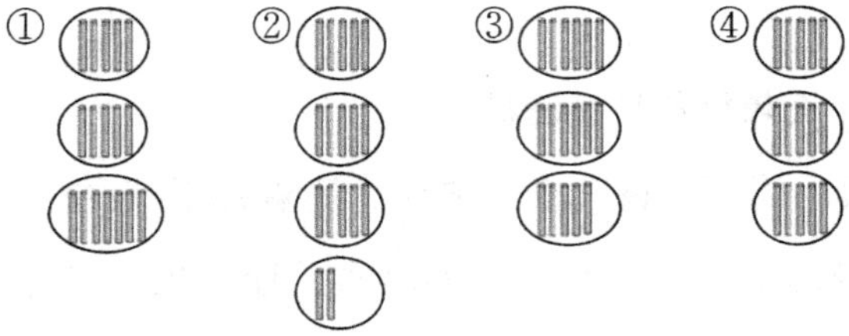

延后测题和后测题在测试目标和试题形式上做的是等值设计，只对情境和数据做了极轻微的改动，这里不再赘述。

(四) 数据分析

个体访谈记录了学生所有的语言和反应过程及教师的支持手段，课堂观察记录了学生的第一反应。班级教学后进行后测，后测过程中教师不进行任何的干预，在学生独立做完后测题后，发现有问题的，教师要对学生进行追问，但不再让学生修改答案。调研两周之后进行延后测，延后测测完立即交卷。测试均在 20 分钟内完成。在后测和延后测之间，教师严格按照教材内容进行正常教学，没做任何增补性训练。

在数据分析时，一方面是对学生的各种表现做统计分析，另一方面是对重点问题的反应借助师生对话的记录和学生作答情况进行分析与说明。

三 研究过程与结果

调研中，发现学生在读懂情境和问题串方面基本没有困难，即便是“1.4 搭一搭，填一填，你发现了什么?”中探索活动的表格，也只有少数学生想不到三个栏目内容之间的联系，但稍微提示后面根据什么画图、写算式，学生都能很快明白题目的要求。因此，以下将重点呈现学生对知识内容的掌握情况及学生对所学内容的情感态度。

（一）学生的学习过程分析

研究之初，担心学生会在教材内容的“读懂”方面出现困难，特别是教材问题串的问题 3 是一个比较大的探索活动，担心学生不熟悉其中表格的表达方法。但研究结果发现，学生在教材内容的“读懂”方面是比较顺利的，即便是对于问题 3 困难也不大。因此，以下仅呈现学生在学习过程中的主要表现。

1. 学生对余数的认识，有较好的自然基础

比如，在题 1.2“13 根小棒可以搭几个正方形，还剩几根?”中，调研比教材前进一步是在没有告诉学生什么是余数的时候，让学生自己探索解决这个问题。学生对这个问题的作答情况：35 名学生中有 34 名学生选择了先搭后算，其中有 33 名学生搭对，并且计算正确，有 1 名学生搭错（如图 1），他在搭的时候把两个正方形共用了一根小棒，但经教师指导后改对；另有 1 名学生没有搭，而直接说出答案。

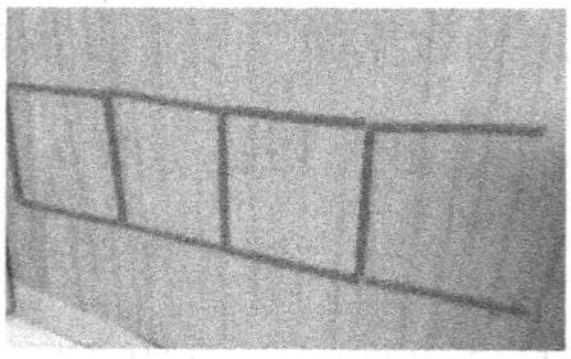

图 1

在没有告知什么是余数的情况下，学生有如

此好的表现，是令人高兴的。当然，学生的表现不仅仅因为活动结合了情境及直接动手操作，其实还与学生对除法的意义有了一定的理解也有关系，这些都是学生解决问题的基础和抓手。因此，对于余数的认识，如果脱离情境和操作活动，抽象地从计算的角度去认识，学生很容易搞混二者的关系，但是当结合了情境和操作活动后，学生接受起来明显轻松自如。

2. 对有余数除法算式书写形式的探索

教材没有要求学生自己探索有余数除法算式的书写形式，但从研究角度来讲，我们特别想了解学生在没有学习如何写有余数除法算式之前会如何表达，因此，本次调研特意安排学生在没有认识有余数除法的横式之前，根据情境自己尝试写出算式。

表 1　书写形式的探索情况

类别	能写出除法算式			不能写出除法算式			
作答情况	完全正确	单位出错	漏余数	减法	加法	乘法	写不出
人数	6	11	2	2	4	6	4
百分比/%	17.2	31.4	5.7	5.7	11.4	17.2	11.4
总人数	19			16			
百分比/%	54.3			45.7			

从表 1 中可以看出，54.3%的学生尝试了写除法算式，完全写对的仅有 6 名学生；45.7%的学生不能写出除法算式。学生存在两方面的问题。

第一，能自主写出算式的只是少数。没有学习之前，写不出来正确的有余数除法的横式属于正常现象。

第二，有 34.3%的学生尝试用加法、减法、乘法来解决这个问题，比如：有的学生列出乘法算式“3×4＝12，13－12＝1；3×4＝12；3×4＝12（根）……1（根）”，并能根据搭正方形的过程，正确地解释算式的意义；有的学生列出减法算式“13－4－4－4－1＝0；13－4－4－4＝1；13－12＝1”，追问时，学生也能够正确地解释算式的意义；有的学生列出加法算式“4＋4＋4＝12，12＋1＝13；4＋4＋4＝12”，同样能够正确地解释算式的意义；还有1名学生说："我还有一个想法，13是个单数，用4分完是不可能的，先用13－1＝12，用12÷4＝3。"老师问他减1是什么意思时，学生回答"把剩下的1根先减掉。这是一种尝试的方法，减1不行就减2，总有一个是行的。"

此外，学生理解上的一个迷思或困惑是面对问题情境不知道是13÷3，还是13÷4，如教学片段1。

教学片段1：

师：为什么不写算式呢？是不是遇到困难了？

生：是，我不知道是写13除以3还是13除以4？

师：我们再看看题目，都知道了什么，要求什么？

生：有13根小棒，搭正方形，问搭几个，还剩几根。

师：我们都知道了什么？

生：知道有13根小棒，搭一个正方形要用4根。

师：13÷3中的除数3是怎么来的？

生：是算出来的。

能够通过不同的算式形式来表达操作过程，说明不同的学生对该问题有不同的理解，对此，不必担心。而且，这些方式都会帮助学生进一步去理解除法算式。接下来，明确对除法算式的认识，沟通除法与加法、减法、乘法的关系，这个过程应该是对除法意义的深化过程。

比如，在题1.3的"认一认"中，一旦给出除法算式，88.6％的学生都能结合操作过程，正确解释商和余数的意思。当然，也有11.4％的学生开始无法理解除法的意义、商和余数。因此，这些学生需要的帮助是再次结合用小棒搭的过程，让他们理解除法的意义。

而对于学生不知道把谁看作除数的迷思，分析其原因可能是搭一个正方形需要4根小棒这个信息"隐藏"在主情境图中。因此，阅读题目信息时，如果能把13和4写出来，将有助于学生避免这种错误。

3. **对于教材问题串的问题 3，学生在读懂题目及解决单个问题方面困难不大**

在读懂教材问题串的问题 3［本文中 1.4（1）］的调研中，学生的表现还是令人欣慰的。教材问题串的问题 3 呈现的信息是非常丰富的。但是，从表 2 中，可以看出 94.3%的学生在没有任何提示的情况下，都明白要根据前面小棒的根数，画或搭正方形，再根据画或搭的过程写算式。一两名出现问题的学生，教师稍微提示，就能明白。

表 2　作答情况［题 1.4（1）］

作答情况	小棒、正方形、算式之间的联系		搭一搭，填一填（画）		搭一搭，填一填（算式）	
	正确	错误	正确	错误	正确	错误
人数	33	2	34	1	31	4
百分比/%	94.3	5.7	97.1	2.9	88.6	11.4

在完成问题串的问题 3 的任务中，调研结果（如表 2）表明，学生在解决单个问题的时候，基本没有困难。比如：在搭正方形的过程中，只有 1 名学生出现错误（即两个正方形之间共用了一根小棒）；算式方面，只有 4 名学生出错，这些学生先看出了被除数的规律，受被除数规律的影响，没有思考，就写下了答案。

4. **在发现规律方面，学生存在一定差异，交流之后，绝大多数学生都有收获**

题 1.4（2）“我的发现”的调研结果（如表 3）表明学生在发现规律方面存在一定差异。

表 3　作答情况［题 1.4（2）］

作答情况	空白	能关注单个量的变化	能发现余数有变化，但不能联系除数	能发现余数比除数小
人数	18	4	3	10
百分比/%	51.4	11.4	8.6	28.6

调研中发现，在没有提示的情况下，学生经过观察与比较，自主发现的结果存在不同的情况。在关注量的多少和周期性方面，学生的作答可分为 3 个水平：①能关注单个量的变化，但是不能发现周期，比如只能关注“被除数一个比一个大”“除数都是 4”“余数都不一样”其中的一个；②能关注单个量的变化，且意识到周期的存在，比如“余数都是 1，3，0”；③能关注到两个量之间的变化，且能发现“余数总是 1，2，3，0；余数都比除数小”等规律。

在解释依据方面，学生的表现可以分为 2 个水平：①能结合具体情境说明发现的结果，如“1 根，2 根，3 根不够搭正方形，就是余数（能结合情境解释余数）”；②能结合抽象的数或算式来说明自己的发现，如“在除数一定的情况下，被除数一个比一个大，余数也是一个比一个大”。

“余数要比除数小”是一个需要 2 个量支撑的规律，这个规律让学生自主发现是具有挑战性的。调研中发现，能自主发现余数比除数小的学生只占 28.6%。多数学生都要经过交流、操作活动或提示才能明白，比如，你看看“余数和除数之间有什么关系”“余数会比 4 大吗”“余数是怎么变化的”。

教学片段 2：

师：通过刚才的搭一搭和列算式，你发现了什么？

生：余数是 2，3，0，1。

师：那你再看看余数和除数有什么关系？

生：有大有小。

师：谁大谁小？它们的大小是如何变化的？

生：除数大，余数小。

师：余数都比除数小吗？

生：是。

师：如果用 21，22，23 根小棒继续搭，也是这样吗？

生（摇头）：不是！

师：那你重新拿小棒搭一搭。

生（搭过之后）：是，还是余数比除数小！

在教学片段 2 中，学生首先要通过教师的提示才能关注到余数和除数之间的关系，而要认识到余数都比除数小，需要更多的操作活动进行支撑。

教学片段 3：

师：你通过刚才的搭一搭、画一画、列算式，发现了什么？

生：余数和算式的改变。

师：有什么改变？你能解释得清楚一点吗？

生：看正方形的变化。小棒都搭成正方形的时候，余数就是 0，余数是 3 以后就该是 0 了，也就是只要余 4 就进 1（变成一个正方形），余数就是 0。

师：你能说说余数的大小是怎么变化的吗？

生：从 2 开始，2＋1＝3，3＋1＝4（余数就是 0）。

在教学片段 3 中，教师看到学生是依据正方形的操作解释结果的。而到最后问他“余数为什么比除数小”时，他解释“因为余数满 4 就必须到 0，永远都达不到 4，一直一直都是这样的”，基本能够达到从抽象层面进行解释。

在发现规律的过程中，学生也会出现一个困惑，比如“16÷4＝3……4”，这和文献中所描述的一样，这种形式有道理，但是没有办法使结果唯一。

教学片段 4：

生：16÷4＝3（个）……4（根）。16 是 16 根小棒，4 是每一个正方形有 4 根小棒。有 3 个正方形，余数是 4 根。

（师暂时未做干预，生继续搭正方形。）

生：17÷4＝4（个）……1（根）。17 是 17 根小棒，4 是每个正方形需要 4 根。有 4 个正方形，余数是 1。

师：看用 17 根小棒搭正方形的过程，有什么想说的？

生：比用 16 根小棒搭的正方形多了一个。

师：为什么余 1？

生：不能再搭一个正方形了，所以余1。

师：那16根小棒呢？

生：可以搭4个正方形。

师：那算式16÷4=3（个）……4（根）中，哪个数表示4个正方形？

（学生找不到。）

师：16代表16根小棒，那3呢？

生：应该用4来表示。

师：余下的4根可以再搭1个正方形，这4根还用不用再余下？

生：不用。

师：那用不用修改算式？

生：用，16÷4=4……0，即16÷4=4。

[学生刚开始认为16÷4=3（个）……4（根），学生继续搭正方形，并未出现这个情况。]

教学片段4可以表明，对于这种情况，将算式与具体情境结合起来是帮助学生克服困难的一个有效方法。

5. 经历探索活动后学生对结论的认识更坚定，解决问题的能力明显提高

比如在题1.5“再分别用25，31根小棒搭一搭正方形，试一试”中，学生有如下反应。

师：余数有4的时候吗？

生：不可能，你让我搭的是正方形，是4根小棒搭出来的。

师：那我要让你搭三角形，余数可能是哪些数呢？

生：0，1，2。

师：那我要是说余数都比除数小，你同意吗？

生：同意。

学生用25，31根小棒搭正方形的错误（如图2），主要表现为两个层次。第一，对除法算式的形式缺乏认识，所以会写出“31÷7=4……3（根）”这样的算式。第二，对除法算式的意义缺乏足够的理解。

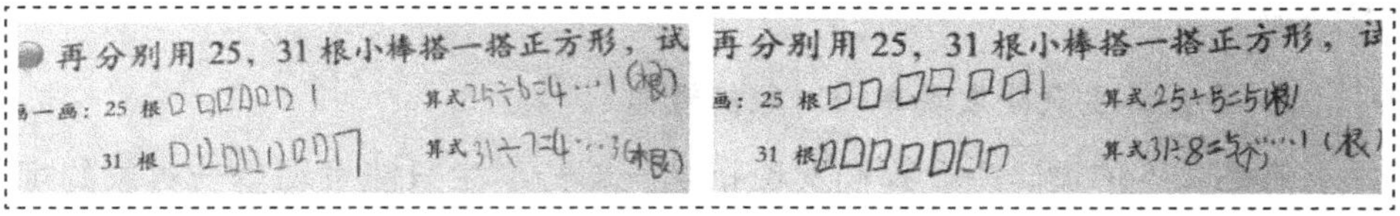

图 2

(二) 学生的后测及延后测分析

1. 有余数除法横式的书写掌握情况良好

题 2.2 的详细调研结果如表 4。

表 4　调研结果 (题 2.2)

类别	后测			延后测		
作答情况	对	错（单位）	错（计算）	对	错（单位）	错（计算）
人数	19	15	1	36	1	0
百分比/%	54.3	42.9	2.8	97.3	2.7	0

从题 2.2 的延后测的结果看，经过一周的时间（教师正常依据教材教学，没有做任何额外训练），学生对有余数除法横式的书写，有了一个慢慢地熟悉和掌握的过程，在延后测中，只有 1 名学生出现了单位错误。所以，这个在最初阶段令人比较担忧的问题（后测中有 16 名学生出错），经历一个过程之后，基本可以自然解决。

2. 操作性任务的完成情况在延后测中成绩明显下降

题目 2.3 的详细调研结果如表 5。

表 5　调研结果 (题 2.3)

类别	后测		延后测	
作答情况	对	错	对	错
人数	32	3	26	11
百分比/%	91.4	8.6	70.3	29.7

从表 5 中可以发现题 2.3 的延后测成绩较后测成绩，正确率下降了 21.1%。分析其原因，可能是课上我们有结合用小棒搭的过程解释算式的活动，而这个活动后续不会有重复性的练习，所以学生在题 2.3 中表现出成

绩下降。

3. 多数学生只能发现单一对象的规律

在题 2.5 的调研中，我们发现相当一部分学生只能发现单一对象的规律，比如只能看到被除数每次都加 1 和商有时候加 1，除数都一样，余数不到 3 等，详细调研结果如表 6。

表 6　发现规律情况的调研结果（题 2.5）

后测	发现规律情况	被除数每次都加 1 和商有时候加 1	除数都一样	余数不到 3，都小于 3	余数都是 1，2，3	余数都比除数小	不能发现规律
	人数	6	1	4	10	13	1
	百分比/%	17.1	2.9	11.4	28.6	37.1	2.9
延后测	发现规律情况	被除数每次都加 1 和商有时候加 1	除数都一样	余数不到 3，都小于 3	余数都是 1，2，3	余数都比除数小	不能发现规律
	人数	12	5	2	3	12	3
	百分比/%	32.4	13.5	5.4	8.1	32.4	8.1

从表 6 中可以发现，在后测中，前三项的人数占 31.4%，在延后测中，前三项的人数更是占 51.3%；能发现两个量之间关系的人数在后测中占 37.1%，在延后测中仅占 32.4%。学生在发现规律方面的成绩下降说明在练习中，这方面的强化也是欠缺的。

在发现规律的个数方面的详细调研结果如表 7。

表 7　发现规律的个数的调研结果（题 2.5）

后测	发现规律的个数	能发现 1 个规律	能发现 2 个规律	能发现 3 个规律
	人数	34	1	0
	百分比/%	97.1	2.9	0
延后测	发现规律的个数	能发现 1 个规律	能发现 2 个规律	能发现 3 个规律
	人数	21	11	5
	百分比/%	56.8	29.7	13.5

从表 7 中可以发现，延后测中约有 43.2% 的学生能够发现 2～3 个规

律，而后测中发现2～3个规律的学生约有2.9%，学生少不代表学生没有这个能力，应该是跟题目的提示有关系。延后测中我们给出了3条答题线，而后测中只给出了1条答题线。

4. 学生对“余数比除数小”有较为深入的理解

题2.6的详细调研结果如表8。

表8 调研结果（题2.6）

	作答情况	空白	余数比除数小	能正确用算式解释	结合搭小棒解释
后测	人数	12	12	8	3
	百分比/%	34.3	34.3	22.9	8.6
延后测	作答情况	空白	余数比除数小	能正确用算式解释	结合搭小棒解释
	人数	11	8	18	0
	百分比/%	29.7	21.6	48.6	0

题2.6延后测成绩的提高再一次表明，学生对横式意义的判断是比较稳固的。在进行解释的时候，其实无论学生是用“余数比除数小”还是用算式来解释，基本表明学生都是明白了余数要比除数小的道理。

题2.7的详细调研结果如表9。

表9 调研结果（题2.7）

	作答情况	空白	能通过算式举例	画图	故事	重复说明余数都比除数小
后测	人数	9	12	3	3	8
	百分比/%	25.7	34.3	8.6	8.6	22.9
延后测	作答情况	空白	能通过算式举例	画图	故事	重复说明余数都比除数小
	人数	7	18	5	1	6
	百分比/%	18.9	48.7	13.5	2.7	16.2

题2.7对学生在有余数除法横式理解方面的要求是比较高的，但是我们发现在延后测中有超过80%的学生都能够举例说明，其中通过算式举例的百分比最大。

四 研究结论与建议

（一）研究结论

1. 学生在读懂教材和问题串方面没有问题

关于余数学习的主要难点有两个：第一，有余数除法横式的写法，主要是单位的填写；第二，探索与发现余数要比除数小的规律。教材恰恰在这两点都做了充足的讨论，因此，教师应对这两点予以充分的重视。比如，在填写单位时，如教材提示的一样，让学生结合情境说一说横式各部分及单位的意思，结合情境的解释加深学生对横式与单位的理解；再就是教材安排的用小棒搭的活动是非常有利于学生发现规律的，所以教师一定要给足活动的时间，让学生充分体验。

2. 学生在有余数除法横式的意义理解和表达方面的困难是可以自然过渡的

从调研结果看，题 2.2，2.4，2.6，2.7 都是指向这个内容的，每道题的结果都表明，随着时间的推移和练习，学生的成绩在稳步提高。学生最初在单位等方面的困难，是可以通过练习自然克服的。因此，只要留给学生充足的时间，学生对内容的掌握就没有问题。

3. 学生有借此内容发展探索规律的能力

首先，以上两个结论表明，单纯地认识余数及算式的写法对于学生来说难度不大。从课堂教学的时间看，教材的前两个问题只用 10 分钟左右的时间就可以完成，探索活动的时间可以给到 15～20 分钟，剩余的 10～15 分钟可以让学生做练习。因此，从时间的角度考虑，安排探索与发现的活动是有可能的。其次，从学生的探索结果看，后测结果表明 97％的学生都能有所发现，只是发现的水平存在差异。

因此，借此机会通过探索与发现规律的活动，不仅有利于学生理解余数比除数小的道理，而且也会激发学生对数学活动的兴趣，增强学生探索与发现的能力和欲望。

4. 学生在探索与发现的过程中，获得的不仅仅是知识

在兴趣调查中我们看到，学生有着强烈的进一步学习的欲望，并产生了非常愉悦的情绪体验。对学生来讲学习数学知识、掌握数学技能虽然重要，但是数学课堂中更为重要的是激发学生们的数学兴趣、好奇心与探究的欲望。“搭一搭（一）”问题串的设计，让我们看到凭借问题串本身的设计，学生在探索与发现的过程中，不仅对余数要比除数小的结论有了更为深刻的理解，更难能可贵的是得到了体验探索与发现的机会，开启了一次数学学习的魅力之旅。

（二）建议与讨论

1. 对于二年级的学生来说，探索规律应该是一个有台阶的探索活动。虽然经历探索的过程是有意义的，但是需要给学生提供必要的教学支持，主要表现在四个方面：①重视操作活动；②重视“脑中分”的过程；③重视对表格数据的整体观察活动；④给出铺垫性问题，比如，在学生一眼不能看出规律时，教师可以铺垫一些引导性的追问：“如果给你 20，21 根小棒，余数会大于 4 吗？”

2. 要允许学生在探索规律方面有差异性的发展。比如，有的学生能自主发现余数和除数的关系，而有的学生只能从单个维度自主发现，如被除数一个比一个大。而对这样的学生往往可以通过两个支撑手段帮助他们再往前走一步。第一，教师提问学生“你能看看两组余数和除数之间有什么关系吗”；第二，让学生通过阅读和解释淘气和笑笑的发现，来了解余数和除数的关系。无论如何，这些活动都让学生有了一个非常好的探索规律的最初体验。

3. 如题 2.3 这样的内容，让学生搭的过程，如果仅在课堂上有，课后缺乏足够的练习，学生的这种解释能力就会下降。那么，对此，是只需在最初学习时帮助学生理解一下就可以，还是在练习中也需进一步加强，是一个需要讨论的问题。

4. 进一步，我们希望通过其他题材，来研究学生在探索规律方面都有哪些阶段性的发展。

参考文献

[1] 姜荣富．关注规定背后的数学意义——有余数除法的理解与教学［J］．小学教学，2015（05）：33-35.

[2] 顾泠沅，杨玉东．过程性变式与数学课例研究［J］．上海中学数学，2007（Z1）：98-103.

[3] 张凤仙．余数到底有多大——“搭一搭（一）”的教学思考［J］．小学教学（数学版），2016（01）：27.

小学生用身体上的“尺子”积累测量经验的研究

钱守旺（北京市朝阳区教育研究中心）

经验的形成可以从两个维度考查：横向维度可以理解为经验数量的累加；纵向维度可以理解为经验质量的累加，经验的水平由浅入深、逐步成熟。既然经验是个性化的产物，积累活动经验必然离不开个体的亲身经历。一些经验的获得往往需要多次、反复经历后才能逐渐形成。要让学生经历，就需要设计合适的学习活动。

本研究聚焦在“寻找身体上的数学‘秘密’”一课中，通过学生访谈、课堂观察等形式，观察与记录学生的活动过程，重点解决如何用好“数学好玩”教材资源组织学生开展富有实效的数学学习活动。

一 研究背景及研究问题

用身体测量很容易被认为是在标准测量单位出现之前的活动，实际上即使现在，我们在日常生活中还经常会用到这种实用的测量方法。如果突然要测量什么东西，自己却没有尺子该怎么办呢？用手掌、脚印、胳膊等来测量都是很好的测量方法。

有意思的是，我们现在使用的大部分标准化测量单位都源于人的身体。

英国使用的测量长度的单位“码”是人伸直手臂时，从鼻尖到中指尖的距离；“英尺”来源于一位成年男子一只脚的长度。我们要告诉学生即使不使用标准化的测量工具，我们用身体也可以进行测量。同时，要让学生知道很多标准化单位都源于身体。通过这些，让学生认识到我们身体具有的数学价值。相信他们会兴趣盎然地发现数学竟然离我们这么近。

北师大版（新世纪）小学数学教材进一步加强和完善了“有利于学生经历数学学习，逐步积累数学活动经验”的内容。在二年级上册的教材中，为了帮助学生积累乘法的学习经验，在第三单元安排了“有多少块糖”；为了帮助学生积累除法的学习经验，在第七单元安排了“分物游戏”“分苹果”“分糖果”，通过 3 次分一分的活动，帮助学生积累分物的经验，为进一步学习除法知识打基础；为了帮助学生积累度量的经验，在第六单元安排了“教室有多长”的测量活动，在“数学好玩”安排了“寻找身体上的数学‘秘密’”等。

“寻找身体上的数学‘秘密’”一课，活动的定位是让学生感受到数学“好玩”。如何才能体现出真的“好玩”呢？我们想到了人的身体本身，其实在我们的身体上有很多有趣的数据，特别是数据彼此之间的关系学生会更加感兴趣。如：将拳头滚一周的长度约等于脚长；身高约等于双臂平伸的长度，身高大约是头长的 7 倍，身高大约是买鞋时尺码的 7 倍；腿长大约是头长的 4 倍等；一拃（zhǎ）指的是张开大拇指和中指，两端的距离；一庹（tuǒ）指的是两臂向左右伸开的长度；一步指的是行走时两脚间的距离。“一拃”“一庹”“一步”是人们经常用到的，也是古代的长度单位。让学生用身体上的“尺子”进行测量，把对厘米和米的认识与学生自身的实际相结合，再与用工具测量进行对比，很容易激发学生测量的兴趣。

安排这样的实践活动不仅能加深学生对厘米和米这两个长度单位的认识，发现身体上的数学“秘密”，更主要的是能够帮助学生积累数学活动经验，锻炼和增强学生之间的合作与交流的意识，引导学生自觉地把所学的数学知识与生活实际相结合，培养学生应用数学知识去解决具体问题的能力，从而帮助学生提高数学核心素养。

很多教师在实际教学中也存在着问题，如课程定位不准，素材使用不足，经历过程不够，目标上“做减法”，操作上“做除法”。为此，我们以北师大版（新世纪）小学数学二年级上册教材中的“寻找身体上的数学‘秘密’”为例，重点研究以下问题：

1. 学生是不是能够读懂教材中的问题串，是否喜欢参与探究活动？

2. 学生在学习过程中出现的主要问题是什么？有哪些方法？

3. 数学好玩栏目需要为学生提供哪些支持？

二 研究设计

（一）研究思路

本研究主要采用个体访谈和课堂观察相结合的研究方法。首先进行个体访谈，在班级自然分组中，随机选取 4 个小组，依据学生日常的学习情况及男女搭配的原则在 4 个小组中分别选取 2 名共 8 名学生，由 4 位教师分别对这 8 名学生进行访谈。访谈中特别强调要给学生营造一个“无压力”的交流环境，引导学生敢于表达自己真实的想法，提出自己的困惑。

其次进行课堂观察。在个体访谈所在学校选取一个相同水平的班级作为课堂观察对象，按照教材的情境和问题串进行常态课教学，并请该校数学骨干教师进行课堂观察。

课堂观察后，面向全班进行后测，后测不进行任何指导，由学生独立完成，以考查学生的学习效果。

（二）样本描述

本研究选取首都师范大学附属育新学校的两个常规班级进行研究。首都师范大学附属育新学校为十二年制公办学校，隶属北京市教委、首都师范大学和海淀区教委管理。在选取的两个班级中，从其中一个班级中选取 8 名学生进行个体访谈，这 8 名学生的选取考虑到日常学习情况（优秀、中等和有待提升）及男女搭配的原则等因素；在另一个班级（43 名学生，共 6

组）对全班学生进行课堂观察，课堂观察由该校 12 位数学骨干教师负责（其中每 2 位教师负责一个组）。

（三）研究工具设计与说明

为了解学生的学习起点和已有经验，依据教材的情境和问题串，设计了学生访谈问卷。看学生能否通过测量和比较活动，了解人体中的有趣现象，从数学的角度感受人体中的“秘密”；在获得自己的一拃、一步、一庹的长度后，能估测一些物体的长度，培养学生的应用意识和估算意识。

教材导语部分：

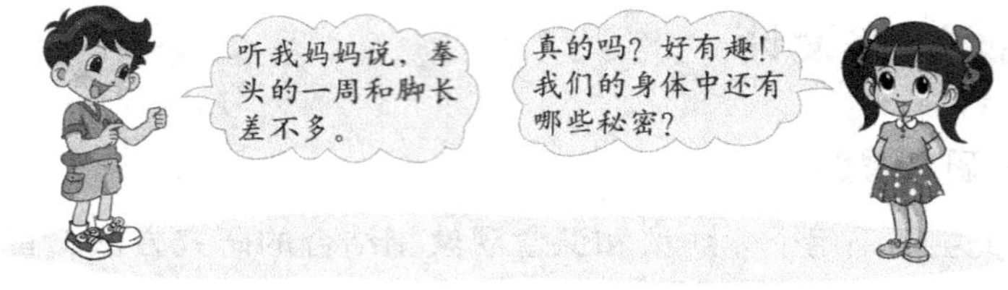

图 1

编写意图：通过淘气和笑笑的谈话，激发学生的学习兴趣。

调研目标：看学生是否明白淘气和笑笑对话的意思。

问题串的问题 1：

图 2

编写意图：利用情境图中的问题，组织学生进行验证，通过验证发现拳头一周的长度和脚长的关系，激发学生进一步探索身体上其他数学“秘密”的兴趣。

调研目标：看两名学生能否通过合作验证淘气所说的规律。

问题串的问题 2：

和同伴互相量一量，填一填。

	生 1	生 2	生 3	生 4
头长				
一拃长				
一步长				
脖子一周的长度				
腰一周的长度				
双臂平伸的长度				
身高				

图 3

编写意图：引导学生自觉地把所学的数学知识与实际生活相结合，鼓励学生小组合作进行测量，经历简单的数据收集和整理过程。

调研目标：看学生能否看懂表格，是否明白表格中所说的测量部位，能否通过合作比较准确地测出数据。

问题串的问题 3：

通过测量你发现了哪些有趣的“秘密”？

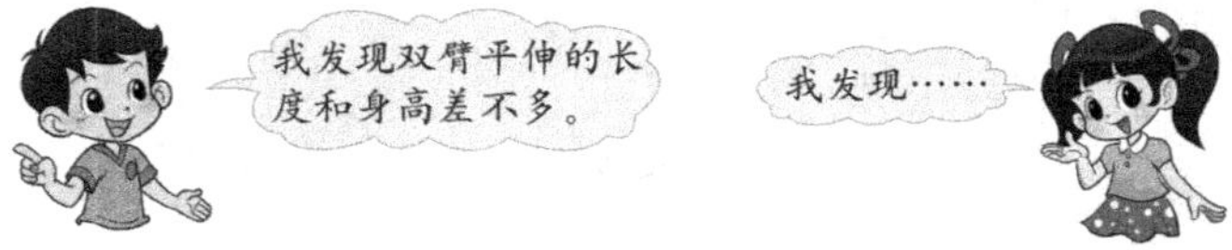

图 4

编写意图：引导学生根据表格中的数据，自己发现身体中有趣的数学“秘密”。

调研目标：看学生能否根据测量出的结果，发现身体上存在的相等或成倍数的关系。

问题串的问题 4：

读一读，讲一讲。

我的身体是一把尺子

我每步长约 50 厘米，上学时，数一数走了多少步，就能估计出我从家到学校有多远。我的身高是 130 厘米，如果我抱住一棵大树，两手正好合拢，我就知道这棵树一周的长度大约就是 130 厘米。

图 5

编写意图：通过阅读教材提供的材料，让学生感受用身体上的“尺子”能够估测一些物体的长度，培养应用意识。

调研目标：看学生能否读懂教材中的这段文字，能否受到启发，并想到更多的利用身体上的尺子进行实际测量的方法。

问题串的问题 5：

量一量教室的长和宽。

	步测	卷尺测
长		
宽		

图 6

编写意图：让学生尝试用身体上的“尺子”和卷尺进行估计和实际测量。

调研目标：看学生能否比较准确地估计出教室的长和宽、利用身体上的“尺子”进行教室长和宽的测量、用比较准确的语言叙述自己的思考过程。

问题串的问题 6：

● 说一说，画一画，身体上还有哪些“尺子”？

图 7

编写意图：体现数学学科与美术学科的整合，通过画图的形式呈现学生的发现，激发学生的学习兴趣，便于与同学交流。

调研目标：看学生能否用美术方面的知识和技能画出数学课上发现的规律、用形象的图形和图像语言表达自己的想法。

（四）数据分析

通过个体访谈、课堂观察与后测，收集学生测量过程中的方法。个体访谈和课堂观察都比较详细地记录了学生的测量过程和交流过程，对这些记录进行定性和定量分析。个体访谈和课堂观察的录像、照片和录音也记录了学生交流、思考的过程及特殊反应，可用于后期的核查、分析。对收集到的学生作品，按照方法的不同进行分类统计。

研究过程与结果

（一）学生喜欢参与这个活动，认为测量到的数据“很神奇”

在个体访谈和课堂观察过程中，我们注意记录学生参与活动时的感受。在课堂观察班级教学的最后，专门设置了问题“你觉得今天这节课怎么样”，在观察的 43 名学生中有 27 名学生表示非常有意思，充分表明学生对这个探究活动感兴趣，如表 1。

你觉得今天这节课怎么样？（在括号里画“√”。）

A. 非常有意思（ ）　B. 比较有意思（ ）　C. 没有意思（ ）

表 1 “你觉得今天这节课怎么样”的调研结果

选择情况	选择 A	选择 B	选择 C
人数	27	9	7
百分比/%	62.79	20.93	16.28

个体访谈时，学生也表示对测量得到的数据很惊奇。

下面是第一组师生访谈的对话：

师：你们觉得这个结果是真的吗？

生 1：我觉得是真的！

师：那应该如何验证呢？

（生 1、生 2 两人合作测量。）

生 1：脚长 20 厘米，拳头的一周长 20 厘米。

生 2：脚长 21 厘米，拳头的一周长 21 厘米。还真是这样呀！

下面是第三组师生访谈的对话：

师：拳头的一周和脚长差不多是什么意思？

生 1（用手比画）：就是绕“拳头”一圈的长度和脚长差不多。

师：你对这个问题感兴趣吗？想过吗？

生 2：没想过，但数学书上有这个我就想到了。

师：那“拳头的一周”和“脚长”分别指的是哪里呢？

生 1：“拳头的一周”就是绕一圈；脚长就是这样。（生 1、生 2 两人合作比画、测量）

看来，每组的两名学生均能够互相帮助得出拳头周长和脚的长度差不多，并能够通过数据比较确认这一结论是正确的。学生在整个探究过程中都非常主动，而且表现出一种惊喜感。

在访谈最后，询问学生“你对今天的这个活动有什么感受？”有的学生说“我觉得这节课很好玩”，有的学生说“这节课让我知道了身体上的数学‘秘密’”，有的学生说“我以前一直认为只有尺子才能量，现在我知道用身体也能量了，我觉得很神奇”，有的学生说“我以前还真没有发现这个规律”。

从学生的回答可以看出，这是一节能够吸引学生主动参与的活动课，是一节真正“好玩”的数学课。学生感觉到的好玩主要表现在以下几点：

一是数据都是自己实际测量得到的，真实可信。通过观察数据之间的关系，发现身体上各部分之间的数学“秘密”，学生会感到很惊喜，能够享受到发现的快乐。

二是利用身体上的“尺子”，能测量身边的物体的长度，进而感受到数学与生活的联系。

三是自己真正成了一个发现者、研究者、探究者。

四是学生有了对话的场景和素材，可以诞生精彩的观念，产生智慧的火花。

（二）经历探究活动，学生能发现多个规律

活动 1：测量拳头的一周和脚长

（1）请一名学生讲清测量拳头一周的方法，学生分组测量，汇报数据。

（2）再次测量脚长，汇报数据。

师：根据这些数据，你发现了什么？

生：拳头的一周和脚长差不多。

师：我们的身体竟然有这么神奇的秘密，同学们还想不想通过更多的数据了解身体上更多的数学“秘密”？

【此环节数据统计】

“拳头的一周和脚长差不多”，经过验证后，请你做出选择（在括号里画“√”）：

A. 说得对（　　）　　B. 说得不对（　　）

调研结果如表 2。

表 2　验证“拳头的一周和脚长差不多”的调研结果

选择情况	选择 A	选择 B	AB 均未选择
人数	42	1	0
百分比/%	97.67	2.33	0

活动 2：汇报测量数据，填写表格，发现关系

师：通过测量，除了发现拳头的一周和脚长差不多，你还知道了什么？

生 1：脚长和头长差不多。

生 2：双臂平伸的长度和身高差不多。

生 3：头长和拳头一周差不多。

师：同学们都很棒，发现了这么多身体上的数学“秘密”，其实我们自己的头长和自己的身高也有一定的关系，我们通过下面的活动来找出他们的关系好不好？

【此环节数据统计】

通过测量，你发现了什么数学“秘密”？(你最多能填出几个)

1. 我发现（　　　　　）的长度与（　　　　　）的长度差不多。

2. 我发现（　　　　　）的长度与（　　　　　）的长度差不多。

3. 我发现（　　　）的长度大约是（　　　）的长度的（　　）倍。

4. 我还发现（　　　）的长度大约是（　　　）的长度的（　　）倍。

5. 我还发现______________________________。

调研结果如表 3。

表 3　发现规律的个数调研结果

发现“秘密”情况	发现 1 个“秘密”	发现 2 个“秘密”	发现 3 个“秘密”	发现 4 个及以上
人数	1	34	7	1
百分比/%	2.33	79.07	16.27	2.33

活动 3：测量头长与身高

师：老师这里有一根小棒，谁能用它测量同学的头长与身高？

（生 1 测一名个子矮的同学，生 2 测一名个子高的同学）

（学生得出结果：不管身高的高与矮，他们的身高大约都是他们的六个头长。）

师：是不是我们在生长的过程中头长和身高一直都是这样的关系呢？

［出示课件：1 岁（身高是自己的 4 个头长）；3 岁（身高是自己的 5 个头长）；6 岁（身高是自己的 6 个头长）；成人（身高是自己的 7 个头长）。］

师：同学们，老师的身高是自己的几个头长呢？

生：7 个。

师：同学们想不想验证呢？

（学生用小棒测量老师的头长和身高，验证成人的身高与自己的头长的关系。）

师（出示课件）：还有一类人，就是模特，他们的身高是自己的 8 个头长，所以他们穿衣服特别好看。

（三）经历测量活动后，能够将经验应用于生活

师：我们知道了身体上这么多的数学“秘密”，这里有一根小棒，老师知道自己的一拃长是 18 厘米，没有尺子，想知道这根小棒的长度，我该怎么办？谁能帮帮我？

生 1：用老师的拃长测量，量几拃就有几个 18。

生 2：就是用 18 乘几拃。

（师测量展示，生数一数量几拃。）

师：老师测量的结果是几个几？

生：2 个 18，小棒长 18×2=36（厘米）。

师：同学们不仅知道了身体上这么多的数学“秘密”，而且也能在没有尺子的情况下，测量物体的长度，真的非常棒，我们的身体就是我们随时带在身边的尺子。在香港，人们把身体上的“尺子”称作“永备尺”。同学们学会了这么多，想不想利用你学到的身体上的“尺子”，测量我们教室的宽度呢？谁能说一说自己想怎么测？

生1：用步测，知道自己一步的长度，测几步，就是用自己的一步长乘几步。

生2：用拃测，知道自己一拃的长度，测几拃，就是用自己的一拃长乘几拃。

生3：用双臂平伸的长度测，看能测几个双臂平伸，就用几乘自己的一个双臂平伸的长度。

（生展示，师指导，其他学生观看，计算教室宽度。）

师：同学们很棒，这些数学“秘密”和“尺子”不仅能用于测量，在美术课上也会被用到。老师这里有几张图片，谁能帮大家解释一下是什么意思呢？

生1：立七——身高是自己的7个头长。

生2：坐五——坐着的高度是自己的5个头长。

【此环节数据统计】

这段话（如图5）你能看懂吗？请你回答（在括号里画“√”）。

A. 完全看得懂（　　）　　B. 看懂一部分（　　）

C. 看不懂（　　）

调研结果如表4。

表4　阅读材料的调研结果

选择情况	选择A	选择B	选择C
人数	24	16	3
百分比/%	55.81	37.21	6.98

测量教室长和宽的调研结果如表5。

表5　测量教室长和宽的调研结果

叙述情况	叙述完整	叙述比较完整	叙述较差
人数	11	23	9
百分比/%	25.58	53.49	20.93

为了解课堂教学的实际效果，我们又对课堂观察班级的学生进行了后测（学生在家独立完成），后测题目如下：

1. 回家测量自己的家人，并填表，然后说一说，你是怎么量的？你发现了什么？

家人姓名			
身高			
一庹长			

2. 动手量一量自己一拃的长度、一拳的周长和一脚的长度，再填一填。你发现了什么？

测量的部位	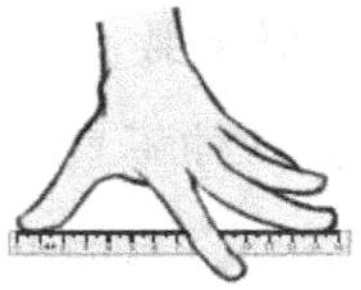		
测量的结果			

3. 用身体上的“尺子”量一量自己家客厅的长和宽。写一写或者画一画你是怎么量的。

后测一共有 43 人参加，最后调研结果如表 6。

表 6　后测题作答情况

题号	1	2	3
答对人数	40	39	40
正确率/%	93.02	90.70	93.02

从后测统计结果来看，学生知识掌握扎实，能够利用课上学到的测量方法进行实际测量，并且能够发现数量之间的关系。

（四）学生测量过程中也会遇到一定困难

1. 对“一拃”“一庹”“一步”“一人高”“一抱”等概念的理解与运用

成年人的一步的长度，主要用于测量土地的宽度，也在测量距离的时候使用，一步大概等于100厘米。“一抱”是把两只胳膊环抱成一个圆形以后量到的长度，可用于测量大树的周长。“一人高”是指普通成年人的个子那么高的长度，所以通常以人的身高为单位来估算长度，可以在估计很高物体的高度或者深度的时候使用。

2. 未成年人身体上的尺子会变化，这一点必须明确

小学生正处在生长发育的年龄，他们的身高会增加，手会变大，脚会变长……教师应该通过具体测量和比较让学生知道，同样的长度，我们所选择的度量单位越大，度量出来的数据就会越小。让学生真正感受到自己的身体上有很多神奇的“尺子”，自己长高的时候身体上的“尺子”也在变化。

3. 学生在测量时误差比较大，倍数关系不好发现

比如，度量两臂平伸的长度，学生由于胳膊伸不直，测量时手指没有充分张开等原因，会造成测量结果出现较大误差。再加上学生还没有学习两位数除法的计算，也不会使用计算器进行计算，所以很多倍数关系只能靠直观演示来获得。教学时建议教师可以通过实物比较，通过一份数和几份数的关系，引导学生发现其中的倍数关系。

4. 学生对问题串的问题2的学习可能出现的问题

从对学生的课前调研和访谈来看，问题串的问题2是教学重点，也是难点。这个环节容易出现的问题有3个：一是学生测量的数据不准，这就给后面发现规律造成了困难；二是学生发现倍数关系比较困难，因为数据大多不是整数；三是学生不会用比较准确的语言进行表达。

四 讨论与建议

（一）教材符合学生的年龄特点和认知规律

从个体访谈和实际授课过程来看，学生对这节课很感兴趣，基本上能够实现编者意图。教材导语部分所创设的情境学生很喜欢，很多学生看到后都能主动地去验证。问题串的问题1学生能够两人一组进行实际测量，并能很快发现规律是正确的，这个时候学生真的很兴奋。问题串的问题 2 是教学的重点和难点，需要首先明确表格中每一项指的是从哪里到哪里的长度，然后再进行测量。问题串的问题 3 也是教学的重点和难点。因为学生知识有限，如何引导学生发现身体上各部分之间的相等或倍数关系，可能需要教师适当的引导。可以引导学生把数据看成是整十数进行思考，也可以借助塑料管之类的东西帮助学生理解身高和头长之间的关系。问题串的问题 4 学生能够看得懂，也能够进行解释说明。问题串的问题 5 学生能够很快想到用尺子去量，在教师提示下，也能够比较准确地用步长测量出教室的长和宽。当用步长测出的结果与用卷尺测出的结果相差较大时，他们也能够反思造成误差的原因。问题串的问题 6 学生能够用比较简洁的图画把身体上的“尺子”画出来。学生能够想到的有：身高、头长、脚长、一拃长、双臂平伸的长等。

（二）“数学好玩”的教学建议

通过对本节课的研究发现，上好“数学好玩”这样的活动课需要特别关注以下 4 个方面。

1. 为学生提供充足的学习材料

《义务教育数学课程标准（2011 年版）》提出的“数学基本活动经验”绝不是数学活动和经验的累加，而是赋予活动和经验新的内涵。“数学基本活动经验”中的“活动”和“经验”共同强调的是学生亲身经历知识的发现和发明过程，在亲身经历、亲自体验中创造属于自己的认识和情感。经验的积累离不开好的数学活动，经验积累的最终目的是促进学生数学思维水平的提高。

帮助学生积累数学活动经验，关键是要设计一个好的数学教学活动并有效实施。从实际教学来看，本节课教师按照问题串和教材编写组提供的教学课件进行教学就能够取得比较好的教学效果。

2. 让学生经历探究与分享的过程

课堂教学不是“教师的独白”，而应当是“智慧的对话”。“没有了对话，就没有了交流；没有了交流，也就没有了真正的教育。”对话仿佛是一种流淌于人们之间的意义“溪流”，它使所有对话者都能够参与和分享这一意义“溪流”，并因此能够在群体中萌生新的理解与共识。

教师要创设真实的数学问题，进一步体现以问题为中心的数学教学。对于学生讨论的问题，要真正具有童真童趣，真正体现学生到底是怎样想的，引导学生经历发现与提出、分析与解决问题的过程。学生学习的过程应当是“释放思维、分享想法”的过程，释放思维的过程中必然会产生与教师不同的生成。对于这样的生成不仅不应当惩罚，而且应当给予鼓励与分享。

比如，身高和头长之间的倍数关系可以作为重点，教师通过让学生借助塑料管直观比较不同年龄段的人身高与头长的倍数关系，激发学生数学学习的兴趣，既巩固了学生之前学习的有关“倍”的知识，也为今后进一步学习分数和比打下基础。

3. 突出“单位”意识，培养度量思想

长度单位的认识在许多教材中都能找到对应的章节，目的在于启蒙学生对度量衡的认知。度量的内容结构是相同的，其核心要素有 2 个：度量单位和单位的个数（度量值）。度量教学的关键是数出度量单位的个数，建立一个长度单位的观念，培养学生的量感。本节课度量教室的长，就是让学生利用身体上的“尺子”进行实际的测量，可以让学生先估算，再实际测量。汇报时重点是说方法，不一定计算出教室的实际长度。

其实人的身高和头长之间也存在着一定的倍数关系。我们的头长就可以作为一个单位。教师可以请一位个子比较矮的同学到前面，用一段塑料管量出他的头长，再用这段塑料管去量这位同学的身高，结果发现身高大约是头长的 6 倍；教师再请全班个子最高的同学到前面，用一段塑料管量出他的头长，再用这段塑料管去量这位同学的身高，结果发现身高大约也是头长的 6 倍。教师告诉学生：“小学生身高一般是头长的 6 倍。”对于有条件的学校，教师可以用计算器算一算表格中每名学生的身高与头长的关系，看是不是接近6倍。本课中，让学生对身体上的“尺子”的作用有一个完整的认识是非常重要的。

教师还可以在课后布置学生完成下面的测量任务。

测量任务：“用拃测量爸爸”

测量目标：用身体上的“尺子”测量事物的长度和周长。

所用学具：纸，铅笔，卷尺。

测量任务：

(1) 两张纸都写上爸爸的名字，然后简单地画出爸爸身体的图画，妈妈和孩子每人一张。

(2) 让爸爸躺在客厅里，妈妈和孩子用手分别来测量爸爸的身高、腰围和脚长。

(3) 在画有爸爸的纸上，妈妈和孩子标示出爸爸的身高、腰围和脚长，例如，“用孩子的拃量爸爸的身高是15拃”“脚是2拃”等，记录下来。

(4) 妈妈也把测量爸爸的身高、腰围和脚长的结果写在纸上，然后比较一下。

(5) 最后用卷尺重新测量一下爸爸身体的身高、腰围、脚长，用标准的测量单位写下来。

4. 及时评价鼓励，关注学习情感

教学既是一种认知的过程，也是一种情感体验的过程。数学学习的兴趣直接决定了学生是否愿意亲近数学、了解数学、学习数学。积极的情绪、情感有助于学生感受数学的魅力。人本主义教育思想强调人在学习中的主体地位，强调学习中的情感因素，并试图将情感和认知因素在学习中结合起来。为了让学生感受到数学学习的乐趣，教师要将“快乐、平等、尊重、宽容”的课堂理念融入自己的课堂教学中，鼓励学生大胆尝试，大胆表达，激励学生不断体验成功，不断树立学好数学的信心。正像本节课访谈学生时有学生说到的：“我以前一直认为只有尺子才能量，现在我知道用身体也能量了，我觉得很神奇。”这才是我们真正想要的学习效果和获得感。

小学数学“字母表示数”的学习过程研究

赵艳辉　脱中菲（东北师范大学附属小学）

本文以北师大版（新世纪）小学数学四年级下册教材第五单元“认识方程”中的“字母表示数”（如图 1）作为研究内容，采用个体访谈、课堂观察的方法，以了解学生学习字母表示数的基本过程及学习过程中存在的困惑和难点，从而发现不同学习水平的学生在学习该内容上表现出的差异，然后对此进行有目的的教学指导。同时，本文也对教师指导的有效性问题、教材内容的设计与呈现等进行了分析与讨论。

一　研究背景及研究问题

（一）研究背景

义务教育阶段强调帮助学生建立数感和符号意识。《义务教育数学课程标准（2011 年版）》中对数感和符号意识提出了明确的要求。数感主要是指关于数与数量、数量关系、运算结果估计等方面的感悟；建立数感有助于学生理解现实生活中数的意义，理解或表述具体情境中的数量关系。符号意识主要指能够理解并且运用符号表示数、数量关系和变化规律；知道使用符号可以进行运算和推理，得到的结论具有一般性；建立符号意识有助于学生理解符号的使用是数学表达和进行数学思考的重要形式。在小学阶段，“字母表示数”的内容承载了对学生数感和符号意识的培养，学生对字母表示数的理解水平既决定了他们从算术学习过渡到代数学习的快慢，又为他们未来的代数学习奠定了基础，应该说该内容是小学数学的重要知识。

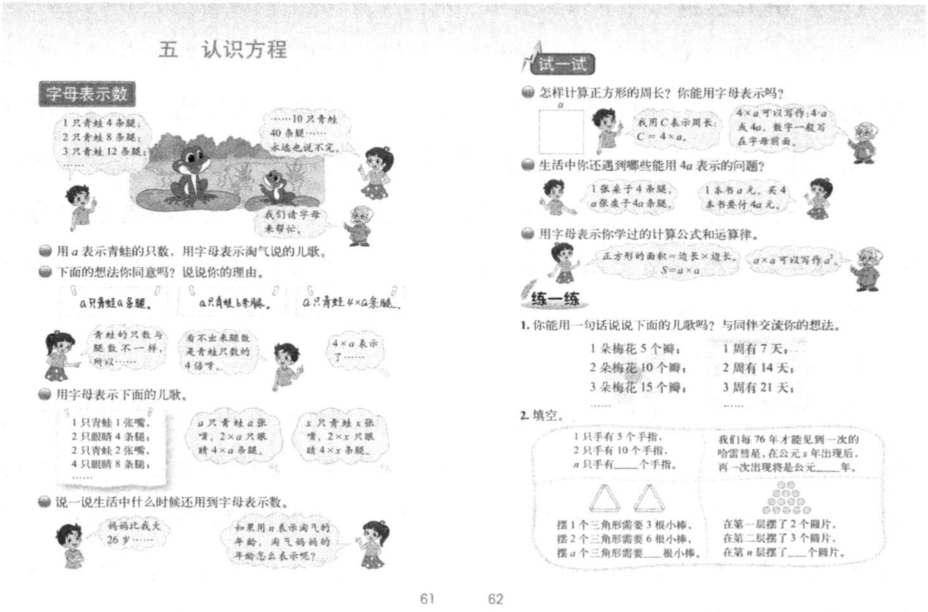
五　认识方程

字母表示数

用 a 表示青蛙的只数，用字母表示淘气说的儿歌。

下面的想法你同意吗？说说你的理由。

用字母表示下面的儿歌。

说一说生活中什么时候还用到字母表示数。

试一试

怎样计算正方形的周长？你能用字母表示吗？

生活中你还遇到哪些能用4a表示的问题？

用字母表示你学过的计算公式和运算律。

练一练

1. 你能用一句话说说下面的儿歌吗？与同伴交流你的想法。

1朵梅花5个瓣；
2朵梅花10个瓣；
3朵梅花15个瓣；
……

1周有7天；
2周有14天；
3周有21天；
……

2. 填空。

1只手有5个手指，
2只手有10个手指，
n只手有____个手指。

我们每76年才能见到一次的哈雷彗星，在公元s年出现后，再一次出现将是公元____年。

摆1个三角形需要3根小棒，
摆2个三角形需要6根小棒，
摆a个三角形需要____根小棒。

在第一层摆了2个圆片，
在第二层摆了3个圆片，
在第n层摆了____个圆片。

61　　62

图 1

然而，一直以来，用字母表示数作为代数学习的入门知识，学生对其学习是存在较大困难的。在学习过程中，学生还没有深入理解字母表示数，就进行了大量的、重复的练习，不是真正的理解，而是机械的模仿。因此，发现学生在字母表示数方面的迷思，对于理解学生的学习起点、困惑、学习过程都有着重要的意义，有助于我们发现学生是如何理解用字母表示数、学生的思考障碍在哪里、学生是如何展开学习的，这对于教学设计、教材编写都具有重要的价值。

（二）研究问题

1. 经过本课的学习，有多少学生能够达到基本要求？他们的学习过程是怎样的？

2. 在学习过程中出现了哪些困难？

3. 教师应如何提供指导，帮助学生学习？

二 研究设计

（一）研究思路

本研究以课堂观察为主，个体访谈为辅。在自然的课堂状态下，教师以适度指导为原则，用任务引导学生逐一完成教材中的问题，对学习困难的学生采用适度指导，并对学生的回答进行统计分析。以6名典型学生为访谈对象，通过对话引导他们说出自己的思考过程，重点发现不同水平的学生在具体学习过程中是怎么思考的，同时用课堂调查的数据结果为个体访谈中的发现提供证据。

（二）样本描述

本研究选择长春东师中信实验学校，该校地处长春市净月经济开发区，学生主要来自学校周边居住人群为长春市中高收入居民的社区，以及附近村镇。研究者从四年级2班按照学习水平优秀、中等、有待提升各选择2名共计6名学生（6名学生的基本情况如表1）进行个体访谈，选择四年级3班、4班两个班级共计81名学生进行课堂教学。3个班级属于四年级普通水平班级，学生之间具有明显的个体差异、学习水平差异及家庭背景差异，具有较好的代表性。

表1　6名学生的基本情况①

访谈对象序号	性别	数学学科学习水平
1	女	A
2	男	B
3	女	B
4	男	A
5	女	C
6	男	C

① 注：学习水平从优秀到有待提升依次用A、B、C来表示。

（三）研究工具

本研究主要包括学生个体访谈和课堂教学两部分。研究者设计了个体访谈提纲、课堂调研卷和后测题三个研究工具。

个体访谈提纲具体内容如下：

(1) 出示教材主情境，问：你能看懂情境中的信息吗？请你试着用一句话来概括。

目的：引导学生如何更简便地来表述儿歌。

(2) 教材问题串的问题 1：用 a 表示青蛙的只数，用字母表示淘气说的儿歌。

目的：学生自己尝试着写儿歌，知道字母可以表示数。

(3) 教材问题串的问题 3：用字母表示下面的儿歌。

出示儿歌：1 只青蛙 1 张嘴，2 只眼睛 4 条腿；2 只青蛙 2 张嘴，4 只眼睛 8 条腿……

目的：完成用字母表示青蛙儿歌的抽象和概括活动。

(4) 教材问题串的问题 4：说一说生活中什么时候还用到字母表示数。

出示问题情境：用含有字母的式子表示妈妈比我大 26 岁。

目的：让学生用字母表示一个数量比另一个数量多几的数量关系。

课堂调研内容和个体访谈内容基本一致，这里不再单独呈现课堂调研卷。另外，后测题主要选用教材第 62～63 页的“练一练”，这里不再赘述。

三 研究过程与结果

1. 对主情境理解情况的调研

学生能否理解教材中的主情境对于本课的学习至关重要。能否了解情境的关键在于学生能否从情境中抽象提炼出青蛙数量和腿数之间的关系。课堂调研的结果分析如表 2。

表 2　主情境的课堂调研结果

类别	人数	百分比/%
什么都没写	3	3.70
重复写了题中的信息	48	59.26
发现多一只青蛙多 4 条腿的关系	15	18.52
用文字表达出青蛙腿数与只数之间的倍数关系	12	14.82
发现青蛙腿数与只数之间的关系，尝试用字母表示出关系，但是表达错误	2	2.47
发现青蛙腿数与只数之间的关系，并用字母正确表达	1	1.23

对主情境的理解，59.26%的学生仅能重复写题中的信息，比如，学生只是重复写了情境中的“1 只青蛙 4 条腿，2 只青蛙 8 条腿……”18.52%的学生发现了只数与腿数存在增加 1 只青蛙多 4 条腿的关系。14.82%的学生发现了腿数和只数的倍数关系，但是只能用文字表示。可以看出，多数学生很难一下子从主情境中抽象出青蛙腿数和只数之间的数量关系，从数据上看，仅依靠情境中的问题，学生抽象出数量关系的可能性较低。

2. **对问题串的问题 1“用 a 表示青蛙的只数，用字母表示淘气说的儿歌”的调研**

教师在出示“用 a 表示青蛙的只数，用字母表示淘气说的儿歌”这个问题后，让学生独立作答，将答案写在答题纸上。课堂调研的结果分析如表 3。

表 3　问题串的问题 1 的课堂调研结果

类别	人数	百分比/%
什么都没写	8	9.88
把字母 a 看成英文字母	5	6.17
用字母 a 表示了只数，但只是将 a 看成了特定的某一个数	16	19.75
字母可以代表任意数，只数和腿数都用字母表示，但无法看出只数与腿数的关系	33	40.74
只数和腿数都用字母表示，能够看出只数与腿数的关系	19	23.46

把字母 a 看成英文字母的学生，认为 a 是英文字母中的那个“a”，“a”的后面应该是字母“b”，学生会问：26 个字母都用完了，怎么办？第 27 只怎么表示呢？有这样迷思的学生占 6.17%。用字母 a 表示某一个特定的数，学生会写“a 只青蛙 4 条腿，a 只青蛙 8 条腿”，说明学生有时候把字母 a 看成了 1，有时候看成了 2，体现了学生把“用字母表示青蛙的只数理解成了用字母替换青蛙的只数”，这样的学生占 19.75%。认为字母可以随便表示任何数，但是只数与腿数之间并不存在关系，比如学生写到“a 只青蛙 b 条腿”，这样的学生占到 40.74%，占比最大。

在个体访谈中，有些学生不理解青蛙只数和腿数的关系，认为“用 a 可以表示青蛙的只数，腿是青蛙的一部分，腿数也是表示只数的一种方式”。当教师提问：“用 b 表示腿数是否可以？”学生回答：“可以，因为都是字母。”另外，能够正确用字母表示只数和腿数二者关系的学生占 23.46%。由此可以得出，多数学生的困难不是理解字母表示任意数，而是要将字母表示任意数与数量之间的关系有效衔接，其实质是实现从字母表示数，走向用字母去表达数量之间的关系。

3. 对问题串的问题 3“用字母表示下面的儿歌：1 只青蛙 1 张嘴，2 只眼睛 4 条腿；2 只青蛙 2 张嘴，4 只眼睛 8 条腿……”的调研

教师提出能否用一句话表示儿歌“1 只青蛙 1 张嘴，2 只眼睛 4 条腿；2 只青蛙 2 张嘴，4 只眼睛 8 条腿……”后，让学生独立作答。课堂调研的结果分析如表 4。

表 4　问题串的问题 3 的课堂调研结果

类别	人数	百分比/%
什么都没写，或任何一个关系都不正确	9	11.11
青蛙的只数和嘴数关系表示正确，其他均不正确	6	7.41
青蛙的只数和腿数关系表示正确，其他均不正确	6	7.41
青蛙的只数和嘴数关系表示正确，眼睛数和腿数的关系表示正确，但是二者并无关系（如 a 只青蛙 a 张嘴，b 只眼睛 $2b$ 条腿）	13	16.05

续表

类别	人数	百分比/%
能用含有字母的式子正确表达出青蛙的只数与眼睛数、嘴数、腿数之间的关系	42	51.85
掌握数量关系，但是不清楚一个情境中同一个字母只能表示一个数量（如 a 只青蛙 a 张嘴，a 只眼睛 $2a$ 条腿）	5	6.17

从统计结果来看，51.85%的学生通过前期的学习与思考能够正确地用字母表达 4 个数量之间的关系。这个调研结果说明，在不需要教师更多的讲解下，多数学生能够通过问题串及其要求，正确地用字母表示青蛙的只数与眼睛数、嘴数、腿数之间的关系。

在没有刻意讲授的情况下，学生是如何学会的呢？我们从对 1 号学生的个体访谈中可以有所发现。

师：那么这个问题里面啊，我们只探讨了青蛙的只数和腿数这 2 个量之间的关系，是不是？咱们再来一个稍微复杂一点的。看看这一句话，先把标题读一下，题目要求让你用字母来表示这首儿歌，跟刚才的要求一样。在你的纸上写一写，想好了这次是 4 件事，用一句话把这首儿歌说清楚。

生 1：a 只青蛙 a 张嘴，2 乘 a 只眼睛，4 乘 a 条腿。

师：嗯，你为什么这么写呢？说一说道理。

生 1：比如 1 只青蛙，1 张嘴就是 1 乘 1，2 只眼睛就是 2 乘 1，4 条腿就是 4 乘 1。a 只青蛙，嘴数是 1 乘 a，眼睛数是 2 乘 a，腿数是 4 乘 a。

师：a 只青蛙，那为什么嘴数是 a 乘 1，而不是 1 乘 1？

生 1：因为说要用字母表示。

师：用字母表示什么？

生 1：用字母表示数。

师：字母 a 表示的是谁？

生 1：表示的是几只青蛙。

师：a 表示青蛙的只数。为什么眼睛数是 2 乘 a 呢？怎么不是 3 乘 a 呢？

生 1：因为 1 只青蛙只有 2 只眼睛所以就是 2 乘 a。

师：嗯，那么有几张嘴呢？

生 1：1 只青蛙只有 1 张嘴，所以嘴数要用 1 乘 a。

师：你写嘴有多少张，眼睛有多少只的时候考虑的是什么问题？

生 1：考虑的是青蛙的只数和嘴数之间是几倍的关系，青蛙的只数和眼睛数之间是几倍的关系。

这个访谈过程展现了：在教师的正常提示下，学习基础较好的 1 号学生是如何展开思考的。在之前学习经验的基础上，学生首先思考的是青蛙只数和嘴数、眼睛数、腿数之间的关系，并尝试用具体的数量去表示这种关系，从而进一步用字母去替换具体数量。

16.05%的学生虽然能够正确表达青蛙只数和嘴的张数之间的关系，眼睛数和腿数之间的关系，但是这两个关系之间缺少联系，比如，有些学生写出“a 只青蛙 a 张嘴，b 只眼睛 $2b$ 条腿”，也就是说，学生把青蛙的只数和嘴数看成了一组关系，把眼睛数和腿数看成了一组关系，而这两组关系之间是独立的。这可能与教材问题串中该问题的呈现方式有关，上下的呈现方式容易导致学生将青蛙只数和嘴数看成一组相关量，把眼睛数和腿数看成另外一组相关量；也有可能是因为教师在教学过程中对问题的关键信息强调不够，如果强调这个儿歌中有 4 个数量，这 4 个数量都是相关的，这样也许学生就会更加清楚问题的要求。学生对一组数量关系更多地理解为“一对”“两个”数量之间的关系，这与学生对数量关系抽象的水平也有一定的关系。

6.17%的学生虽然清楚不同数量之间的关系，但是并不清楚同一个情境中的同一个字母只能表示一个数量，如学生写出“a 只青蛙 a 张嘴，a 只眼睛 $2a$ 条腿”。也就是说学生在理解了任意字母可以表达任意数或数量的同时，还要清楚，这种字母表示数同样具有“限定性”，所以这也是学生在理解这个问题时出现的难点。

教材中设计的问题串的问题 1 和问题 3 具有内在连续性，但是同时也加大了学生对字母表示数理解的难度。学生在刚刚接触字母表示数的初始阶段，仅能初步表示两个数量之间的关系，而问题串的问题 3 实际出现了多个数量关系，增加了学习的难度。

问题串的问题 3 应该是对问题 1 的巩固和深化，但是从 11.11％的学生不能写出任何答案或者没有正确答案的水平来看，这 11.11％的学生对问题串的问题 3 的学习存在较为明显的困难。

4. 对问题串的问题 4“说一说生活中什么时候还用到字母表示数”的调研

在调研过程中，将原有的通过对话呈现的问题“淘气：妈妈比我大 26 岁……笑笑：如果用 n 表示淘气的年龄，淘气妈妈的年龄怎么表示?”修改为“用含有字母的式子表示妈妈比我大 26 岁”。课堂调研的结果分析如表 5。

表 5

类别	人数	百分比/％
什么都没写	17	20.99
仅重复写了问题的信息	3	3.70
写出了含有字母的式子，但是表达错误	15	18.52
知道我的年龄和妈妈的年龄之间的关系，但是无法用含有字母的式子表示	7	8.64
能用一个字母表示我的年龄，同时用含有字母的式子正确表示妈妈的年龄	39	48.15

从调研的结果看，48.15％的学生能够用字母正确表示妈妈比我大 26 岁这句话蕴含的数量关系，有些学生将“我”的年龄用 a 表示，有的学生将“妈妈”的年龄用 a 来表示，无论是将其中哪一个数量用字母来表示，都能够准确地用含有字母的式子写出另一个数量。但是我们也可以发现，由于问题的开放性增大了，导致 20.99％的学生没有办法直接写出含有字母的式子，学生有些不知道从哪里入手。产生这种情况的主要原因是：其一，由于缺少“用字母 n 表示淘气的年龄”的前提限定，学生有些感到无从下手；其二，学生总是希望求得淘气或妈妈的年龄的具体结果，因而觉得“题目

好像缺少条件”，比如，有的学生指出，不知道淘气的年龄，知道妈妈比他大 26 岁，不能确定妈妈多少岁。

在调研中还发现，对“妈妈”和“我”的年龄之间关系的理解和掌握，也是影响学生能否顺利作答的一个关键要素。与 18.52％的学生无法理解或表示两者年龄之间的关系一样，多数学生出现了用乘法 n×26 来表示“妈妈”比“我”大 26 岁。针对这样的现象，我们分析，一方面学生受到了前两首儿歌体现的乘法数量关系的定势影响，另一方面，年龄关系的问题并不是学生熟悉的数量关系，或者是反复巩固的数量关系。因此学生在解决这一问题的时候，头脑中除了要迁移之前的学习经验，还要梳理一个不熟悉的数量关系，增加了思维的挑战性。

四 课后测试的结果

后测题除了问题 4 是新创设的外，其他的问题主要选择了教材第 62～63 页的“练一练”中的一些题目。共 4 道大题，10 道小题。

具体题目如下。

1. 你能用一句话说说下面的儿歌吗？与同伴交流你的想法

(1) 1 朵梅花 5 个瓣； 2 朵梅花 10 个瓣； 3 朵梅花 15 个瓣； ……	(2) 1 周有 7 天； 2 周有 14 天； 3 周有 21 天； ……

2. 填空。

(1) 1 只手有 5 个手指； 2 只手有 10 个手指； n 只手有____个手指。	(2) 我们每 76 年才能见到一次的哈雷彗星，在公元 s 年出现后，再一次出现将是公元____年。
(3) 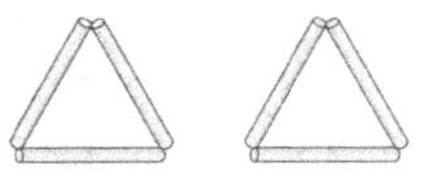 摆 1 个三角形需要 3 根小棒。 摆 2 个三角形需要 6 根小棒。 摆 a 个三角形需要____根小棒。	(4) 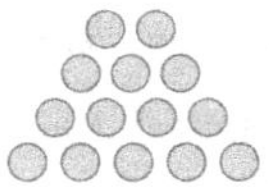 在第一层摆了 2 个圆片。 在第二层摆了 3 个圆片。 在第 n 层摆了______个圆片。

3. 填一填。

(1) 笑笑有 20 元钱，买书包用去 a 元，还剩下______元。

(2) 一个长方形的宽是 80 厘米，长是 x 厘米，面积是______平方厘米。

(3) 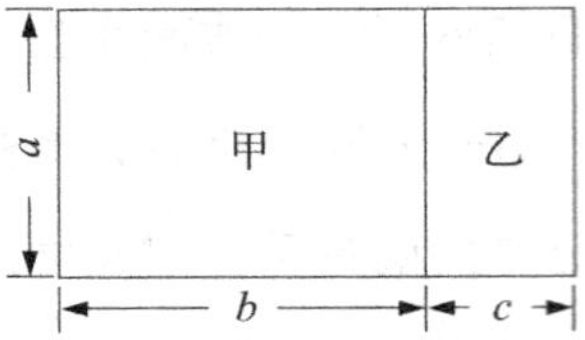

①长方形甲的周长是：

______________。

②长方形乙的周长是：

______________。

4. ①$2\times t$；②$3.5\times t$；③$70\times t$；④ $(a+b)\times 2$；⑤ $(a+c)\times 2$；⑥ $20-a$；⑦$80\times x$

从上面找一个含有字母的式子，举出 2 个可以用这个式子表示的生活中的例子。

1. 对后测题 1 的调研

该题直接选择了教材第 62 页“练一练”的第 1 题。学生作答情况如表 6。

表 6　学生作答情况（后测题 1）

评分标准	题 1（1）		题 1（2）	
	人数	百分比/%	人数	百分比/%
0 分：没有作答	2	2.47	1	1.23
1 分：用文字表示出数量关系，无法用字母表示	7	8.64	0	0
2 分：不理解什么是“用一句话说儿歌”，把 a 当成某一个特定的数	2	2.47	7	8.64
3 分：随意用其他字母来表示结果	2	2.47	5	6.17
4 分：不能正确反映数量之间的倍数关系	2	2.47	4	4.94
5 分：正确作答	66	81.48	64	79.01

从表 6 可以看出，分别有 81.48%和 79.01%的学生能够正确作答，仍

有小部分学生（分别是2.47%和8.64%）不理解什么是“用一句话说儿歌”这个要求。

2. 对后测题2的调研

该题直接选择了教材第62页“练一练”的第2题，共有4道小题。学生作答情况如表7。

表7 学生作答情况（后测题2）

评分标准	题2（1）		题2（2）		题2（3）		题2（4）	
	人数	百分比/%	人数	百分比/%	人数	百分比/%	人数	百分比/%
0分：没有作答	1	1.23	5	6.17	3	3.70	1	1.23
1分：把 n 当成了一个特定的数	7	8.64	1	1.23	4	4.94	6	7.41
2分：随意用其他字母来表示结果	5	6.17	4	4.94	7	8.64	9	11.11
3分：不能正确反映数量之间的关系	4	4.94	41	50.62	9	11.11	18	22.22
4分：正确作答	64	79.02	30	37.04	58	71.61	47	58.03

从表7可以看出，学生对题2（1）、2（3）的作答情况较好，对题2（2）、2（4）的作答存在问题。题2（2）是关于哈雷彗星每76年才出现一次，在公元 s 年出现后，再一次出现将是哪年，50.62%的学生因为不熟悉问题情境，无法就问题中的 s 年和76年两个数量关系进行判断，因此将结论写为 $76\times s$，出现这一错误的原因主要是在于数量关系的判断错误。同样的问题还出现在题2（4），这个问题呈现了三层圆片的数量，每层增加一个圆片，22.22%的学生将“每增加一层增加一个圆片”的数量关系抽象为乘法，因而导致错误。

3. 对后测题3的调研

该题选择教材第63页“3. 填一填”的部分内容“（2）（3）（4）”，针对这3道小题，调研调整了顺序，其中题3（1）为原题中的“（3）”，题3（2）为原题中的“（4）”，题3（3）为原题中的“（2）”。学生作答情况如表8。

表8　学生作答情况（后测题3）

评分标准	题3（1）		题3（2）		题3（3）①		题3（3）②	
	人数	百分比/%	人数	百分比/%	人数	百分比/%	人数	百分比/%
0分：没有作答	4	4.94	3	3.70	4	4.94	4	4.94
1分：把n当成了一个特定的数	4	4.94	3	3.70	0	0	0	0
2分：随意用其他字母来表示结果	8	9.88	6	7.41	2	2.47	2	2.47
3分：不能正确反映数量之间的关系	5	6.17	6	7.41	29	35.8	32	39.51
4分：正确作答	60	74.07	63	77.78	46	56.79	43	53.08

题3（1）和3（2）的作答情况较好，分别有74.07%和77.78%的学生正确作答，错题原因主要表现在任意用两个字母表示数量之间的关系，或者不能正确反映数量之间的关系。题3（3）属于求图形周长的问题，两个小题在难度水平上有差异，学生的正确率相对降低，分别为56.79%和53.08%，出现错误的原因主要表现为对周长的公式掌握不扎实，从而导致在作答过程中无法正确处理长方形的周长与长、宽的数量关系；另一方面，也有一小部分学生仍然没有理解用字母表示数的准确概念，而是将字母表示数理解为用字母代替数，这是学生的迷思之一。

4. 对后测题4的调研

后测题4，罗列出若干个含有字母的式子，让学生从中挑选2个，并用生活中的例子解释所选择的含有字母的式子。罗列出的含有字母的式子有①$2\times t$，②$3.5\times t$，③$70\times t$，④$(a+b)\times 2$，⑤$(a+c)\times 2$，⑥$20-a$，

⑦$80\times x$，其目的主要是想了解学生更加理解哪些含有字母的式子所表达的含义，以及了解学生基于个人理解所对应的生活实例。学生作答情况如表 9。

表 9　学生作答情况（后测题 4）

类别	人数	百分比/%	举例解释的正确率/%
没有填写	8	9.88	0
选择①$2\times t$	19	23.46	63.16
选择②$3.5\times t$	9	11.11	33.33
选择③$70\times t$	9	11.11	33.33
选择④ $(a+b)\times 2$	9	11.11	33.33
选择⑤ $(a+c)\times 2$	5	6.17	100
选择⑥$20-a$	16	19.75	87.50
选择⑦$80\times x$	6	7.41	66.67

从表 9 中可以发现，选择 $2\times t$ 的学生最多，$(a+c)\times 2$ 和 $20-a$ 这两个解释的正确率较高。从举例的内容上看，多数都属于购物情境，可以看出学生更多的是愿意从熟悉的情境中寻找解释。

五　研究结论

（一）多数学生在适当指导下能够完成学习，部分学生存在迷思

在整个调研过程中，大部分学生经过本节课的学习能够运用已有的学习经验正确地用字母表示数、数量之间的关系，可以看出字母表示数对学生而言虽有一定难度，但多数学生在教师的正常提示下，是能够达成学习目标的。

对那些没有能正确作答的学生进行分析，发现他们的问题主要存在以下类型：①用字母代替问题中的数，把字母看成一个特定的数，比如，写成 a 只青蛙 4 条腿，a 只青蛙 8 条腿，等等；②将字母等同于英语字母中的含义，学生会认为 a 之后应该是 b，比如，写成 a 只青蛙 4 条腿，b 只青蛙

8 条腿；③字母可以表示任意数，而不考虑数量之间的关系，比如，写成 a 只青蛙 b 条腿，等等。通过这样的研究可以进一步发现在学习这个内容的过程中学生的确存在迷思。

在英国的儿童数学概念发展水平研究中，对“字母表示数的理解”概括为 6 个水平：①赋予特定数值的字母；②忽视字母的存在，不赋予其意义；③把字母看成对一个具体物体的速记；④字母作为特定的未知量；⑤一般化的数，把字母看成可以表示几个不同数的值；⑥把字母看成一个变量，存在两组变量之间的关系。从本次调研结果来看，学生表现出的学习水平呈现了水平①和水平②，与英国的研究中学生出现的困惑和难点具有一致性。

（二）教师的指导有效地促进了学生的发展和变化

在问题串的问题 1 调研的过程中“用字母代替问题中的数，把字母看成一个特定的数”的学生占 19.75％，而在问题串的问题 2 和问题 3 的调研中基本没有出现这种情况，但后测题 1（1）和 1（2）分别有 2.47％和 8.64％的学生存在这一问题，不过学生的错误率明显下降。同时在后续的学习中“将字母等同于英语字母中的含义”这一问题基本没有出现。关于学生不考虑数量关系，随意用两个字母表示数量关系的问题：在问题串的问题 1 的调研中有 40.74％的学生；在问题串的问题 2 的调研中，在“什么都没写，或任何一个关系都不正确”类别的 11.11％的学生中有部分学生仍然存在这一问题；在问题串的问题 3 的调研中，有 18.52％的学生忽视数量关系。从整体水平上看，学生存在这种问题的比例在下降，但是不同题目仍有明显差异。对于这样的学习结果，我们反思了学生学习过程中的教师指导。

第一，教师加强了对问题情境的解释与引导。

加强对问题情境解释的目的是要让学生理解字母表示数的价值和意义，“字母表示数”作为单元起始课，对于它的意义挖掘至关重要，青蛙儿歌的情境价值不仅在于激发学生的学习兴趣，更要让学生想办法去表达一个看似“永远说不完的儿歌”，激发学习的动机。

这个情境虽然学生比较喜欢，但是情境中的数量关系较多、较复杂。教师在指导过程中主要集中在：

①让学生接着说一说这首儿歌，为这首儿歌再补充几句，然后追问：这个情境中讲了几件事？（说的是青蛙的只数和腿数两件事）。②引导学生思考："永远说不完"是什么意思？能不能用一句话把它说完呢？③适时引导学生关注青蛙的只数和腿数之间的关系，比如对学生提出的问题：如果给出青蛙的只数，你能不能求出腿数呢？你怎么求？那你能不能说说青蛙的只数与腿数之间的关系呢？可以看出，对于数量关系的抽象，需要教师在课堂上给予分析和指导。

第二，教师在指导语中加强了对"表示"的解释。

"表示"不等同于简单的对应性的替换；"表示数"不仅仅是表示一个数，更重要的是表示数与数之间的关系。教师需要引导学生从原有的关注"计算结果"走向关注"关系的表示"，学生对算术学习的经验，认为含有字母的式子不足以代表一个"结果"，或者对于这样的结果表示，学生认为"不可靠"。教师总是要提示学生：不用求出具体的结果，只需要表示两个量的关系。但是学生长久以来所固有的意识——要求出一个具体的可靠的结果，总是会影响学生用字母表示数。因此，算术思想向代数思想的转变过程是一个长期的观念转变过程。

第三，教师帮助学生厘清了不同数量之间的关系，并引导学生用自己的语言表述、提炼数量之间的关系。

学生对数量之间关系的抽象理解水平直接影响了其用字母表示数和关系。因此，这也是为什么学生在有的问题情境中能够正确表示数和关系，而有的问题情境中无法正确表示数和关系的原因。

在调研中，可以发现学生会按照思维的定势去判断数量之间的关系，把母子年龄的关系判断为倍数关系。教师在这个过程中主要的指导策略有两个：①给学生充分的时间让他自己去反思和发现答案的不合理处；②运用举例的方法，将其中的一个数量具体化，比如淘气的年龄为 10 岁，妈妈就是 36 岁，通过举例让学生以具体数量为依托去推断两个数量之间的关系。

（三）教材的完善之处

学生能否读懂教材，一方面取决于学生已有的理解水平，另一方面也与教材的编写和呈现方式有关。从学生阅读教材的反馈来看，教材在编写上还需要在以下方面更为清晰。

第一，在主情境图上，智慧老人的提示“用字母来帮忙”，多数学生看不懂“帮忙”的指向，其内涵宽泛笼统，建议给予更为明确的提示。

第二，学生对字母表示数的理解水平与数量关系的难易程度密切相关，建议替换一些复杂的、不易理解的问题情境。比如，问题串的问题 4，教材中呈现的是举例环节，但是由于学生刚刚接触用字母表示数，学生很难从生活中去寻找对应的例子，更没有办法联想到“妈妈”和“我”的年龄问题，所以问题串的问题 4 不应该作为一个举例出现，而应是巩固和应用。另外，这个情境是年龄问题，学生比较陌生，建议修改为学生熟悉的比较典型的加法模型问题。在练习题的设计上，哈雷彗星问题难度过大，其原因也是在于情境复杂，很难理解。

小学生理解“面积单位”过程的研究

何凤波（吉林省教育学院）
陈晓梅　郭京京（吉林省吉林市第一实验小学）

在小学阶段，测量始终在图形与几何领域的学习中占有重要的地位，是培养学生空间观念、积累活动经验、解决现实生活中的问题的重要内容。测量的基础是单位，所以本文就小学生理解“面积单位”的学习过程进行了研究。研究发现，部分学生对面积的含义还不清楚，存在与长度混淆不清的现象，这是他们学习面积单位的障碍，但在教学过程中，恰当地借助教材中的比较、操作活动，学生能够很好地理解面积单位。本研究旨在进一步为教师开展有关面积单位的教学提供科学、合理地建议。

一　研究背景及研究问题

测量就是把待测定的量和一个作为标准的同类量进行比较的过程，它使物体的属性具有了量化的特征，测量主要是为了刻画图形或物体的大小。一维图形的大小是长度，二维图形的大小是面积，三维图形的大小是体积。学生理解图形的长度、面积、体积的意义，很大程度上取决于空间观念的积累。在测量的过程中，学生从数学的角度去认识、表述客观事物，能够发展数学思维，还能够积累数学基本活动经验，提高解决问题的能力。

因此，本研究选择北师大版（新世纪）小学数学三年级下册教材第五单元“面积”中的“面积单位”一课，主要内容是认识面积单位，即认识平方厘米、平方分米、平方米，体验这些面积单位的实际大小。本课是在学生理解了面积的意义，能够初步比较图形面积的大小的基础上进行教学的，在此之前学生已经认识了“米、分米、厘米”等长度单位，这些都是本课学习的知识基础。为了认识面积单位，教材提出了以下三个问题。

问题 1（如图 1）：为什么量的结果不一样？

教材呈现了两名学生的测量结果，目的是引入统一面积单位的必要性。同一本书的封面用不同大小的方格来测量，其测量结果不同，由此体会统一面积单位是必要的。

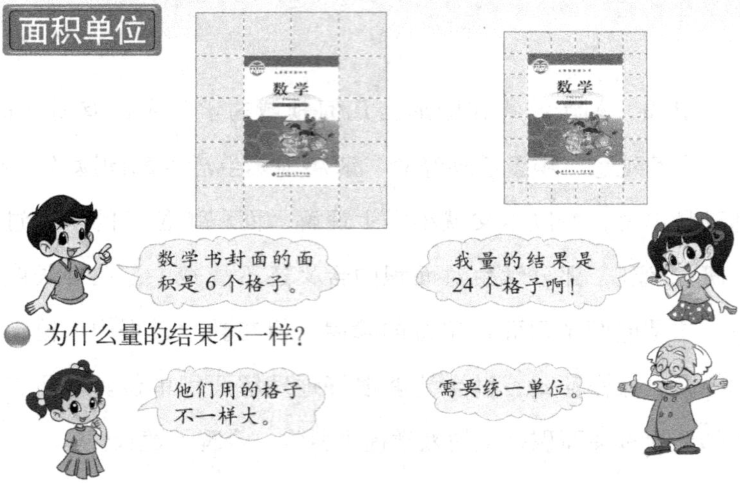

图 1

问题 2（如图 2）：你知道哪些面积单位？认一认。

明确 1 平方厘米、1 平方分米和 1 平方米的意义及它们的字母表示。

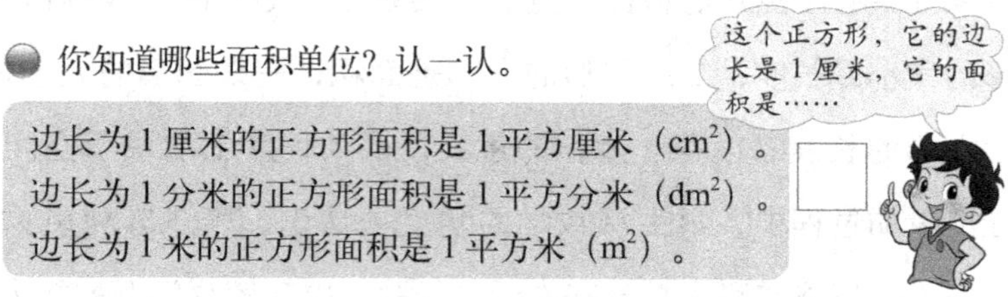

图 2

问题 3（如图 3）：这些面积单位有多大？做一做，说一说。

教材呈现了学生可能的四种方式：亲自动手用硬纸或报纸做 1 平方厘米、1 平方分米、1 平方米的正方形，以及实践活动体验 1 平方米地面上大约站 12 名学生，体会这些面积单位的实际大小。特别是 1 平方米地面上大约站 12 名学生，进一步加深了学生的体验。呈现四种方式的目的是启发学生找到更多的方法，从多个角度来加深对面积单位的认识。

这些面积单位有多大？做一做，说一说。

用报纸拼一个 1 平方米的正方形。　1 平方米地面上大约可站 12 名同学。

图 3

基于对上述三个问题的分析，我们的研究要解决以下四个问题。

1. 学生对面积单位已经有哪些了解和认识？这些已有经验对认识面积单位有哪些影响？

2. 在教材问题串的学习过程中，学生是否能够体会到统一面积单位的必要性，以及 1 平方厘米、1 平方分米、1 平方米的实际大小？

3. 学生在学习面积单位过程中的迷思是什么？提供什么样的支持可以帮助学生克服这样的迷思？

4. 经过问题串的学习，有多大比例的学生能够达到本节课的基本目标？达不到的学生，遇到的主要困难是什么？教师如何提供学习支持？

二 研究设计

（一）研究样本

本研究选择的调研学校是一所市直属小学——吉林省吉林市第一实验小学，本校约有学生 3000 名。学生主要来自学校周边社区，他们的学习水平和习惯差异较大。

研究中，随机选择三年级的一个班（共 40 名学生）参加了本研究的所有过程。

（二）研究思路

依据教材“情境＋问题串”的设计思路，在每一个问题的学习过程中，以学生独立思考为主，并充分展现学生对每个问题的思考过程、出现的不同方法等。

基本的研究过程包括如下四步：

1. 个体访谈，了解学生学习过程中的困难和障碍；
2. 课堂观察，观察并记录学生学习中的具体表现；
3. 课后检测，检验问题串的学习效果；
4. 分析结果，得出最终的研究结论和建议。

（三）研究方法及工具

1. 访谈设计

根据学习水平优秀、中等、有待提升，分别选择 3 名男生和 3 名女生进行个体访谈，一方面了解学生有关面积单位的知识基础和已有经验，另一方面深入了解学生对面积单位的具体学习过程，以及学生在学习过程中遇到的迷思。依据个体访谈情况，在实际课堂观察中对教材问题串进行细化；同时，帮助教师调整在实际课堂观察中对学生的学习支持，预设在哪些关键节点上需要进行追问和讨论。

2. 对教材问题串的细化

（1）对“问题 1：为什么量的结果不一样？”的细化

①如果分别用两种大小不同的正方形测量数学书封面的面积，猜一猜，结果一样吗？借助淘气和笑笑的测量结果，验证你的猜想是否正确？

②你认为两次测量结果不一样的原因是什么？写出你的想法。

③你认为测量图形的面积是否应该选用大小相同的正方形作为测量单位？

□是　　　　　□不是

④通过前面的活动，对你理解为什么要使用统一的面积单位有帮助吗？

□有很大帮助　　□有帮助　　□没有帮助

细化的目的有如下三点：

第一，考查对于不同的测量结果，学生会做出怎样的分析和判断；

第二，了解学生是否能够通过问题1发现和体会到测量图形的面积应选用大小相同的正方形作为测量单位，即需要使用统一的面积单位；

第三，调研这样的活动对于学生的理解是否有帮助。

(2) 对“问题2：你知道哪些面积单位？认一认”的细化

①你知道哪些面积单位？写一写，说一说。

②面积单位可能是什么样子的？想一想，画一画。

③说一说1平方厘米、1平方分米、1平方米的具体意义，填一填。

④你觉得前面的画图活动对你认识面积单位有帮助吗？

□有很大帮助　□有帮助　□没有帮助

⑤经过前面的学习活动，你清楚长度单位与面积单位的区别吗？

□非常清楚　□基本清楚　□不清楚

细化的目的有如下两点：

第一，了解学生对面积单位相关知识的已有经验；

第二，增加画一画的活动来认识和学习面积单位，了解这种方式对学生理解面积单位的含义是否有帮助。

(3) 对“问题3：这些面积单位有多大？做一做，说一说”的细化

①动手做出一个面积是1平方厘米的正方形，并与同伴相互交流。

想一想，生活中有哪些物体表面的面积大约是1平方厘米？与同伴说一说。

估一估，量一量，下面长方形的面积是多少平方厘米？与同伴交流方法和结果。

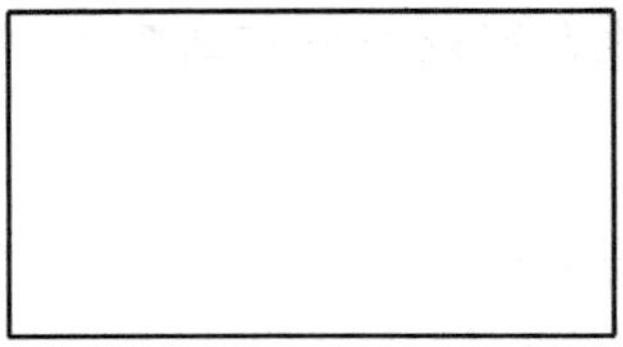

②动手做出一个面积是1平方分米的正方形，并与同伴相互交流。

想一想，生活中有哪些物体表面的面积大约是1平方分米？与同伴说一说。

估一估，量一量，课桌面的面积大约是多少平方分米？与同伴交流方法和结果。

③与同伴合作，动手做出一个面积是1平方米的正方形，说说你们是怎样得到这个1平方米的正方形的。

想一想，生活中有哪些物体表面的面积大约是1平方米？与同伴交流。

估一估，1平方米的正方形上可以站多少名学生？与同伴合作试一试。

④选一选，在下面的□中画“√”，每题只能选一个。

a. 通过前面的活动，你能感受到每个面积单位的实际大小吗？

□充分感受到　□基本感受到　□没有感受到

b. 你觉得亲自动手做出这些面积单位，对你认识它们有帮助吗？

□有很大帮助　□有帮助　□没有帮助　□一点帮助都没有

c. 你喜欢这种学习方式吗？

□非常喜欢　□喜欢　□不喜欢　□非常不喜欢

d. 你愿意用学到的这些面积单位去测量生活中其他物体表面的面积吗？

□特别愿意　□愿意　□不愿意　□非常不愿意

细化的目的有如下几点：

第一，了解学生能否独立做出1平方厘米、1平方分米、1平方米的正方形，体会到这些面积单位的实际大小；

第二，了解学生能否举出生活中面积接近这些面积单位的实例；

第三，考查学生能否建立起1平方厘米、1平方分米、1平方米的清晰表象，合理估测图形或物体表面的面积；

第四，了解这样的学习活动对学生认识这些面积单位是否有帮助？学生是否喜欢这样的学习方式？

3. 课堂观察设计

课堂调研中选择20位教师，每位教师负责2名学生，观察记录他们学习过程中的表现：当教师提出问题时，学生有怎样的反应；当学生做出选择判断时，了解其具体想法；当学生遇到困难或出现错误时，提供具体的学习支持，并评估学生理解和掌握到什么程度。课堂观察后进行后测，学生独立完成题目。

4. 后测题设计

为分析学生对面积单位的理解水平，我们设计了5道后测题。题1让学生填一填面积单位是边长为多少的正方形，了解学生对面积单位的概念理解。题2给出2个大小不同的长方形，让学生先估一估它们分别是多少平方厘米，再用1平方厘米的正方形量一量，考查学生对平方厘米的量感。题3考查学生对平方分米和平方米的量感。题4考查学生对周长和面积的区分水平。题5考查学生对面积的直觉能力。

题1. 填一填。

(1) 边长是（　　　）的正方形，面积是1平方厘米。

(2) 边长是（　　　）的正方形，面积是1平方米。

(3) 边长是（　　　）的正方形，面积是1平方分米。

题2. 先分别估一估长方形①和②的面积有多大？再实际量一量。

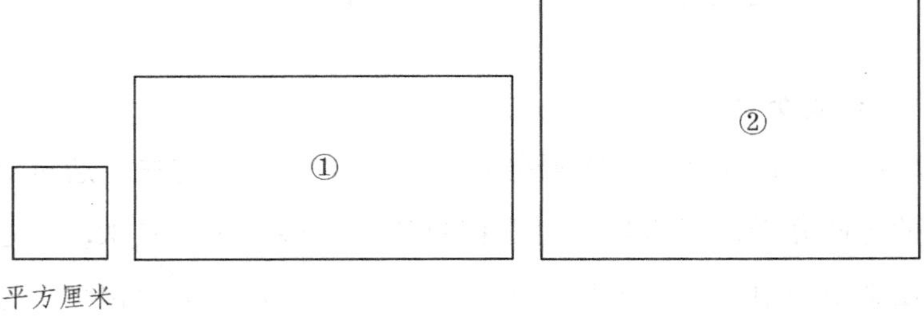

题 3. 在括号里填上合适的单位。

（1）教室黑板的面积约是 4（　　）。

（2）一张 A4 打印纸的面积约 6（　　）。

（3）笑笑卧室的面积约是 15（　　）。

（4）数学书封面的周长约是 9（　　）。

（5）老师讲桌面的面积约是 60（　　）。

（6）篮球场的面积大约是 420（　　）。

题 4. 写出下面图形的周长和面积各是多少？（每个小正方形的边长为 1 厘米）

（1）
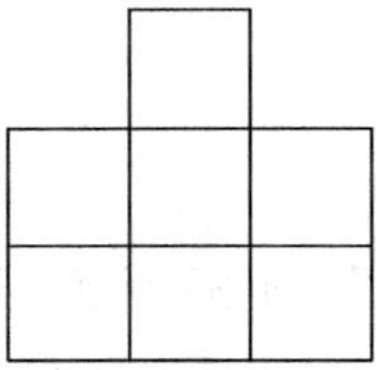

周长（　　）厘米
面积（　　）平方厘米

（2）
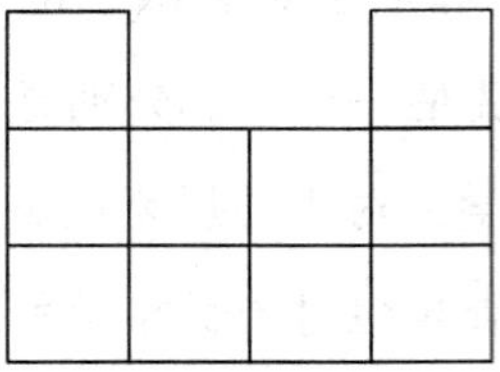

周长（　　）厘米
面积（　　）平方厘米

题 5. 比较下面两个图形哪个面积大一些，在面积大的那个图形下面括号内画“√”。

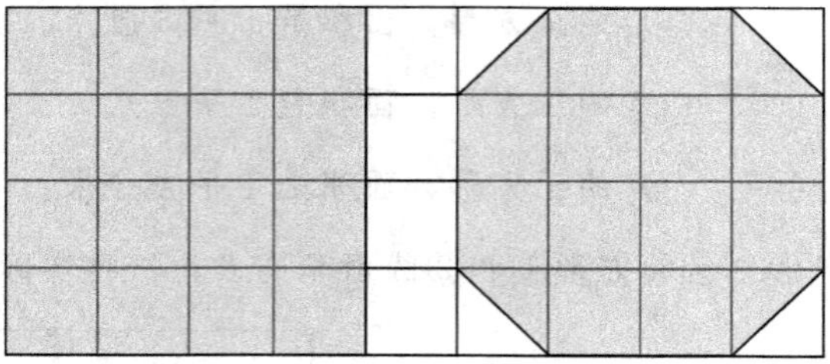

（　　）　　　　（　　）

（四）数据分析

本研究采用定性分析与定量分析相结合的方法。首先，通过对个体访谈结果的定性分析，调研学生对面积单位的了解情况。其次，通过对全体学生在课堂学习中的情况进行分析，进一步深入明确学生在学习这部分内容时的主要障碍，存在哪些迷思，教师如何提供支持等；对课堂问卷的作答情况进行分析及对典型案例进行描述等。最后，对后测题的作答情况进行分析，了解学生对面积单位的掌握情况。

三 研究过程与结果

（一）教学前访谈学生的已有基础

对学生已有经验的调研主要是通过个体访谈进行的。调研学生对前面学过的与长度单位有关内容的掌握情况，发现所有学生都能写出常用的长度单位，能正确画出 1 厘米、1 分米、1 米长的线段，能选择合适的单位进行实际测量。可见，学生具备了学习面积单位的基础。

调研学生对面积单位的了解，6 名学生中有 4 名学生写出了多个面积单位，其中有 1 名学生是看书做了预习，还有 1 名学生只写出了平方米，还是根据生活中房屋面积的经验。由此可见在学习本课前，多数学生对面积单位有了解，具备一定的生活经验，这是进一步学习的基础。

调研中还发现，部分学生对面积的意义还不是非常清楚，还存在与长度混淆不清的现象，有的学生画出的 1 平方厘米是一条 2 厘米长的线段（如图 4），这表明学生还没有真正建立起面积概念的清晰表象。由此，在教学过程中需要进一步加强丰富多彩的操作活动，以帮助学生建立面积概念。

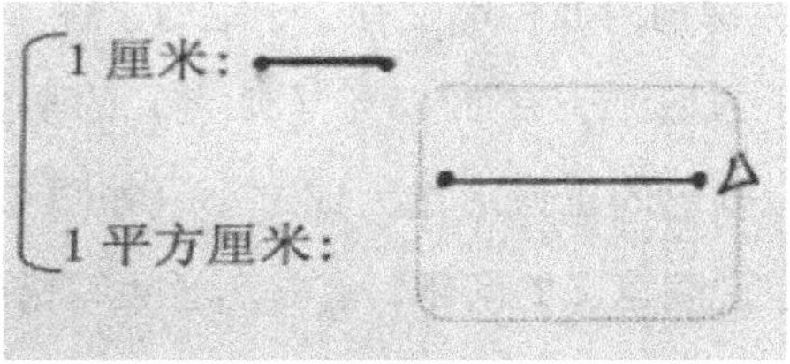

图 4

（二）学生对面积单位的理解

问题 1 中，由于学生能够很好地理解情境中淘气和笑笑的测量活动，所以，在学生学习时增加了猜想环节，先猜一猜：如果分别用两种不同大小的正方形测量数学书的封面面积，结果一样吗？再通过淘气和笑笑的测量结果验证猜想。提出“为什么量的结果不一样?”的问题后，学生都能用自己的语言比较清楚地解释测量结果不同的原因是他们所用的正方形格子的大小不同（如图 5），40 名学生中只有 1 名学生没有清楚地说明原因。学生认识到使用的单位面积不同，测量结果不同。大多数学生自己得出了这个结论，并经历了得出结论的过程，促进了学生对统一面积单位必要性的认识。

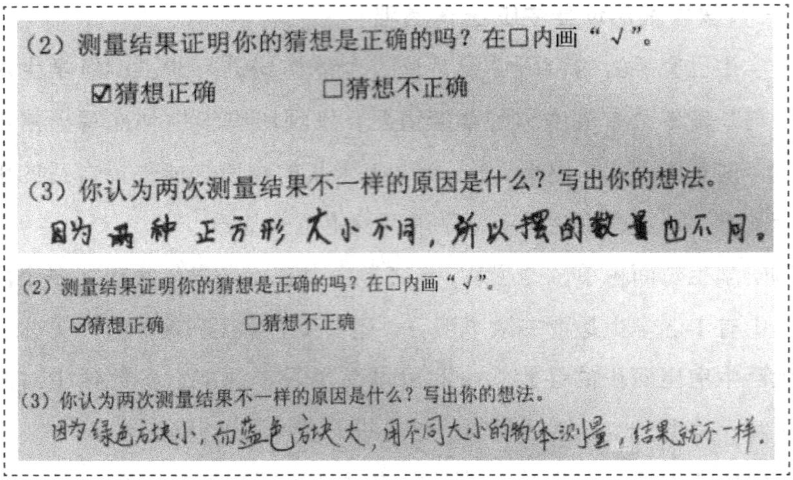
（2）测量结果证明你的猜想是正确的吗？在□内画“√”。

☑猜想正确　　□猜想不正确

（3）你认为两次测量结果不一样的原因是什么？写出你的想法。

因为两种正方形大小不同，所以摆的数量也不同。

（2）测量结果证明你的猜想是正确的吗？在□内画“√”。

☑猜想正确　　□猜想不正确

（3）你认为两次测量结果不一样的原因是什么？写出你的想法。

因为绿色方块小，而蓝色方块大，用不同大小的物体测量，结果就不一样。

图 5

问题 2 中，有 47.5%（19 名）的学生正确写出了三个基本的面积单位，有 12.5%（5 名）的学生写出了其他（平方千米等）面积单位，这表明有 60%（24 名）的学生课前对面积单位有了一定的了解。

学生尝试画 1 平方厘米，有 82.5%（33 名）的学生正确画出；其余 7 名学生中有 2 名学生画出的正方形过大或过小（如图 6），有 5 名学生画出的是线段。对于填空说明意义的问题，有 3 名学生写错边长，分别填的是 2 厘米、4 厘米、1 平方厘米。

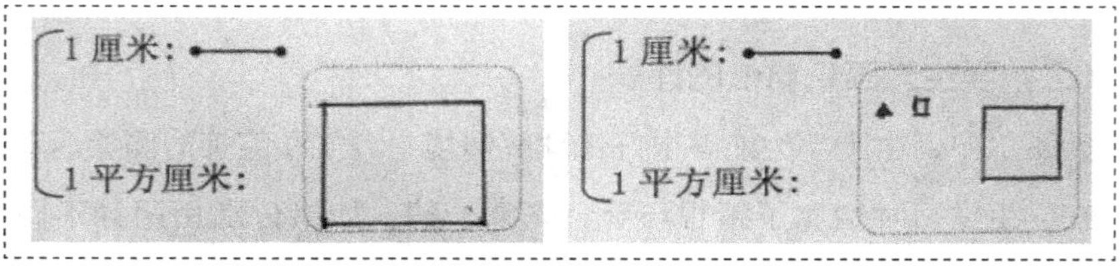

图 6

集体交流后，学生明确了1平方厘米的具体意义，接下来画1平方分米没有出现画线段的情况，但有4名学生画错，其中3名学生画的是长10厘米、宽1厘米的长方形，还有1名学生画的是边长4厘米的正方形（如图7），其余36名学生全部画对。

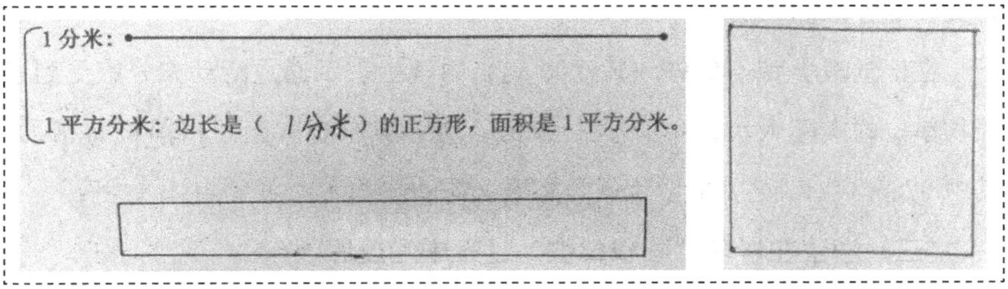

图7

在对学生学习效果的调研中，有97.5%（39名）的学生认为前面的画图活动对认识面积单位有帮助；有75.0%（30名）的学生认为自己对长度单位和面积单位的区别非常清楚，有25.0%（10名）的学生认为自己对长度单位和面积单位的区别基本清楚。

在明确面积单位基本意义的基础上，问题3通过让学生亲自动手做出面积单位的正方形，直观理解面积单位的意义，直接感受面积单位的实际大小。40名学生都能独立做出1平方厘米和1平方分米的正方形，与同伴合作做出1平方米的正方形。在动手量、画、剪、比的过程中，学生能够进一步感受到每个面积单位的实际大小，在头脑中清晰地建立起面积单位的直观表象。

另外，还增加了寻找生活中实例的活动来进一步强化这种表象。学生的举例情况如表1。

表1　学生的举例情况

类别	1平方厘米的实例			1平方分米的实例			1平方米的实例		
数量/个	0	1～2	3～4	0	1～2	3～4	0	1～2	3～4
人数	2	36	2	3	29	8	2	29	9
百分比/%	5.0	90.0	5.0	7.5	72.5	20.0	5.0	72.5	22.5

三个面积单位分别有 90.0%，72.5%，72.5%的学生能举出 1～2 个比较合适的例子，分别有 5.0%，20.0%，22.5%的学生能举出 3～4 个例子，仅仅各有 5.0%的学生没有举出例子。可以看出大多数学生对面积单位的实际大小都有了比较清晰的认识，能找到合适的实例来说明，并能把它们作为比较的标准。

在课堂教学后，有 97.5%（39 名）的学生表示通过活动充分感受到了面积单位的实际大小，所有学生都表示动手操作对认识面积单位有帮助，其中 67.5%（27 名）的学生认为有很大帮助。

（三）学生在学习“面积单位”过程中的迷思

学习面积是学生认知发展的一次飞跃，从一维的长度到二维的面积，这种思维方式上的跨越是学习这部分知识的关键，同时也是学生迷思的根源所在。比如，在课堂观察之前，我们先调研了学生想用什么方法测量数学书封面的面积，结果有 27.5%（11 名）的学生选择用直尺。虽然在前面一节课，学生已经有了比较丰富的借助方格来得到图形面积的活动经验，但是仍然有超过$\frac{1}{4}$的学生选择用直尺测量长方形的面积，可见培养学生由一维长度到二维面积的认识不是一蹴而就的，需要在整个单元的学习中不断体会、加深和强化，才能真正实现。又如，学生在用“画一画”的方式呈现头脑中对面积单位的认识和理解时，部分学生画出的面积单位是线段形式的，这反映出学生的思维方式和思维角度还没有从一维空间拓展到二维空间。

（四）后测结果分析

题 1 有 100%（40 名）的学生填写正确，并能说清楚原因。可以看出学生经过本课的学习对面积单位形成了正确的认识。

题 2 估计并测量 2 个图形的面积，估计结果与实际比较接近的学生能够占到 85.0%左右。

题 3 的答题情况如表 2。

表 2　学生的答题情况（题 3）

题号	(1)	(2)	(3)	(4)	(5)	(6)
正确人数	40	39	40	26	39	40
正确率/%	100	97.5	100	65.0	97.5	100

从表 2 中可以看出，有 3 道题正确率是 100%，有 2 道题是 97.5%，剩下 1 道题是“(4) 数学书封面的周长约是 9（　　）。”学生受思维定式的影响，正确率低一些，为 65.0%。这说明绝大多数学生都明确了 1 平方厘米、1 平方分米、1 平方米的具体意义。对于个别填空出现错误的学生，引导他们结合自己的面积单位模型再比一比、指一指、说一说，学生都能够改正错误。

题 4 求图形的周长和面积，面积的正确率达到 100%，周长的正确率是 87.5%。

题 5 比较两个图形面积的大小正确率为 97.5%。

从整个后测的情况看，大多数学生对统一面积单位有了进一步的理解，对面积单位形成了正确的认识，都达到了本课的基本要求，个别没有达到要求的学生经过与同伴交流、教师引导，最终也都基本达到要求。

四　研究结论与建议

(一) 研究结论

1. 在学习新课之前多数学生对面积单位有一些了解，但部分学生对面积的意义还不清楚，存在与长度混淆不清的现象，有的学生画出的 1 平方厘米是一条 2 厘米长的线段就说明了这一点。

2. 学生都能用自己的语言比较清楚地说明：单位面积不同，测量结果不同，需要统一面积单位。学生的正确举例，说明了按教材问题串进行学习，学生能够体会到 1 平方厘米、1 平方分米、1 平方米的实际大小。

3. 学生在对面积单位的直观印象上存在迷思。在用“画一画”的方式呈现头脑中对面积单位的理解时，部分学生画出的面积单位是线段形式，还有的学生画出的是细长的长方形。出现这种现象的原因在于学生的思维方式和思维角度还没有从一维空间拓展到二维空间，还在用一维长度的视角去理解和表现二维的面积。

4. 从整个后测的情况看，学生对面积单位的意义和面积单位的实际大小掌握较好。个别没有掌握的，经过与同伴交流、教师点拨，最终也都能基本达到要求。

（二）教学建议

1. 要引导学生逐步感悟测量的本质

“度量单位”是测量的首要基础。所以在教学时，要充分运用好情境和问题串所呈现的学习活动，引导学生体会统一面积单位的必要性和价值，这对学生感悟度量的本质是十分重要且必要的。

无论是长度、面积还是体积的度量，测量过程的本质都是一致的，但是在学生的学习过程中我们总能发现：因为操作过程相对容易理解，所以他们对长度的测量感受最深；对于面积，直接用面积单位测量不是十分方便，因而往往更倾向通过长度测量及相应的计算来代替直接测量。这不利于对面积测量本质的感悟。所以在本课的学习中，还要多让学生运用学到的面积单位进行直接测量，积累活动经验，逐步感悟测量的本质。

2. 要有效借助几何直观理解面积单位的具体意义

本课认识面积单位，首先要明确和理解每个面积单位的具体含义。文字和语言的介绍与描述对学生来说是非常抽象的，因此这部分的学习一定要借助几何直观，结合具体的1平方厘米、1平方分米、1平方米的正方形来帮助学生接受和理解。教材问题串的问题2采用的方式是“认一认”，实际教学时也可以让学生尝试画一画，在画的过程中能更充分展现出学生对面积单位不同的理解和认识，发现学生头脑中对这一问题的迷思，有针对性地对学生提供学习支持，能取得更好的教学效果。

3. 要从多个角度体会每个面积单位的实际大小

学生在建立面积单位概念时，除了已有的知识和生活经验之外，还与提供给他们的感性材料、所进行的感知体验活动、在理解概念基础上的运用等多方面的因素有关。所以教学时，首先要提供丰富的感性材料，亲自动手做出每个面积单位，在多种感官协同活动中充分感知它们的实际大小，逐步建立起清晰表象，澄清原来头脑中存在的迷思，促进正确概念的形成。之后要运用这些单位直接进行测量活动，加深理解面积的意义，进一步体会面积单位的实际大小，感悟测量的本质，同时还可以积累一些参照物面积的表象，为估测、选择合适单位等奠定基础。

建立起面积单位的表象还有一个重要意义就是能够借助面积单位来估测，这也是测量单位教学的一个重要目标。后续学习中需要在具体实践、交流过程中有针对性地进行方法的指导，如对于长方形可以先估一估每行大约能摆几个单位，再估计出大约能摆这样的几行，避免盲目地估猜，逐步学会有根据、有条理的估测。

在有关测量单位的教学中，都会有选择合适单位的练习。本课中，尽管学生对每个面积单位体验感知得比较充分，但选择合适的面积单位时，他们还会发生错误，因为这并不是三个面积单位的简单选择，它需要经历表象提取、单位假设、参照比较、排除推断等一些综合思考的过程。但学生在解决这类问题时常常是凭感觉推断，比较大的物体表面一般选择较大的面积单位，比较小的物体表面一般选择较小的面积单位。所以，在教学时要注意引导学生建立相关参照物的表象，指导学生进行有根据的推断，既要考虑数据的大小，又要关注单位的不同。

小学生学习长方体体积公式过程的研究

位惠女［河南省第二实验中学（小学部）］

北师大版（新世纪）小学数学五年级下册教材第四单元“长方体（二）”的“长方体的体积”为两个课时的内容，所以需要80分钟完成此次的课堂调研。在本次调研中，基于研究问题，依据教材“情境＋问题串”的设计思路，我们拉长学生的学习轨迹，在每一个问题的学习中，以学生的探索为主线，充分暴露学生的思维路径，帮助学生探索出长方体的体积公式，并借助长方体与正方体之间的关系类推出正方体的体积公式，以寻求有效的学习途径，帮助学生理解长方体体积公式的本质，凸显体积公式的教育价值。

一 研究背景及研究问题

长方体是小学阶段第一次学习的立体图形，其体积公式过早的形式化，就会淡化学生对体积概念本质的认识。而在日常的教学中，教师往往会对最原始的“数体积单位的个数”的方法一带而过，很快进入利用公式计算体积，不能暴露出学生的思维困惑与障碍，只是让学生记住公式，简单套用公式解题。当学生遇到稍微复杂的问题时，就会一筹莫展，毫无办法，教学就会走入另一个循环。靠着大量机械的训练，使学生学会做题，这在一定程度上不可避免地会降低学生学习的兴趣和热情。

计算长方体、正方体的体积，是学生进一步理解体积概念、掌握体积的计量单位和计算各种几何体体积的基础，所以，“长方体的体积”这一内容教材设计了层层递进的三个问题和“试一试”，引导学生探索长方体体积的计算方法，让学生经历猜想、操作、实验、验证的思考过程。

在访谈学生时，发现在正式学习长方体的体积之前，一个班大约有$\frac{1}{3}$以上的学生知道长方体的体积公式是“长×宽×高”，但仅仅是知道这个公式，而不知道为何这样计算。为此，以“长方体的体积”一课为例，以学生的自主探究为主，从以下三个问题展开对长方体体积公式的研究。

1. 在阅读教材“情境＋问题串”时，学生能否读懂？问题串的问题 1 呈现的图示（如图 1）学生能否读懂？困难是什么？

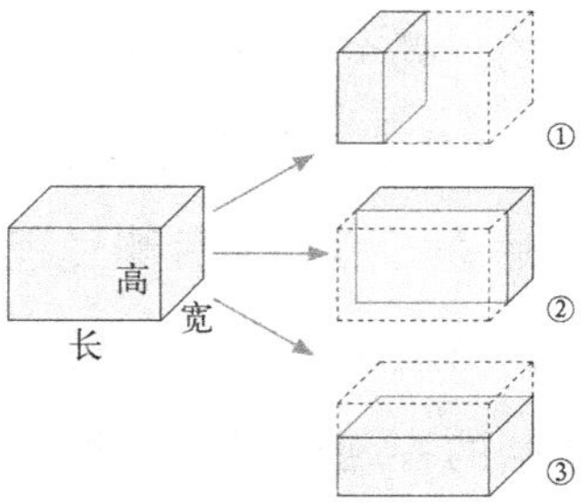

图 1

2. 学生是如何探索长方体体积公式的？遇到哪些困难？他们是怎么解决的？

3. 经过学习，学生能否达到基本学习要求？学生的学习表现如何？

二 研究设计

（一）研究思路

本研究的主要目的是基于研究问题，以教材呈现的“情境＋问题串”为媒介，探究学生能否读懂“情境＋问题串”，以及学生在学习的过程中理解长方体体积公式的来龙去脉。为了读懂学生的学习过程，本研究主要采用个体访谈与课堂观察相结合的研究方法。

首先，进行个体访谈。依据学习水平优秀、中等、有待提升及男女搭配的原则选取 6 名学生，由 3 位教师对这 6 名学生进行个体访谈。在个体访谈中，教师对学生的反应追问“你是怎么想的”。当学生遇到困难时，访谈教师及时进行指导，教师及时记录学生的最初表现、教师的指导及学生的进一步表现。在个体访谈中，不仅可以深入了解学生探索长方体体积公式的学习过程，还可以依据个体访谈中出现的问题，进一步丰富、调整班级课堂观察中所用的调研工具。因此，个体访谈也起到了预调研的作用。

其次，进行课堂观察。课堂观察由 16 位教师对 32 名学生进行观察，在授课教师按照教材的编排出示问题后，观察教师要观察学生对问题有什么反应，能否读懂问题，如何解读问题的；学生出现错误或有困难时，观察教师要询问学生是怎么想的，哪个地方不懂，同时进行相应的指导。所有的指导语言、学生表现都要求观察教师进行记录。

最后，在课堂观察之后进行后测。后测过程中教师不进行任何干预，在学生自己完成后测题后，当发现学生有问题时，观察教师可进行追问和指导，但需要学生保留原始的答题过程。在调研两周之后进行延后测，学生测定就提交试卷。后测和延后测的时间都是 20 分钟。在后测和延后测之间，教师严格按照教材内容进行正常教学，不进行任何增补性训练。

需要特别说明的是，在访谈和正式授课时，不仅要关注以下六点，还要注意保留与学生一起交流的原始数据、学生的原始作业等。

1. 逐一呈现教材的“情境＋问题串”，学生自主阅读。

2. 记录学生能否读懂“情境＋问题串”，发现学生读不懂的地方，及时提供帮助。同时，详细记录帮扶的过程，如使用了什么方法帮助学生克服了困难。

3. 调研教材中呈现的“情境＋问题串”学生是否喜欢，是否对学生学习该知识有帮助。

4. 观察学生学习过程中的困难及出现的迷思，提供相应的帮助，并进行详细记录，必要的时候对学生进行访谈，进一步了解其想法。

5. 进行后测及延后测，了解学生对知识的掌握程度。

6. 统计数据，分析有多少学生达到基本要求；对于没有达到基本要求的学生该提供什么样的帮助，并详细记录。

（二）样本描述

本研究采用的是目的抽样方法。调研学校是河南省郑州市金水区的一所城镇民办学校。学校现有学生约 1200 人，学生主要来自学校周边社区，社区居民多为收入较高的社会白领及商人。选择这所城镇民办学校，主要考虑研究结果的代表性。

随机选择五年级 3 班进行调研。本班有 32 名学生，其中有 2 名学生因为生病，没有参加本研究的后测及延后测，所以在本研究的数据分析中最后的样本数为 30。五年级 3 班的班级情况如表 1 所示。

表 1　班级情况表

班级人数	社会白领家庭的学生数	经商家庭的学生数	备注
32	12（父母为双职工）	20（5 个家庭有人为白领）	2 人生病，没有参加后测及延后测，在本研究后续的数据分析中没有列入

为了更好地了解学生的学习情况，选择 16 位教师参加此次的调研活动，每位教师负责观察 2 名学生，记录学生在学习过程中的表现，特别记录学生在哪些地方有困难，教师提供了怎样的学习支持，在这种支持下，学生对知识的理解程度如何。

（三）研究工具设计的说明

本研究编制了访谈问卷（与教师观察用表基本一致，本文不再呈现）、教师观察用表、学生作业纸（与教师观察用表中的问题相同，本文不再呈现）、后测题和延后测题 5 份调研工具。

1. 学生调研问题与教师观察说明

学生的作业纸相当于是学生的调研问卷，教师观察用表是以调研问题为基础，增加了对学生反应情况的预设和教师引导说明。针对学生能否读懂“情境＋问题串”及学生的学习起点和学习过程是什么样的，我们设计了访谈问卷与教师观察用表（详见附录 1）。

2. 学习目标的细化、后测及延后测的说明

对学习目标的细化，主要思路是在单元整体背景下，结合教材“情境＋问题串”，把教师教学用书中的学习目标（结合具体情境和实践活动，探索并掌握长方体、正方体体积的计算方法，能正确计算长方体、正方体的体积，解决一些简单的实际问题。在观察、操作、探索的过程中，提高动手操作能力，进一步发展空间观念）进行细化，分解到问题串的每个问题内，如下所述。

第 1 节课：

第一，借助 3 个比较活动，感知长方体的体积与它的长、宽、高有关系。

第二，通过猜想与验证，推出长方体体积的计算公式。

第三，借助探索长方体体积公式的经验，探索正方体体积的计算公式。

第 2 节课“试一试”：

第一，了解什么是底面积，探索长方体（正方体）的体积与底面积和高之间的关系，知道长方体（正方体）的体积＝底面积×高。

第二，巩固长方体（正方体）体积的计算方法。

后测题的设计是以细化的学习目标为依据，以教材中的“练一练”为基础进行设计的。(后测题详见本文后的附录 2)

为了了解学习目标的达成情况，设计了延后测题。延后测题在测试目标和题目形式上与后测题做了等值设计，只是在情境上做了极轻微的改动。测试时，由学生独立完成，教师不作指导。(延后测题详见本文后的附录 3)

3. 学生访谈

本研究使用半结构式访谈，提前设计了访谈提纲，1 位教师进行访谈，另 1 位教师进行记录，同时进行录音和摄像，访谈结束后根据录音和摄像对记录再次进行整理，为进一步的研究提供重要依据。

访谈提纲是以教材中呈现的“情境＋问题串”为主要材料，依据学生学习过程中常出现的困难点给予一定提示。所有的访谈教师按照统一标准对学生进行访谈，同时，详细记录学生出现的困难、困惑及迷思，为后续的研究提供证据支持。

（四）数据分析

在课堂教学结束后，进行数据的收集及整理，主要做了以下工作。

首先，将学生的作业纸按学习水平分成优秀、中等、有待提升三类，进行编码。

其次，根据学生对每个问题的作答情况，进行编码，并将学生的想法按照编码一一录入总表，完成数据的收集。

最后，统计每个问题中每种作答的人数，计算各自所占的百分比，为后续的数据分析做好准备。

在整个研究过程中，采用定量分析与定性分析相结合的数据分析方法。一方面，对学生的各种行为表现进行统计；另一方面，对学生就重点问题的反应，通过师生对话的记录和学生的作答情况进行分析与说明。尤其是对个体访谈、课堂观察、案例资料进行定性分析，得出相关的研究结论。

三 研究过程与结果

（一）绝大多数学生能够读懂问题串，对“情境＋问题串”有兴趣，少数学生存在一定的困难

在课堂教学中，每位教师观察 2 名学生，详细记录学生阅读问题串的情况。被观察的 30 名学生中，有 24 名学生能自主阅读问题串，并解决问题。这些学生能够依据教材中呈现的问题，猜想长方体的体积与长方体的长、宽、高有关，能在用小正方体拼摆长方体的过程中，获得长方体的体积公式为长×宽×高，并能用自己的语言描述用小正方体摆成的长方体的体积与其长、宽、高之间的关系。

特别有趣的是，教师在观察中发现，1名学生在表达自己是否愿意研究这个问题时，开始时选择了愿意，理由是只要是数学题他都愿意研究，因为他比较喜欢数学，而在进行了整体的学习后，他表示要修改这个选项，填写特别愿意，他写道：我愿意研究，因为经过一系列的学习，这个问题让我觉得比较有趣。这虽然是个案，但从某种意义上说明了“情境＋问题串”对学生的学习是有帮助的，能够启发他们一步步地思考，能激发他们的学习兴趣。

被视察的30名学生中，有6名学生在阅读问题串的问题1中的图示（如图2）时表示有困难。这几位学生看不懂图中长方体的长、宽、高的变化，以为是长方体切去了一块，不能很好地和体积的变化建立联系。在访谈时发现学生的困难主要来自阅读障碍，不能读懂图示的变化。在今后的教学中，需要教师适时放慢教学的步伐，加强学生的读图能力，帮助学生解读问题。

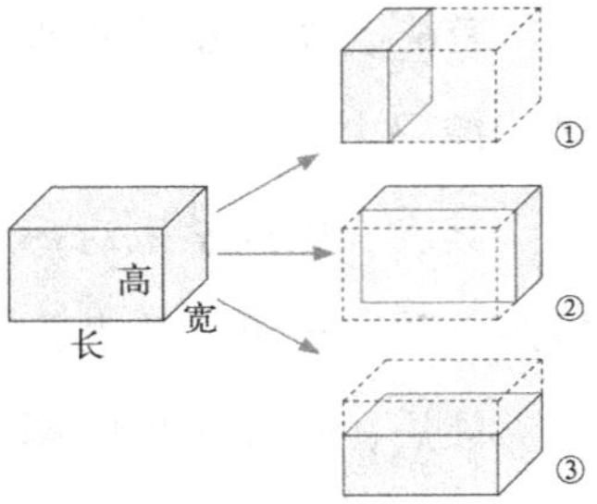

图2

（二）在探究长方体体积公式的过程中，图示、操作起到了支撑作用

学生在学习过程中是如何借助教材提供的“情境＋问题串”理解长方体体积公式的？会遇到哪些困难，如何解决？下面借助3个案例片段来走进学生的学习过程。

片段1：图示在学生学习过程中起到了关键作用。

教师出示第1个问题（见教师观察用表的问题1），先让学生独立思考，然后再交流。并提示观察教师关注学生的困难点在哪里。

师：请大家想一想，长方形的面积与长和宽有关，长方体的体积可能与什么有关？写一写，并与同伴交流。

这个问题主要唤醒学生对相关旧知识的回忆，沟通新旧知识之间的关系，促进新知识的学习，考查学生能否从计量面积经验中产生正迁移，帮助学生建立“物体的体积就是看体积单位的数量”的认识。

在调研的 30 名学生中，有 6 名学生认为长方体的体积与表面积有关；有 4 名学生不是太确定，他们认为长方体的体积与长方体的长、宽、高有关，但觉得把表面积、容积写出来比较保险；20 名学生认为长方体的体积与长方体的长、宽、高有关。长方体的体积与什么有关的调研结果如表 2 所示。

表 2　长方体的体积与什么有关的调研情况

类别	与表面积有关	与长、宽、高，表面积，容积有关	与长、宽、高有关
人数	6	4	20
百分比/%	20.0	13.3	66.7

在交流、统计分析后，教师出示第 2 个问题（见教师观察用表的问题 2）。

师：观察下图（图 3），再想一想长方体的体积可能与什么有关？写一写，并与同伴交流。

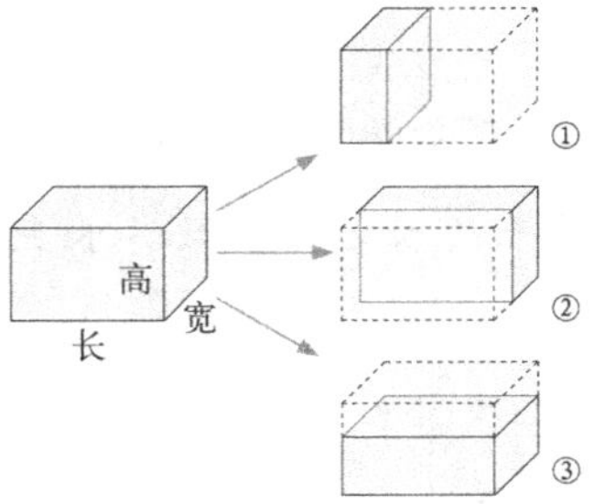

图 3

（学生自主观察，并与各自的观察教师进行交流，然后全班学生进行交流。）

学生的描述主要有以下三种情况。

(1) 把图 3 中图①、图②、图③与原图进行比较，观察长、宽、高三个量谁变了，谁没有变，体积是如何变化的。由此，得出长方体的体积可能

与长、宽、高三个量都有关系。(如图 4)

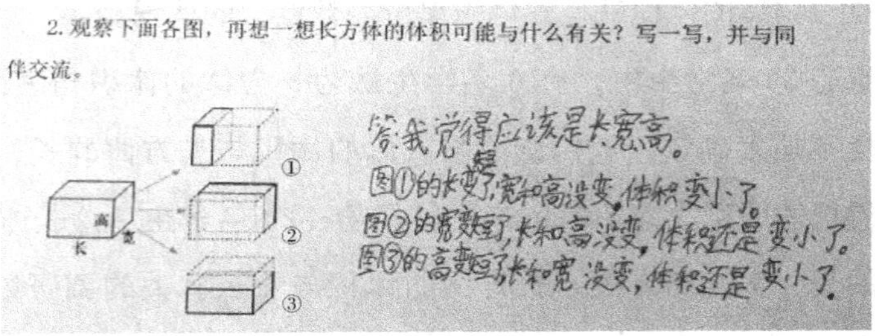

图 4

(2) 在把图①、图②、图③与原图进行比较时，描述出体积是原图的几分之几。这个时候学生的思维不仅仅在于体积发生了变化，而且还关注发生了什么样的变化。(如图 5)

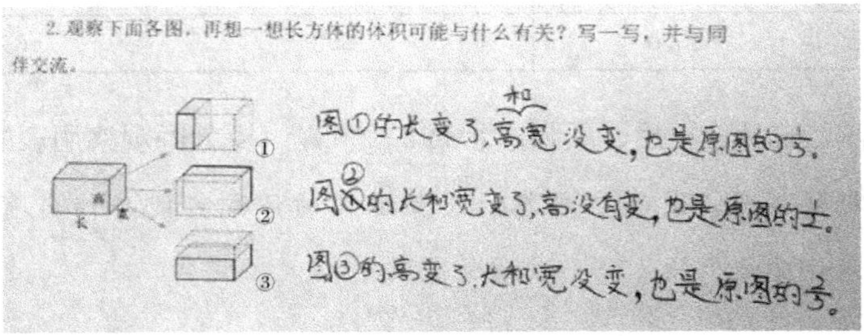

图 5

师：结合你的描述，说说你是怎么想的。

生：我觉得图①与原来的长方体相比，长变短了，高和宽没有变化，图①的体积是原来长方体的$\frac{1}{3}$。

师：图①的体积为何是原来长方体的$\frac{1}{3}$？

生：我大概目测了一下，觉得长变短了，大概是原来的$\frac{1}{3}$，宽、高没变，所以体积是原来的$\frac{1}{3}$。

师：图②的长、宽、高与原图相比，谁发生了变化，谁没有变化？

生：(思考一小会儿) 应该是长和高没有变化，宽为原来的$\frac{1}{2}$，所以体积是原来的$\frac{1}{2}$。

师：你再描述一下图③的变化。

生：就像我写的那样，图③高变化了，为原来的$\frac{2}{3}$，长和宽没有变，体积就是原来的$\frac{2}{3}$。所以，我觉得长方体的体积与长、宽、高都有关系。

(3) 班级约$\frac{1}{5}$的学生，开始的时候是看不懂图的，在教师的引导下，理解了这幅图是什么意思，从而解决了问题。当时在观察教师的要求下，学生标注出了“看不出来”字样，表示开始是看不懂图的。(如图 6)

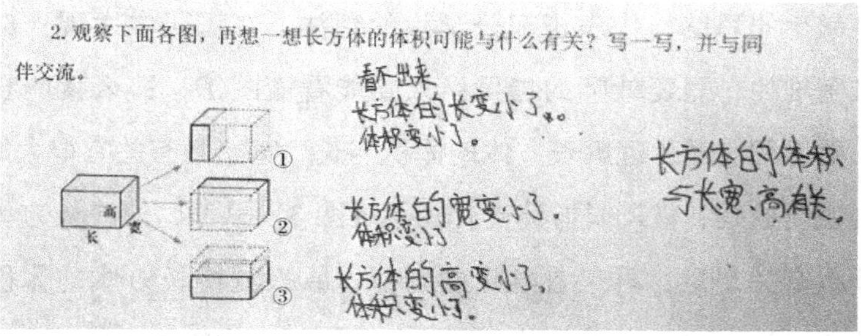

图 6

师：这幅图你能看懂吗？你有什么困难？

生：我看不懂这幅图是什么意思，不知道长方体发生了什么样的变化。

师：我们先来一起看图①。与原来的长方体相比，图①发生了什么样的变化？

生：我还是看不出来，这里的虚线表示什么。

师：这里的虚线表示减少的部分。

生：那我知道了，图①的体积变小了。

师：我们要看一看，图①的长、宽、高与原来的长方体比，发生了怎样的变化？

(学生对比还是有困难，一一去做对应。)

生：对应着来看的话，长变小了，高没有变，宽也没有变，所以体积变小了。

师：非常好的思路，根据刚才看图的经验，你再观察一下图②和图③与原来的长方体相比，是如何变化的？

生（思考一会儿）：图②是长方体的宽变小了，体积变小了；图③是长方体的高变小了，体积变小了。

师：通过观察这幅图，你有什么感受？

生（思考一会儿）：我发现只要长方体的长、宽、高其中一个发生变化，它的体积就会发生变化。所以我认为，长方体的体积与长、宽、高一定有关系。

这名学生的思路，代表了部分学生的想法。在调研中发现：部分学生看图是有困难的，需要教师的指导；只要能看懂图①，那么就能看懂图②和图③。看懂图对学生理解长方体的体积与长、宽、高有关有很大的帮助。

需要说明的是，借助长方体变化图示（图 3）思考、交流长方体的体积可能与什么有关之后，再来看学生的理解，原来觉得长方体的体积与表面积有关的 6 名学生中，有 4 名学生已经能理解长方体的体积与长、宽、高有关系；1 名学生认为长方体的体积不仅与长、宽、高有关，还与表面积有关；1 名学生认为长方体的体积与容积有关，在这个变化中，长方体的体积发生了变化，容积就发生变化。原来认为长方体的体积与长、宽、高，以及表面积和容积都有关的 4 名学生中，有 2 名学生已经认为长方体的体积与长、宽、高有关。借助图示学习后，对长方体体积可能与什么有关的调研结果如表 3 所示。

表 3　借助图示学习后长方体体积可能与什么有关的调研结果

类别	与容积有关	与长、宽、高，表面积有关	与长、宽、高，表面积，容积有关	与长、宽、高有关
人数	1	1	2	26
百分比/%	3.3	3.3	6.7	86.7

对比表2与表3中的数据，学生对长方体的体积与长、宽、高有关的认识更加清晰了。

那么，图示到底对学生的学习有没有帮助呢？教师出示第3个问题（见教师观察用表的问题3）供学生进行讨论。

你觉得教材呈现的长方体变化图示，对你理解问题有帮助吗？

□有很大帮助　□有帮助　□没有帮助　□一点儿帮助都没有

调研结果显示，30名学生中有17名学生认为有很大的帮助，约占56.7%；13名学生认为有帮助，约占43.3%。从数据上看，图示对学生理解长方体的体积与长、宽、高有关的帮助还是很大的。

同时，对学生进行访谈，发现存在如下几种比较典型的想法。

师：你认为教材呈现的长方体变化图示对你理解问题有帮助吗？说说你是怎么想的。

生1：我觉得只要是学习，就会有帮助。（有5名学生是这样的思路）

生2：我觉得图示让我更容易理解问题。（有5名学生是这样的思路）

生3：我觉得从图示上第一眼就能看出长方体的体积与长、宽、高都有关系。（有15名学生有这样的想法）

生4：我还想说，虽然开始看图示的时候，有点儿不太懂，但是当看懂之后，发现它特别能帮助我理解长方体的体积与长、宽、高的关系，我觉得图示的作用很大。（部分学生点头，表示同意生4的想法。）

……

在与教师一起研究的过程中，经过这样的思考后，学生都能发现图示对理解题目的帮助很大，但不可否认，在读图示的过程中，部分学生出现了困难。由此，引发思考，图示能否有更好的表现手段，帮助学生理解，或者不仅仅是缩小其长、宽、高，可以增加其长、宽、高，是否又能给学生另外的一种思路？

片段2：操作有助于学生探究长方体体积公式。

一般来说，求物体体积的方法有三种：一是数出堆积的体积单位的个数；二是根据物体的形状，利用公式计算其体积；三是排水法。长方体是小学阶段第一次学习的立体图形，其体积公式的推导就要用数体积单位个数的方法，但学生是否有数的需求？数的过程中学生是否有思维困难与障碍？教师什么时候概括出公式合适？这些都是值得思考的。

带着这些思考，进行教材问题串的问题 2 的学习，以期通过猜想与验证，得出长方体体积的计算公式。希望借助“摆一摆，数一数”的活动，能使学生在这个过程中深入思考：数什么，能得到什么，数的过程是否蕴藏着规律？不断地思考和追问，不仅仅是让学生通过填写表格，得出长方体的体积公式，更为重要的是使学生体会长方体体积公式的本质——数“体积单位”的个数。

师：在刚才的活动中，我们猜想长方体的体积可能与长、宽、高有关，那么，具体是什么关系呢？请猜一猜。

生 1：我知道长方体的体积与长、宽、高有关，但猜想不出来是什么关系。

生 2：我觉得是相乘的关系，就是长×宽×高，因为求面积就是相乘的关系。

生 3：但是求表面积的时候还要相加呢，不一定是相乘的关系吧。

……

“猜一猜”的活动，旨在引导学生借助前面获得的长方体的体积与长、宽、高的关系，鼓励他们进一步思考具体的关系是什么，大胆地进行猜想。对“猜想长方体的体积与长、宽、高的具体关系”的调研结果如表 4 所示。

表 4　长方体的体积与长、宽、高具体关系的调研结果

类别	没有猜想	与长、宽、高有关，不清楚具体的关系	三者是相乘的关系
人数	4	17	9
百分比/%	13.3	56.7	30

从表 4 中，可以发现大部分学生不清楚长方体的体积与长、宽、高的具体的关系是什么，约有$\frac{1}{3}$的学生知道三者是相乘的关系。

师：你认为长方体的体积是长×宽×高，你是如何知道的？

生 1：我是猜的，我觉得求面积的时候是相乘的关系，求体积也是相乘的关系。

生 2：我在课外班学习的。

生 3：我是看了书，书上是这样写的。

师：你知道为什么长方体的体积是长×宽×高吗？

生 2：不知道，课外班老师让记住长方体的体积是长×宽×高。

生 3：我看不太明白，为何是相乘的关系。

……

在对班级 9 名学生进行观察、访谈的过程中，发现虽然学生知道长方体的体积是长、宽、高三者相乘，只知道“事实”，却不明白原因。这就回到了研究这个问题的缘由：如何在探究长方体体积公式的活动中，激发学生真正的思考，鼓励学生探究长方体体积公式的来龙去脉？理解长方体体积公式的本质，显得尤为重要。所以，借助棱长是 1 cm 的小正方体摆一摆、数一数，体会“求长方体的体积就是数‘体积单位’的个数”这个过程很有必要。

为此，给学生约 10 分钟的时间，鼓励学生用一些相同的小正方体（棱长为 1 cm）摆出 3 个不同的长方体，记录它们的长、宽、高，完成下表(如图 7 中的表)，验证自己的猜想。

在这个过程中，为学生提供了约 40 个棱长为 1 cm 的小正方体，拼摆的时候学生可自主选择使用小正方体的个数。在调研中，发现有的学生拼摆了一个长 3、宽 1、高 2 的长方体，用了 6 个小正方体，得到体积为 6，从而认为长、宽、高是相加的关系，而后又进行了调整，如图 7 所示。

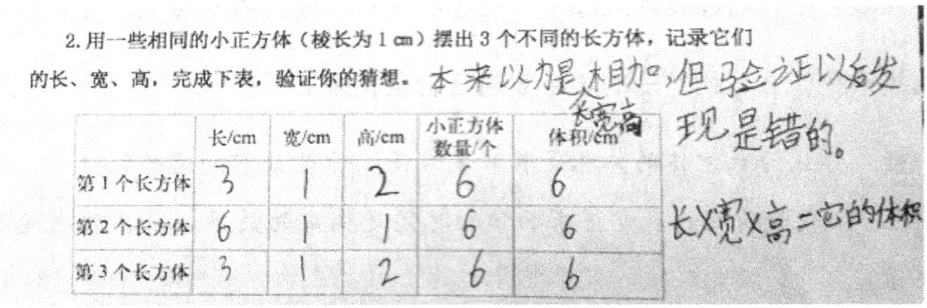

2. 用一些相同的小正方体（棱长为 1 cm）摆出 3 个不同的长方体，记录它们的长、宽、高，完成下表，验证你的猜想。

	长/cm	宽/cm	高/cm	小正方体数量/个	体积/cm³
第 1 个长方体	3	1	2	6	6
第 2 个长方体	6	1	1	6	6
第 3 个长方体	3	1	2	6	6

图 7

从图 7 中还可以发现，这名学生拼摆的第三个长方体与第一个长方体是一致的。在观察教师的引导下，该生进行了修改，并且认为拼摆一个比较大的长方体，可能更容易发现长方体中所蕴含的规律。

再来看 1 名学生的作答（如图 8），他的作答代表了班级部分学生的想法。他认为拼摆的时候不要有“1”的出现，更有利于发现规律。

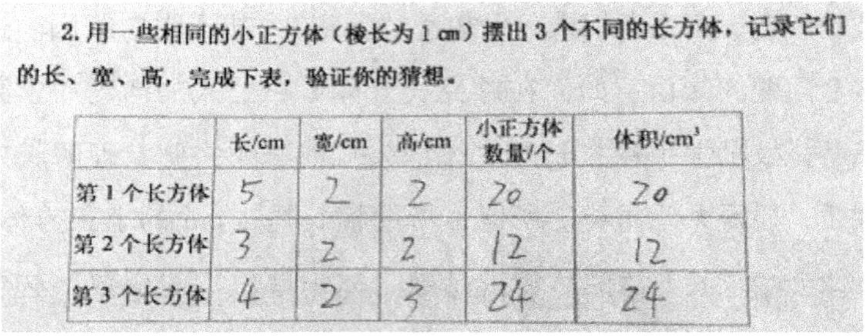

2. 用一些相同的小正方体（棱长为 1 cm）摆出 3 个不同的长方体，记录它们的长、宽、高，完成下表，验证你的猜想。

	长/cm	宽/cm	高/cm	小正方体数量/个	体积/cm³
第 1 个长方体	5	2	2	20	20
第 2 个长方体	3	2	2	12	12
第 3 个长方体	4	2	3	24	24

图 8

他在描述拼摆出的长方体蕴含的规律时，是这样描述的（如图 9），并由此得出长方体的体积＝长×宽×高。

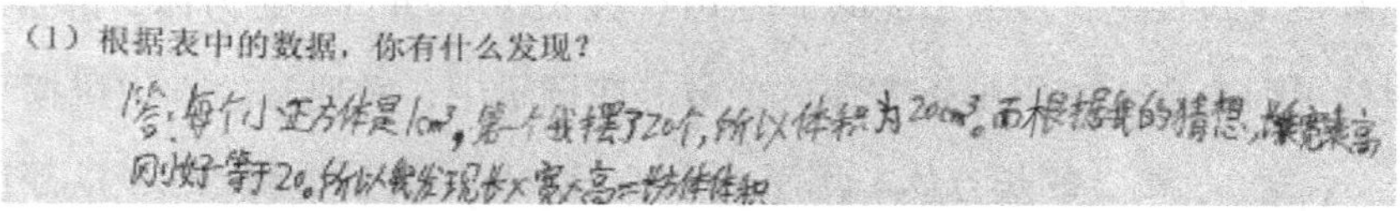

（1）根据表中的数据，你有什么发现？

图 9

在用棱长为 1 cm 的小正方体拼摆长方体的过程中，学生的表现如何呢？

针对每名学生的作业呈现情况和观察教师的观察记录，进行了统计，统计结果如表 5 所示。

表 5　学生用小正方体摆长方体的表现情况

类别	不能正确拼摆	第 1 道错误，后改正确	正确拼摆，并填写
人数	0	3	27
百分比/%	0	10.0	90.0

从统计的数据中发现，90%的学生能借助工具进行拼摆，并正确填写拼摆的长方体用到的小正方体数量和拼摆的长方体的体积，并尝试寻找它们之间的联系。

在描述发现的规律时，仅有 1 名学生不能描述发现的规律，而是又举了不同的例子来说明自己的想法；7 名学生能发现并描述长方体的体积与小正方体的数量有关，约占 23.3%；10 名学生能从自己的记录表中得到长方体的体积是长×宽×高，约占 33.3%；12 名学生能从自己的记录表中发现长方体的体积与小正方体的数量相等，从而得出长方体的体积是长×宽×高，占 40.0%。

在用式子表示长方体体积的调研中，28 名学生能正确进行表示，2 名学生表示没有思路。

特别有趣的是，在讨论“你认为所有的长方体的体积都可以这样计算吗?”这个问题时，1 名学生无法表达自己的想法；5 名学生认为正方体是特殊的长方体，长方体的体积公式对它不一定适用；25 名学生认为是可行的，且想法丰富，并且能借助前面拼摆的过程，解释为何可行。

师：你认为所有的长方体的体积都可以这样计算吗?

生 1：我认为是的，因为通过举例子发现是可行的。

生 2：因为长方体的形状都是一样的，只是长、宽、高不同而已，体积都可以用长×宽×高来计算。

生 3：我觉得可以，因为长×宽算的是底层的小正方体个数，再乘高算的是几层的小正方体总个数，也就是长方体的体积。

生4：我同意生3的意见，因为长×宽就是一层，高就是有这样的几层，几个这样的层叠在一起就是体积了，所以都可以用长×宽×高进行计算。跟图10一样，5×2算的是最下面的一层，有这样的3层就是5×2×3＝30。30就是这个长方体的体积。

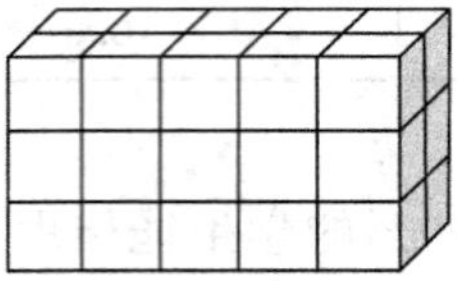

图10

生5：所有的长方体都可以分割成许多小正方体，这样就可以用长×宽×高来计算，就如图10一样。

……

在不断地交流分享中，借助拼摆长方体的活动，学生慢慢理解了长方体体积公式的基本推导过程，并能举例做出解释。长方体体积公式的推导过程如下。

长方体的体积

＝单位体积小正方体的个数

＝底层所摆的单位体积小正方体的个数×层数

＝底面所含单位面积小正方形的个数×高所含的长度单位的个数

＝长×宽×高

用字母可表示为$V=abh$。

教材设计的这个活动能真正激发学生的思考，是有效的。而这个推导并验证长方体体积公式的过程，也是理解长方体体积公式本质的过程。在此过程中，学生感受到“数数法”是最基本的方法，是“万能”的，不仅巩固了公式，又培养了推理能力，感受到数学是讲道理的。

此外，在讨论中，自然而然地推进了学生对正方体体积公式的学习和思考，得到正方体是特殊的长方体（长、宽、高三者相等），所以正方体的体积＝棱长×棱长×棱长，用字母可表示为 $V=a^3$。

片段3：操作与探究相结合，步步推进学生的数学思考。

在“试一试”的问题1中，在认识底面积，探索长方体（正方体）体积＝底面积×高的活动中，少部分学生还存在一定的困难。

在拼摆小正方体的过程中，学生能很好地理解物体的体积是单位体积的堆积，但是在理解“底面积×高”的过程中，有学生持反对意见。

师：长方体（正方体）体积可以用“底面积×高”来计算，对此，你有什么想法？

生1：我觉得可以，因为底面积就相当于长方体体积中的长×宽。

生2：我觉得不行，底面积算的是底面的面积，是没有体积的。

生3：长×宽不仅仅是底面积，说的就是第一层的体积。

生2：怎么可能是体积呢？底面积算的就是底面的面积。

……

学生的思维障碍：长×宽计算的是底面的面积，还是第一层的体积。其实这里涉及极限的思想，而小学阶段的学生理解极限思想是极其困难的，那么如何帮助学生解决这个思维障碍呢？

还是要回到“数数法”。借助直观，利用棱长为1 cm的小正方体拼摆长方体的过程，让学生清楚地看到“长×宽”得到的是底面积大小，类似底面上方格的个数（求长方形面积的经验）；再在拼摆的过程中，鼓励学生进一步思考，一个“方格”对应着一个“小正方体”，“方格”和“小正方体”是一一对应的，由此可以得出方格的个数就是第一层小正方体的个数，如图11所示。

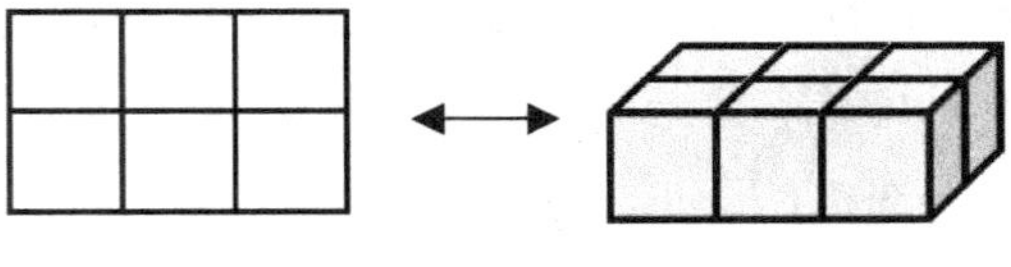

图 11

长方体的底面积 3×2=6，长方体包含这样的 3 层（如图 12），就用底面积×高（层数），可以得到长方体的体积为 6×3=18。

图 12

所以，小学阶段的学生虽然理解不了极限的概念，但是借助直观的手段可以让他们认可。直观化、结构化的材料是学生在探索长方体体积中非常有价值的学习材料，需要教师在教学过程中恰当的处理和应用，以帮助学生建立正确的体积概念认知，明白长方体体积公式的来龙去脉。

因为有了这样的讨论，所以期望把学生的学习往前再推进一步，鼓励学生观察下列（如图 13）长方体、正方体体积的公式，思考它们之间的联系。

长方体的体积 = 长 × 宽 × 高

$V = a \times b \times h$

$= abh$

正方体的体积 = 棱长 × 棱长 × 棱长

$V = a \times a \times a$

$= a^3$

长方体（正方体）的体积 = 底面积 × 高

$V = S \times h$

$= Sh$

图 13

让数据来说话，看看这 30 名学生对“三个公式之间的联系”的整理与思考，如表 6 所示。

表 6　三个公式之间的联系调研结果

类别	没有发现	发现长方体和正方体体积的关系	认为底面积是长×宽或棱长×棱长	三者是统一的
人数	1	5	7	17
百分比/%	3.3	16.7	23.3	56.7

从表 6 中可以发现，超过一半的学生能明白三者是统一的，并能用自己的方式进行表达（如图 14）。

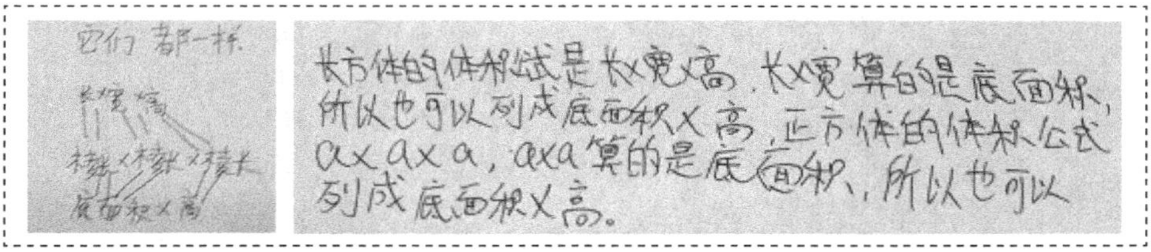

图 14

（三）通过调研发现，绝大多数学生能够达到基本的学习要求，少部分学生有学习困难

在后测中，不仅关注学生能否利用长方体（正方体）的体积公式进行计算，还关注了学生能否理解体积公式的推导过程。设计的由“单位体积”堆积而成的立体图形，既可以通过数数得出体积大小，也可以通过“割补”成长方体再利用体积公式计算体积。

1. 83.3%的学生能清晰表达长方体（正方体）体积公式的推导过程

后测题第 1 题：“想一想，我们是如何得到长方体、正方体的体积公式的？写下来，并与同伴交流。”第 1 题调研结果如表 7 所示。

表 7　后测调研结果（第 1 题）

类别	无法清晰地表达自己探究的过程	通过举例子、观察得到的	能总结方法，如猜想、验证得出公式等
人数	5	15	10
百分比/%	16.7	50.0	33.3

从表 7 中的数据来看，50.0%的学生能通过举例子表达自己探究长方体（正方体）体积公式的过程，33.3%的学生能总结方法，清晰地表达“猜想—验证”的过程。在图 15 中，4 名学生的作答基本上涵盖了学生的基本表达方法。

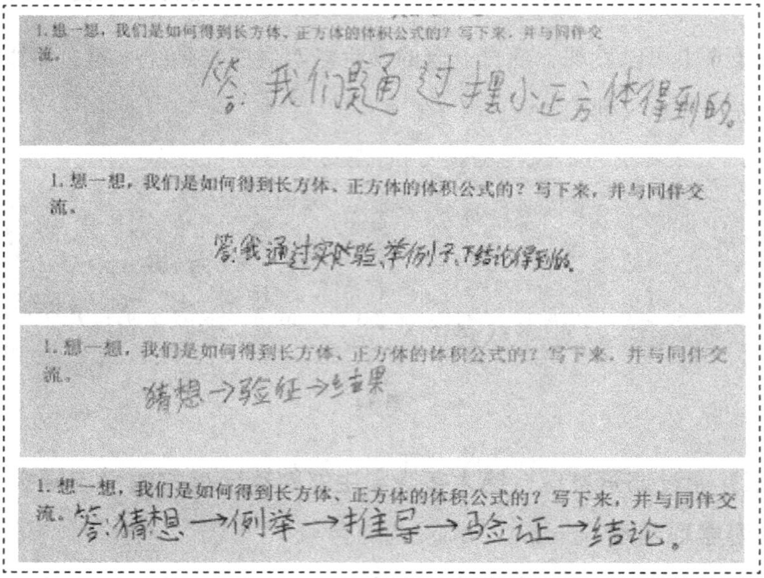
1. 想一想，我们是如何得到长方体、正方体的体积公式的？写下来，并与同伴交流。
答：我们是通过摆小正方体得到的。

1. 想一想，我们是如何得到长方体、正方体的体积公式的？写下来，并与同伴交流。
答：我们通过实验、举例子、下结论得到的。

1. 想一想，我们是如何得到长方体、正方体的体积公式的？写下来，并与同伴交流。
猜想→验证→结果

1. 想一想，我们是如何得到长方体、正方体的体积公式的？写下来，并与同伴交流。答：猜想→例举→推导→验证→结论。

图 15

2. 86.7%的学生能正确计算长方体（正方体）的体积

后测题第 2 题设计了求由“单位体积”堆积而成的立体图形的体积，学生可以通过数数得出体积大小，也可以利用公式计算体积。第 2 题调研结果如表 8 所示。

表 8　后测调研结果（第 2 题）

类别	数一数，有错误	用公式计算，有错误	数一数，正确	用公式计算，正确
人数	1	3	3	23
百分比/%	3.3	10.0	10.0	76.7

从表 8 中发现大部分学生能正确计算长方体（正方体）的体积。另外，算错的 4 名学生都是第 4 个图计算有误，其他都是正确的。

3. 绝大多数学生能根据已知条件计算长方体（正方体）的体积

后测题中的第 3 题和第 4 题，分别对应“长×宽×高”及“底面积×高”的体积计算问题。第 3 题、第 4 题的调研结果如表 9 所示。

表 9　后测调研结果（第 3 题和第 4 题）

题目	3. 冷藏车厢的内部长 3 m、宽 2.2 m、高 2 m，车厢内部的体积是多少？		4. 一个长方体水池，底面长 12 dm、宽 6 dm。如果要向这个池子里注入 2 dm 高的水，需要多少升水？	
类别	错误	正确	错误	正确
人数	6	24	13	17
百分比/%	20.0	80.0	43.3	56.7

从表 9 中发现，第 3 题的正确率要比第 4 题高得多。在第 3 题出现错误的 6 名学生中，计算错误的有 1 名学生，计算正确但单位错误的有 4 名学生，计算正确但没带单位的有 1 名学生；在第 4 题出现错误的 13 名学生中，有 5 名学生计算错误或没有计算，1 名学生计算正确但没带单位，7 名学生计算正确但没有进行单位换算。由此可知，单位的换算是学生比较容易忽略的一个问题，学生的审题意识需要加强。

4. 绝大多数学生能解决长方体（正方体）的逆向问题

后测题第 5 题：“一块长方体形状的大理石，体积为 30 m^3，底面是面积为 6 m^2 的长方形，这块大理石的高是多少米？”这是一道长方体体积计算的逆向思维题。第 5 题调研结果如表 10 所示。

表 10　后测调研结果（第 5 题）

类别	计算错误	计算正确，单位错误	计算正确，没带单位	正确
人数	0	8	0	22
百分比/%	0	26.7	0	73.3

从表 10 中发现，这道题没有出现计算错误，不正确的 8 名学生计算正确但是单位出错。由此可知，在进行长方体体积逆向计算的时候，不仅要

关注学生是否可以灵活运用公式进行计算，还要关注单位的问题。求底面积时单位为面积单位，求高时单位则为长度单位，对学生来说，这也是一个学习难点。

5. 86.7%的学生能利用体积知识解决实际问题

后测题第 6 题的调研结果如表 11 所示。

表 11　后测调研结果（第 6 题）

类别	计算错误或没有计算	正确
人数	4	26
百分比/%	13.3	86.7

这道题中，2 名学生计算错误，2 名学生没有进行计算，其余 26 名学生都能借助图示进行正确分割，并计算正确。

通过对学生后测题作答情况的分析，建议在日常的教学中，教师要重视图形知识之间的正迁移作用，如要帮助学生建立初步的度量概念，需要在长度、面积度量时，增加学生的体验与经验积累，这样对探索长方体体积的计算方法就容易很多。同时，教师要在学生动手实践、掌握特征、沟通关系等方面下功夫，使得知识点的学习与空间观念的培养相辅相成、相得益彰。

6. 86.7%的学生有浓厚的学习兴趣

学生学习的感受如何呢？借助对问题“请你用一种水果或动物来比喻一下你现在的心情，并写出原因”的调研来了解学生的感受。在调研的 30 名学生中，有 26 名学生表示了快乐、开心、兴奋、有成就感，体验了先苦后甜的感觉。下面来看一些比较有个性的表达，从中感受学生的愉悦心情(如图 16)。

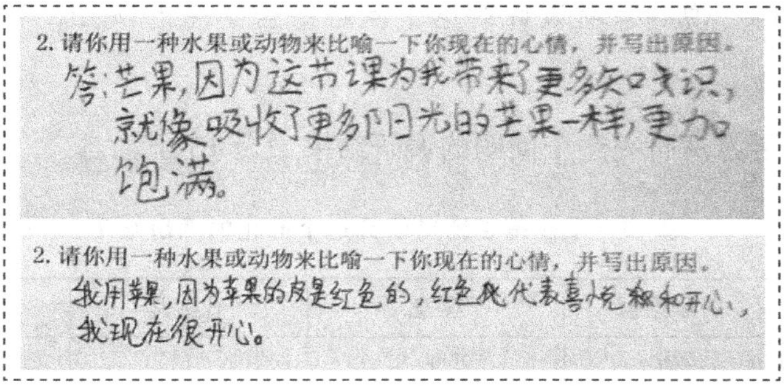
2. 请你用一种水果或动物来比喻一下你现在的心情，并写出原因。

答：芒果，因为这节课为我带来了更多知识，就像吸收了更多阳光的芒果一样，更加饱满。

2. 请你用一种水果或动物来比喻一下你现在的心情，并写出原因。

我用苹果，因为苹果的皮是红色的，红色代表喜悦和开心，我现在很开心。

图 16

另外，有 4 名学生表达了比较累，没有意思，其中有 2 名学生属于班级的学优生，已在课外班学习过长方体体积的计算公式，认为再学一遍没有意思。这个数据虽然不大，但也应重视，如何处理课外与课内的关系，让学生感受到长方体体积公式的来龙去脉，是非常有必要的。

四 问题讨论与教学建议

在与学生一起经历知识发生、发展的过程中，有一些思考，与大家进行交流。

（一）问题讨论

1. 学生是否喜欢、愿意研究这个问题

在调研的过程中，针对教材中呈现的问题串的问题 1，我们对学生是否喜欢这个问题和是否愿意研究这个问题进行调研，在调研过程中，除了让学生选择是否喜欢、是否愿意研究这个问题外，还尝试让学生描述自己的想法。学生是否喜欢这个问题的调研结果如表 12 所示。

表 12 学生是否喜欢这个问题的调研结果

选项	非常喜欢	喜欢	不喜欢	非常不喜欢
人数	12	16	2	0
百分比/%	40.0	53.3	6.7	0

从表 12 中不难发现，40.0%的学生非常喜欢这个问题，53.3%的学生

喜欢这个问题，说明教材设计的这个问题符合学生的认知，有助于学生开展学习活动。

学生是否愿意研究这个问题的调研结果如表 13 所示。

表 13　学生是否愿意研究这个问题的调研结果

选项	非常愿意	愿意	不愿意	非常不愿意
人数	20	9	1	0
百分比/%	66.7	30.0	3.33	0

从表 13 中可知，96.7%的学生愿意研究这个问题，说明教材设计的问题串的问题 1 能有效激发学生的研究兴趣，为学生后续学习的开展打下良好的基础。

在描述自己想法的过程中，有 7 名学生认为研究这个问题是有价值的，约占 23.3%；有 6 名学生认为对学习有帮助，占 20.0%；有 6 名学生认为可以探索长方体的体积公式，占 20.0%。选择不喜欢的 2 名学生，其中 1 名是优秀生，因为他在课外班学习过这个内容，认为这样的学习过程太慢了，所以不喜欢；1 名学生学习比较困难，认为太难了。对这 2 名学生，在后续的学习过程中，进行了特别的关注，发现随着学习过程的推进，这 2 名学生愿意修改自己之前的答案，并具有各自不同的体验，优秀生认为研究过程很有趣，明白了长方体体积公式的来龙去脉，觉得特别有价值；学困生认为拼摆的过程能帮助他理解长方体体积公式。

在研究的过程中，学生按照教材呈现的问题串进行学习，还是比较顺利的，部分学生读问题串的问题 1 中的图感觉有一些困难，但经过教师的引导及亲自动手拼摆后，也能很好地解读图示，并且认为图示对理解“长方体的体积与长、宽、高有关”是有帮助的。

如何带领学生经历猜想和验证的思维过程，理解长方体体积的本质是数“单位体积”的个数。

借助原有经验，教材鼓励学生经历长方体体积公式“猜想—验证”的过程。在用棱长为 1 cm 的小正方体拼摆长方体的过程中，通过观察、分析记录的长、宽、高等有关数据，引导学生发现长方体体积与长、宽、高的关系，逐步归纳出长方体体积的计算方法。在这个过程中，学生获得的不仅仅是数学结论，更为重要的是逐步学会获得数学结论的思想方法，这对学生的数学学习来说，非常有意义和价值。

在学生利用拼摆探索长方体体积公式的过程中，借助最原始的“数数法”去探索体积公式；借助直观和结构化的材料，经历“从堆积的单位体积想象出长方体”，再将“长方体”想象、分割成“堆积的单位体积”，拉长学生对长方体体积的学习过程，促进学生对长方体体积本质的理解。

在这样的探索活动中，学生获得的经验越多，体验就越丰富，就越能体验到数学的神奇魅力！这应该是学生快乐学习数学的源泉与动力！

2. 如何有效地帮助学生达到学习的基本要求

后测调研数据表明，在“长方体的体积”学习中，学生不仅要知道怎样算，还要知道为什么这样算，明白“长方体的体积＝长×宽×高”的道理。重视学生的探究过程，真正地让学生经历发现问题、寻找解决问题的途径及解决问题的过程。亲身经历体积公式的探索及推导过程，对学生的学习有很大的帮助。

需要说明的是，课堂教学一周之后，进行了延后测。延后测题与后测题基本一致，只是情境发生了变化，但是考查的知识点是一致的。把在后测中学生出错比较多的第 3 题和第 4 题，与延后测的第 3 题和第 4 题进行了对照分析，发现学生正确率有了很大的提高，特别是没带单位及单位换算出错的学生明显减少。延后测第 3 题和第 4 题学生的作答情况如表 14。

表 14　延后测第 3 题和第 4 题的作答情况

题目	3. 一个双开门冰箱长 1m、宽 0.8 m、高 1.8 m，这个双开门冰箱的体积是多少？		4. 一个长方体蓄水池，底面长 15 dm、宽 8 dm。如果要向这个蓄水池里注入 3 dm 高的水，需要多少升水？	
类别	错误	正确	错误	正确
人数	3	27	2	28
百分比/%	10.0	90.0	6.7	93.3

在延后测中，学生的正确率有了明显提升，其中在第3题出现错误的3名学生中，计算错误的有2名学生，计算正确但没带单位的有1名学生，出现错误的这3名学生与后测中出现错误的3名学生是不同的学生；第4题出现错误的有2名学生，其中1名学生计算错误，1名学生计算正确但没有进行单位换算。由此可知，随着时间的推移，经过学生的调整，大部分学生能自主解决单位换算的问题。

虽然在延后测中，学生的每道题目正确率都有了明显提升，但不可否认，还有少部分学生在计算、运用公式计算、理解题目上有困难，需要教师进行特别的关注及个别辅导。这是数学教师教学中的一个工作常态，关注学生对问题本身的理解，抓住核心概念的解读，能有效地提升学生的学业水平。

（二）教学建议

从理论上说，本研究得出的结果虽不能推广应用到所有学生，但考虑到以下因素，使得本研究的成果可以在一定程度上给教师一些启示：第一，本研究在选择学校时考虑到了学校的代表性；第二，本研究的学习活动内容是教材主题情境下设计的问题，依照问题拉长学生的思维路径，对教师了解学生的学习情况有一定的帮助。下面根据本研究的成果，给教师提供一些教学建议。

1. 重视图形之间知识的迁移，积累体积的学习经验

在调研的过程中，不难发现，教材从回顾长方形的面积与什么有关入手，鼓励学生猜想长方体的体积可能与什么有关，这样的处理手法对学生学习本节内容起到了正迁移的作用，有助于唤醒学生之前的学习经验，并将其迁移到长方体体积的学习中。学生不难从长方形的面积与长和宽有关，联想到长方体的体积可能与长、宽、高有关。

那么，到底有什么样的关系呢？可将在研究长方形面积中采用的“猜想—操作—验证—归纳”的方法运用到长方体体积公式的探究中来，以解决实际问题。由此体现学习的过程就是一个知识迁移和积累的过程，而这一过程，不仅仅是知识的积累，更重要的是数学思想和方法的累加，这在教材的编排体系中体现得特别明显。

2. 在探究长方体（正方体）体积公式中，建立体积度量观念

从长度单位、面积单位到体积单位，学生经历了一个“线—面—体”的认知过程，无论是长度、面积的度量，还是体积的度量，不变的核心是利用基本单位进行度量。但在进行长方体（正方体）体积公式的探索过程中，学生缺乏借助统一单位来度量的意识，教材中设计的问题串的问题 2 正是基于这样的考虑，让学生用相同的小正方体（棱长为 1 cm）摆出 3 个不同的长方体，在表格中记录它们的长、宽、高，经历“验证—猜想”的过程，从而获得长方体的体积公式。

在这个过程中，教师关注的不仅仅是学生是否按要求进行了摆放，获得了相关数据，更重要的是要借助表格中的数据帮助学生建立体积度量观念，通过观察、分析，发现长方体的体积与长、宽、高的关系，验证自己的猜想是否正确。

3. 拓宽教学空间，注重发展空间观念

运用所学知识解决生活中的实际问题是“长方体的体积”的一个学习目标，所以，不能把学生的学习空间束缚在教室及教材的习题中，要鼓励学生用数学的眼光去观察生活中的长方体或正方体，尝试用学到的知识去解决其体积问题，以增进学生对数学的理解。

同时，要关注学生空间观念的发展。后测中显示，一些学生对解决变式问题有困难，如对“从一个长方体中截取一个最大的正方体”“知道体积和底面积如何求高”的问题，感觉无从下手，其实归根到底就是缺乏空间想象能力，无法沟通数据之间的关系。这就要求教师在课堂教学中，给学生更大的空间，动手操作前要进行空间想象，从观察、操作、想象等多个渠道理解长方体的体积概念，在理解图形特征的基础上进行体积公式的探索，使得知识的学习与空间想象有机结合、相得益彰。

参考文献

[1] 鲍建生．数学学习的心理基础与过程［M］．上海：上海教育出版社，2009.

[2] 蔡金法，聂必凯，许世红．做探究型教师［M］．北京：北京师范大学出版社，2015.

[3] 曹会洲．高中生对体积概念和体积度量的理解［D］．上海：华东师范大学，2010.

[4] 郜舒竹．问题解决与数学实践［M］．北京：高等教育出版社，2012.

[5] 刘加霞．小学数学几何公式教学的教育价值分析——以长方体的体积为例［J］．小学教学（数学版），2012（11）.

[6] 刘艳萍，熊梅．小学个性化教学课程开发实践探索——以五年级长方体体积单元为例［J］．中国教育学刊，2015（03）.

[7] 吕琼华．知其然，更知其所以然——长方体体积公式推导教学解读［J］．小学教学设计，2015（2）.

[8] 马云鹏．小学数学教学论［M］．北京：人民教育出版社，2003.

[9] 全美数学教师理事会．美国学校数学教育的原则和标准［M］．蔡金法等，译．北京：人民教育出版，2004.

[10] 史宁中主编．义务教育数学课程标准（2011 年版）解读［M］．北京：北京师范大学出版社，2012.

[11] 位惠女，陶文中．义务教育教科书·数学·教师教学用书·五年级下册［M］．北京：北京师范大学出版社，2012.

[12] 吴正宪，刘劲苓，刘克臣．小学数学教学基本概念解读［M］．北京：教育科学出版社，2014.

[13] 徐学霞，吕琼华，严虹．长方体的认识、表面积和体积教学研究［M］．北京：教育科学出版社，2014.

[14] 于恒，郜舒竹．从长方体体积看变教为学中的学习活动［J］．教学月刊（小学版），2015（11）.

[15] （汉）张苍等辑撰．九章算术［M］．曾海龙，译解．江苏：江苏人民出版社，2011.

[16] 张丹．小学数学教学策略［M］．北京：北京师范大学出版社，2010.

[17] 张奠宙，孔凡哲，黄建弘，等．小学数学研究［M］．北京：高等教育出版

社，2009.

[18] 张殿军．重视数数活动，理解体积公式的本质［J］．小学教学（数学版），2012（11）.

[19] 赵震，吴正宪，孙家芳．长方体和正方体的体积课程实录与评析［J］．小学教学（数学版），2008（07）.

[20] 中华人民共和国教育部．义务教育数学课程标准（2011 年版）［S］．北京：北京师范大学出版社，2012.

附录 1

教师观察用表

____年级____班　被观察学生：__________　观察教师：__________

题号	题目	可能出现的答案		教师观察记录重点	访谈记录
		正确答案	其他答案及教师引导语		
1	“长方形的面积与长和宽有关，长方体的体积可能与什么有关?”说说你是怎样理解这个问题的意思的。	三层含义： 能根据长方形的面积与长和宽有关，猜想长方体的体积可能与长方体的长、宽、高有关。	学生可能会说的不全面。 (1) 教师可让学生再读一遍，看看题目中是否还有其他信息或读不懂的地方。 (2) 重读后还未说全，教师可针对学生漏掉的部分，进行追问。	(1) 学生读不懂、不理解的地方及其困难所在。 (2) 教师是如何帮助学生读懂的。 (3) 学生读懂后，教师对有利于他们读懂该问题的修改建议。	
2	观察下面各图，想一想长方体的体积可能与什么有关? 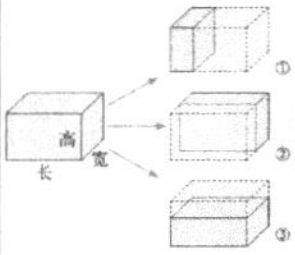	(1) 与原图比较，图①宽、高不变，长变短了，体积变小了。 (2) 与原图比较，图②长、高不变，宽变短了，体积变小了。 (3) 与原图比较，图③长、宽不变，高变短了，体积变小了。 (4) 通过比较，感知长方体的体积与长、宽、高有关。	(1) 学生的错误答案： ·仅与长、宽、高其中一个有关。 ·仅与其中两个因素有关。 ·其他 (2) 教师引导层次： ·再观察图，体会长、宽、高如何变化，体积如何变化。 ·以其中所给图示交流，如与原图相比，图①发生了什么变化。 ·同伴交流 ·其他	1. 记录学生出现的各种情况，必要时访谈学生是如何想的。如： (1) 学生在观察图示时，他们的困难是什么。 (2) 学生是在哪个层次上突破难点的。 (3) 随着教师的引导，学生想法发生变化或调整时，访谈他是怎样想的。 2. 对学生进行几个层次的引导后，他们仍无法理解长方体的体积与长、宽、高可能有关时，教师可借助图示进行讲解。同时，教师要对自己讲解的过程进行记录。	
3	你觉得教材呈现的长方体变化图示，对你理解问题有帮助吗?		请学生在作业纸上画“√”，提示单选。		

续表

题号	题目	可能出现的答案		教师观察记录重点	访谈记录
		正确答案	其他答案及教师引导语		
4	你喜欢这个问题吗？你愿意研究这个问题吗？		请学生在作业纸上画“√”，提示单选。		
5	“猜一猜，长方体的体积与长、宽、高有什么关系？用一些相同的小正方体（棱长为1cm）摆出3个不同的长方体，记录它们的长、宽、高，完成下表，验证你的猜想”，说说你是怎样理解这个问题的意思的。	(1) 猜想长方体的体积与长、宽、高之间的关系。 (2) 通过用小正方体摆长方体的活动，探索长方体体积的计算方法。 (3) 长方体体积＝长×宽×高。 (4) 会用字母表示长方体的体积公式。	学生可能会说的不全面。 (1) 教师可让学生再读一遍，看看题目中是否还有其他信息或读不懂的地方。 (2) 重读后还未说全，教师可针对学生漏掉的部分，进行追问。	(1) 学生读不懂、不理解的地方及其困难所在。 (2) 教师是如何帮助学生读懂的。 (3) 学生读懂后，教师对有利于他们读懂该问题的修改建议。	
6	根据表中的数据，你有什么发现？	(1) 由小正方体的个数得出长方体的体积。 (2) 长方体体积＝长×宽×高。	根据表中的数据，学生不难得出长方体的体积与小正方体数量间的关系，但从长、宽、高之间的关系去理解长方体的体积，学生可能会出现错误或缺乏思路。教师可借助表中的数据进行引导。 (1) 用小正方体摆出长方体，看看横着摆了几个，竖着摆了几个，有几层。 (2) 把横着摆了几个，竖着摆了几个，有几层与长方体的长、宽、高建立联系。	1. 记录学生出现的各种情况，必要时访谈学生是如何想的。如： (1) 在理解长方体的长、宽、高与体积之间的关系时，学生的困难是什么。 (2) 学生是在哪个层次上突破难点的。 (3) 随着教师的引导，学生想法发生变化或调整时，访谈学生的想法。 2. 如果学生进行几个层次的引导后，他们仍无法建立联系，需由教师	

续表

题号	题目	可能出现的答案		教师观察记录重点	访谈记录
		正确答案	其他答案及教师引导语		
			(3) 观察表格中长方体长、宽、高与体积的关系，得出长方体体积＝长×宽×高。	讲解清楚后，再进入下一个活动。同时，记录讲解的过程。	
7	结果与你的猜想是否一致，如果不一致，该如何进行调整？	结果与猜想一致，得到长方体的体积＝长×宽×高。	1. 学生可能出现结果与猜想不一致的情况。 (1) 长方体的体积＝长×宽，与面积混淆。 (2) 长方体的体积＝（长＋宽）×2，与周长混淆。 2. 根据学生出现的问题，回到操作或表格中的数据，进行引导，引导层次可参考问题 6。	(1) 在学生随着教师的引导，想法发生变化或调整时，记录学生是如何想的。 (2) 对学生进行几个层次的引导后，学生仍无法建立联系，需由教师讲解清楚后，再进入下一个活动。同时，记录讲解的过程。	
8	用相同的小正方体（棱长为 1 cm）摆长方体的活动，对你理解长方体的体积有帮助吗？为什么？		请学生在作业纸上画“√”，提示单选。		
9	“如何计算正方体的体积？与同伴交流你的想法”，说说你是怎样理解这个问题的意思的。	(1) 借助正方体与长方体的关系，推出正方体的体积公式。 (2) 正方体体积＝棱长×棱长×棱长 (3) 会用字母表示 (4) 了解 a^3 的读法。	学生可能会说的不全面。 (1) 教师可让学生再读一遍，看看题目中是否还有其他信息或读不懂的地方。 (2) 重读后还未说全，教师可针对学生漏掉的部分进行追问。	(1) 学生读不懂、不理解的地方及其困难所在。 (2) 教师是如何帮助学生读懂的。 (3) 学生读懂后，教师对有利于他们读懂该问题的修改建议。	

续表

题号	题目	可能出现的答案		教师观察记录重点	访谈记录
		正确答案	其他答案及教师引导语		
10	长方体体积公式的探究过程，对你发现正方体的体积公式有什么帮助？为什么？		请学生在作业纸上画“√”，提示单选。		
11	“先算一算下列图形的体积，再读一读，想一想。（单位：dm）”，说说题目是什么意思。	(1) 计算给定立体图形的体积。 (2) 探索长方体、正方体的体积与底面积之间的关系。	学生可能会说的不全面。 (1) 教师可让学生再读一遍，看看题目中是否还有其他信息或读不懂的地方。 (2) 重读后还未说全，教师可针对学生漏掉的部分进行追问，如“再读一读，想一想”是让做什么的。	(1) 学生读不懂、不理解的地方及其困难所在。 (2) 教师是如何帮助学生读懂的。 (3) 学生读懂后，教师对有利于他们读懂该问题的修改建议。	
12	想一想，什么是底面积？长方体、正方体的体积与底面积和高之间有什么关系？写下来，并与同伴进行交流。	(1) 知道什么是底面积。 (2) 长方体（正方体）体积＝底面积×高。 (3) 会用公式表示。	学生计算出给定立体图形的体积不难，但发现长方体、正方体的体积与底面积和高之间的关系可能会产生困难，可以从以下几个层次引导。 (1) 结合图示，引导学生关注涂色部分，明白涂色部分就是这个图形的底面，再计算其面积是多少。 (2) 用底面积×高得出体积。 (3) 与原来计算的数据进行比较，发现一致，从而得出长方体（正方体）体积＝底面积×高。	1. 记录学生出现的各种情况，必要时访谈学生是如何想的。如： (1) 在理解长方体的体积与底面积和高之间的关系时，学生的困难是什么。 (2) 学生是在哪个层次上突破难点的。 (3) 在教师的引导过程中，学生的想法发生变化或调整时，访谈学生的想法。 2. 对学生进行几个层次的引导，他们仍无法建立联系，需由教师讲解清楚后，再进入下一个活动。同时，记录讲解的过程。	

续表

题号	题目	可能出现的答案		教师观察记录重点	访谈记录
		正确答案	其他答案及教师引导语		
13	换一个底面，用你发现的长方体（正方体）的体积与底面积和高之间的关系，再算一算这些图形的体积，你有什么发现？	（1）换一个底面与对应的高，用底面积×高求体积。 （2）发现体积没有变化。	1. 学生可能出现的错误： （1）底面与高没有对应。 （2）计算出现错误。 2. 针对学生出现的问题，教师可进行引导。 （1）出现底面与高没有对应时，教师可借助实物图或课件进行演示，让学生明白每一个底面都有其对应的高。 （2）计算错误的，要关注错在哪里，为什么错，耐心帮助学生纠正。	（1）在学生随着教师的引导想法发生变化或调整时，记录学生是如何想的。 （2）对学生进行几个层次的引导后，他仍无法建立联系，需由教师讲解清楚后，再进入下一个活动。同时，记录讲解的过程。	
14	填一填，并呈现表格及相关数据，说说题目是什么意思。	运用“长方体（正方体）的体积=底面积×高”进行计算。	学生可能会说的不全面。 （1）教师可让学生再读一遍，看看题目中是否还有其他信息或读不懂的地方。 （2）重读后还未说全，教师可针对学生漏掉的部分进行追问。	（1）学生读不懂、不理解的地方及困难所在。 （2）教师是如何帮助学生读懂的。 （3）学生读懂后，教师对有利于他们读懂该问题的修改建议。	
15	在解决这个问题的过程中，你感到比较困难的是什么？说说你自己的想法。	正确进行计算。	直接根据公式计算，部分学生可能没有困难，困难在于公式的变式，如“知道体积与高，求底面积”，再如“知道体积与底面积，求高”。可结合具体的图形，直观地进行演示，帮助学生理解。	（1）在学生随着教师的引导想法发生变化或调整时，记录学生是如何想的。 （2）如果学生借助几个层次的引导，仍无法建立联系，需由教师讲解清楚后，再进入下一个活动。同时，记录讲解的过程。	

附录 2

后测题

五年级____ 班　　姓名：________

1. 想一想，我们是如何得到长方体、正方体的体积公式的？写下来，并与同伴交流。

2. 用体积是 1 cm^3 的小正方体摆成如下的图形，它们的体积各是多少？

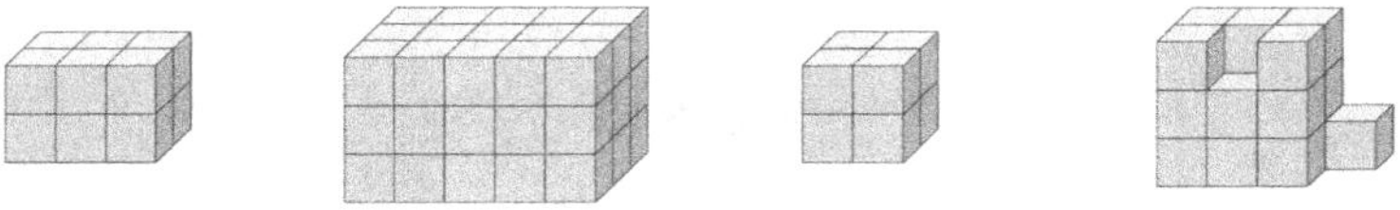

3. 冷藏车厢的内部长 3 m、宽 2.2 m、高 2 m，车厢内部的体积是多少？

4. 一个长方体水池，底面长 12 dm、宽 6 dm。如果要向这个池子里注入 2 dm 高的水，需要多少升水？

5. 一块长方体形状的大理石，体积为 30 m^3，底面是面积为 6 m^2 的长方形，这块大理石的高是多少米？

6. 将一个长 8 cm、宽 5 cm、高 3 cm 的长方体截成一个体积最大的正方体，这个正方体的体积是多少？结合下边的图想一想，再算一算。（单位：cm）

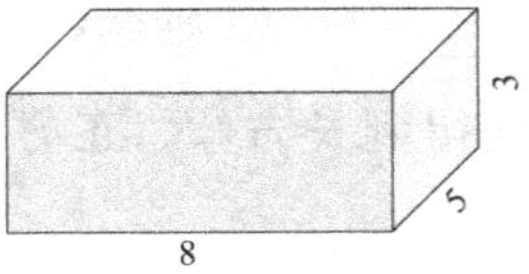

附录 3

延后测题

五年级____班　　姓名：________

1. 想一想，我们是如何得到长方体、正方体的体积公式的？写下来，并与同伴交流。

2. 用体积是 1 cm^3 的小正方体摆成如下的图形，它们的体积各是多少？

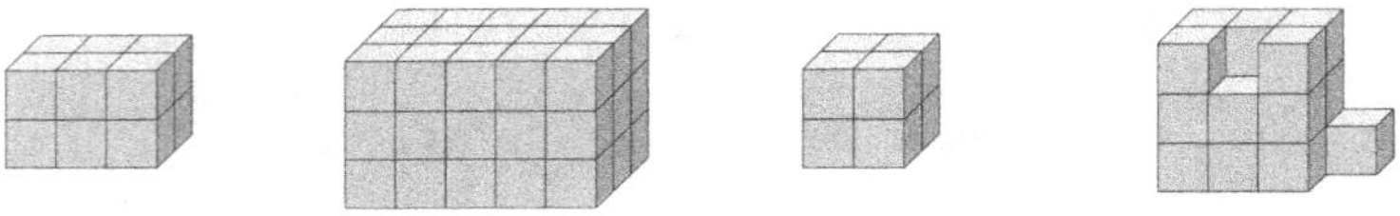

3. 一个双开门冰箱长 1 m、宽 0.8 m、高 1.8 m，这个双开门冰箱的体积是多少？

4. 一个长方体蓄水池，底面长 15 dm、宽 8 dm。如果要向这个蓄水池里注入 3 dm 高的水，需要多少升水？

5. 一个长方体形状的活动房，体积为 36 m^3，底面是面积为 12 m^2 的长方形，这个活动房的高是多少米？

6. 将一个长 8 cm、宽 3 cm、高 5 cm 的长方体截成一个体积最大的正方体，这个正方体的体积是多少？结合下边的图想一想，再算一算。（单位：cm）

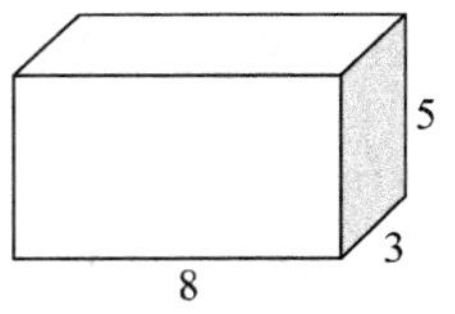

基于“情境＋问题串”的学生学习过程研究

——六年级下册“图形的旋转（二）”的研究案例

朱育红（天津市河西区教师发展中心）

图形的认识、图形的测量、图形的运动、图形与位置是从多种角度对立体图形和平面图形的刻画，主要刻画图形的特征、图形的大小、图形的位置、图形的运动。对图形的刻画将促使学生能够从多种角度、多种维度来认识和理解图形。其中图形的运动是研究几何问题的有效工具，引进运动能使图形动起来，有助于发现图形的几何性质，同时认识生活中的运动现象。

一 研究背景及研究问题

“图形的旋转（二）”是北师大版（新世纪）小学数学六年级下册教材第三单元“图形的运动”中第二课时的内容。此内容（旋转）属于图形与几何领域中图形的运动，除旋转外，图形的运动还包括平移、轴对称。

关于图形的旋转，北师大版（新世纪）教材安排在两个学段进行。在第一学段，学生结合实例初步感知生活中的旋转现象；在第二学段，学生将进一步从旋转中心、旋转方向、旋转角度等方面认识旋转，能在方格纸上将简单图形旋转 90°，并运用所学在方格纸上设计图案。范希尔夫妇几何思维和教学理论[1]，将几何思维的发展划分为 5 个水平，这 5 个水平由低到高：Ⅰ．直观水平；Ⅱ．描述、分析水平；Ⅲ．抽象关系水平；Ⅳ．形成演绎水平；Ⅴ．严谨水平。从前一个水平发展到后一个水平主要是依靠教学来推动，学生可以通过若干教学阶段的学习取得进步。对小学阶段的学生来说，主要达到前 3 个水平。在教学中，教师要设计适当的教学活动，帮助学生提高几何思维水平。

依据以往的教学经验，“图形的旋转（二）”看起来非常简单，但是并不容易把握，大多数教师的教学方法是比较“模糊”的，或者只是要求学生多操作但并不了解设计什么样的有效操作活动，或者通过反复训练及个别辅导来帮助学生克服困难，然而，由于并不了解学生真实的学习过程，这些策略并不一定有效。

北师大版（新世纪）小学数学教材为学生的学习提供了支持。首先“图形的旋转（一）”，通过钟面指针的旋转、车库横杆的旋转等实例，引导学生结合生活经验观察思考，借助线段的旋转认识旋转中心、旋转方向、旋转角度等基本要素。然后“图形的旋转（二）”，引导学生在方格纸上画出一个简单图形绕其上的某个顶点旋转 90°后的图形，为了帮助学生理解和掌握，教材设计了 3 个问题，问题 1 是让学生画小旗绕点 M 顺时针旋转 90°后的图形，问题 2 是让画三角形 ABC 旋转 90°后的图形，问题 3 是让学生结合画的过程总结画的方法和需要注意的地方。教材设计的“旋转带旗杆小旗”的活动，有利于学生借助“旗杆”所在线段的旋转来进行整个图形的旋转。在画简单平面图形旋转 90°后的图形时，也是引导学生根据线段的旋转来思考。这些活动的设计是否能帮助学生克服困难，达成学习目标呢？为了找到答案，我们需要深入理解学生的学习过程。

由此，本研究确定了如下的研究问题。

1. 画平面图形的旋转图形是学生学习的难点，教材设计了“小旗的旋转—平面图形的旋转”的学习路径，能否有效帮助学生学会画图形的旋转图形的方法？

2. 经过3个问题的学习，学生在图形旋转中的认知水平是什么？

3. 学生在画平面图形的旋转图形时，学习困难是什么，有哪些错误类型？教师可以提供怎样的学习支持帮助学生突破学习困难？

二 研究设计

（一）样本描述

本研究采用的是目的抽样的方法，选择调研的学校地处天津市河西区东部的老居民区，学校现有学生1657名，多数学生来自周边居民区，少部分学生来自外来务工家庭。选择这所学校，主要考虑研究结果的代表性，希望能代表普通学校学生的整体水平。

在这所学校选取六年级2班的部分学生进行个体访谈，选取六年级4班的全体学生进行课堂观察，共37名学生。选取的学生情况如表1所示。

表1 学生情况表

样本情况	班级	本地户籍学生人数	外地户籍学生人数
个体访谈	六年级2班	5	1
课堂观察	六年级4班	22	9
合计		27	10

在个体访谈环节，选取六年级2班的6名学生（包括3名男生和3名女生），他们的学习水平分别属于优秀、中等、有待提升。个体访谈的目的是为了展现不同层次学生的思维过程，同时为下一步的课堂观察奠定基础。

在课堂观察环节，为了更好地了解学生的具体变化，将学生分成了8个小组进行观察，其中7个小组是4人，1个小组是3人，每个小组配备1位观察教师。小组成员由研究者和班级的数学教师共同商议确定，结合学生平时的表现，每个小组由学习水平优秀、中等和有待提升3个层次的学生组成。

参与访谈和课堂观察的教师是该校任教中、高年级的数学教师，其中承担上课任务的教师是该校校级骨干教师。

（二）研究思路

本研究采用的研究方法主要是问卷调查法、个体访谈法和课堂观察法。在文献分析的基础上，以教材呈现的“情境＋问题串”为媒介，进行“图形的旋转（二）”的研究，了解学生能否读懂“情境＋问题串”，学生在学习过程中是如何解决图形旋转的问题的。在进行相关研究论述的基础上，设计了分析和研究的基本过程框架，如图 1 所示。

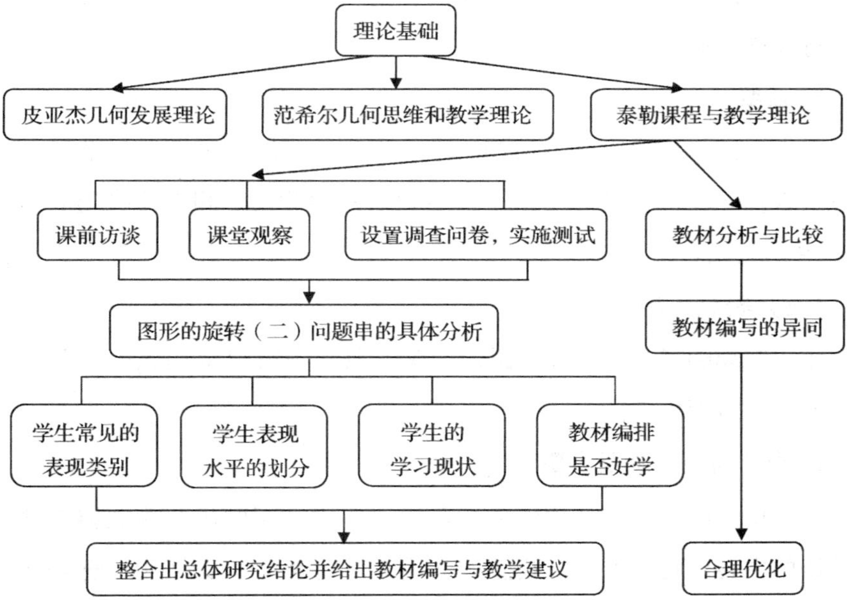

图 1

在个体访谈和课堂观察时，保留原始数据和视频资料，为后续的结果分析做好充足的准备。

1. 个体访谈

在个体访谈中需注意以下两点：

(1) 逐一呈现教材中的“情境＋问题串”，学生先自主阅读，并尝试解答。教师根据学生的反应，追问“你是怎么想的”。

(2) 对学生的表现、教师的指导和学生进一步的表现都要详细记录。

通过个体访谈，一方面可以更深入、更细致地了解学生对图形的旋转的学习过程，另一方面还可以依据访谈中出现的问题，来丰富、调整课堂观察中所用的调研工具。因此，个体访谈也起到了一个预调研的作用。

2. 课堂观察

由 8 位教师对 31 名学生进行课堂观察。在讲课教师抛出问题后，观察教师要观察学生会有怎样的反应，并就学生的反应，要询问“你是怎么想的”；在学生有错误时，不仅要询问“你是怎么想的”，还要进行相应的指导。观察教师要对自己所有的指导语言及行为、学生的想法及进一步的表现进行详细记录。

3. 后测

课堂观察一周后，进行后测，了解学生知识的掌握、运用情况。后测过程中教师不进行任何的干预，学生独立做后测题，测完即收卷。测试在 15 分钟内完成。

（三）研究工具

本研究编制了个体访谈、课堂观察、课堂中对学生提供的学习支持及后测题四个方面的工具。

1. 个体访谈工具及说明

个体访谈问卷主要以教材中呈现的“情境＋问题串”为主要材料，设计访谈的主要问题（个体访谈提纲详见文后附录 1）。访谈中，还需要记录（个体访谈记录单详见文后附录 2）学生可能出现的想法、出现的困难及迷思，以及对学生提供的学习支持。

2. 课堂观察工具及说明

在讲课教师抛出问题后，观察教师要观察本组学生会有怎样的反应，并进行必要的追问“你是怎么想的”，在学生出现困难或错误时，要进行相应的指导，并在课堂观察记录表（详见文后附录 3）中记录本组学生在学习过程中的表现。

3. 课堂中对学生提供的学习支持及说明

依据教材设计的“情境＋问题串”，细化了对每一个问题的学习支持。

对此，有以下教学设想。

（1）教材问题串的问题1的处理与思考

问题1设计了画小旗旋转90°后的图形的学习活动（如图2），根据访谈中学生出现的不同情况，预设了如下三个问题。

画出图中的小旗绕点 M 顺时针旋转90°后的图形。

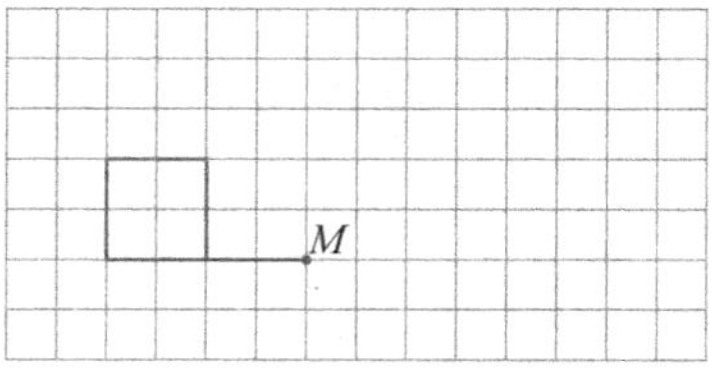

图2

第一，想一想“绕点 M 顺时针旋转90°后的小旗”是怎样的？在方格纸上画一画，并检查画出的图形是否符合题目要求。

第二，针对学习有困难的学生进行追问：“想一想可以先画什么？”引导学生找到解决问题的突破口，从中了解教材呈现的提示（如图3）的作用，以及学生能否借助这个提示解决困难。

图3

第三，旗面中的每条边以及在面上的每个点旋转后的位置是怎样的？通过这个问题，了解学生能否关注到旋转前后图形中相对应的线、点的位置变化，并用较清晰的语言描述旋转的过程。

（2）教材问题串的问题2的处理与思考

问题2设计了画出三角形ABC旋转后的图形（如图4）的两个学习活动。这两个学习活动，看似同等水平，实际上是有差异的。绕点 A 旋转时，与点 A 相关的边是三角形的两条直角边，它们在方格纸上是水平或垂直摆放的，这样的两条边在方格纸上比较容易实现旋转 90°；而绕点 B 逆时针旋转 90°时，与点 B 相关的边中有一条是直角三角形 ABC 的斜边，不能直接画出这条边绕点 B 旋转 90°后的位置。“三角形的三条边先画哪条边”的问题就变得很关键了。

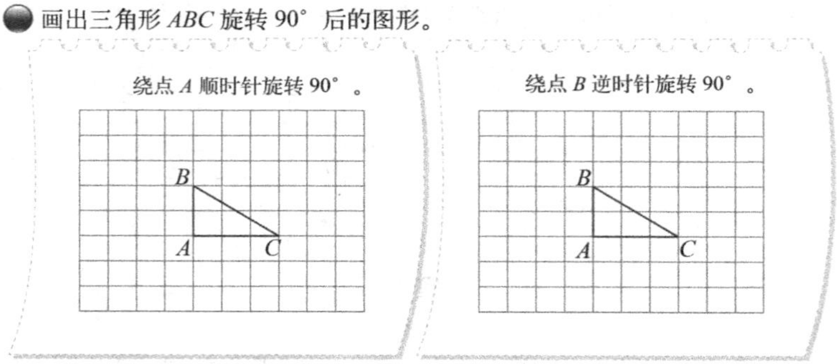

图 4

将活动细化分两个环节进行。第一个环节，引导学生完成“绕点 A 顺时针旋转 90°”，先想一想旋转后的图形的位置，思考准备怎么画？然后在方格纸上画出三角形 ABC 绕点 A 顺时针旋转 90°后的图形，最后说一说，你是怎么画的？通过学生的交流，比较不同的画法，体会从哪条线段入手画图比较方便。第二个环节，独立完成“绕点 B 逆时针旋转 90°”，根据学生情况，教师及时发现学生的困难点，组织交流活动，可以问：“在画图的过程中，你遇到什么问题？你是怎么解决的？”

（3）教材问题串的问题 3 的处理与思考

问题 3“与同伴说说你是怎么画的，需要注意什么？”引导学生进行总结。在这个过程中期望学生能结合画的过程总结出画的方法和需要注意的地方。

4. 后测题及说明

把教材“练一练”的习题作为后测题，主要看学生能否独立、正确地完成题目，来了解学习目标的达成情况。后测题由学生独立完成，教师不作指导；学生完成后，教师可以进行相应的追问。

后测题有三种类型：第一种类型是判断简单图形是怎样旋转的（如图5），了解学生能否关注相应线段的旋转进行判断；第二种类型是在方格纸上画出简单的平面图形旋转 90°后的图形（如图 6）；第三种类型是思考给出的基本图形绕中心点每次旋转多少度能得到给出的图案（如图 7）。

1. 想一想，填一填。

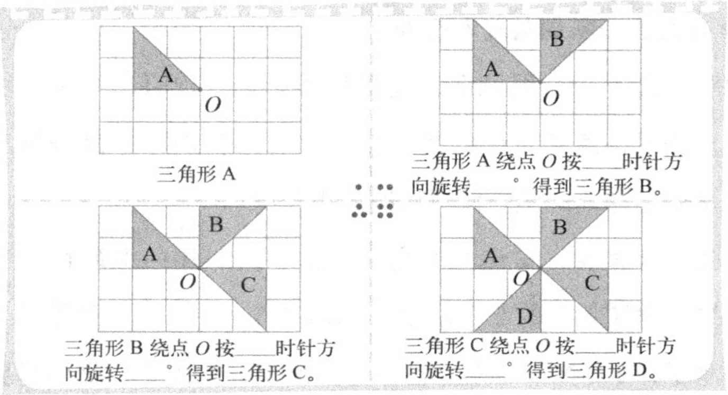

图 5

2. 画出图中长方形①绕点 M 顺时针旋转 90° 后的图形，再画出长方形②绕点 N 逆时针旋转 90° 后的图形。

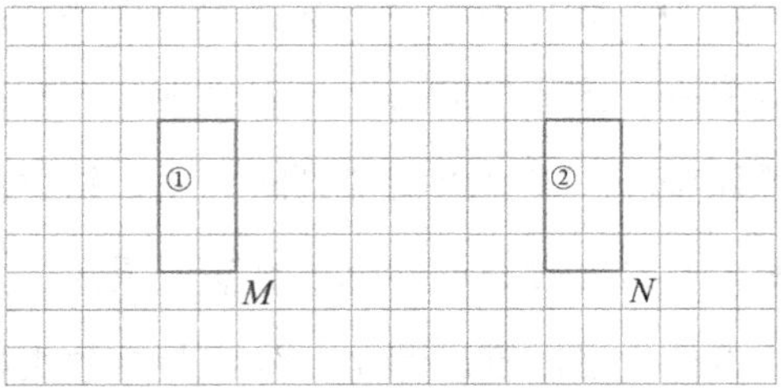

图 6

3. 想一想，图①中的三角形绕中心点每次旋转多少度能得到这个图案？图②中的正方形呢？

① ②

图 7

（四）数据分析

1. 个体访谈资料的分析

对学生的作答情况进行定性分析，明确学生的主要想法和困难，教师提供的学习支持及其有效性，据此完善课堂观察记录表及课堂中提供的学习支持。

2. 学习过程资料的处理与分析

课堂观察过程中全程录像，观察教师录音、拍照，并在课后根据本组学生的课堂表现整理课堂记录表，对学生的回答进行定性分析。在此基础上，统计学生在各个问题上作答情况的百分比。

小学生几何思维的发展水平达到范希尔夫妇几何思维和教学理论中关于几何思维的发展划分的 5 个水平中的前 3 个水平（Ⅰ. 直观水平；Ⅱ. 描述、分析水平；Ⅲ. 抽象关系水平[1]）。杨李娜的硕士论文中提到，解题过程不单纯是表象的运动过程，而是较复杂的思维过程，它包括 3 种心理成分，即感知动作、表象和概念[2]，3 种心理成分相互联系，相互制约，其中起主导作用的心理成分，标志着被试者思维发展的水平与阶段。

六年级学生解决平面图形的旋转时，采用旋转加特征判断的策略，以旋转为主，辅之以特征判断，或者以特征判断为主，辅之以旋转。学生的思维发展趋势是：平面图形的旋转表征清晰、准确、灵活、多样，特征判断从单维发展到双维，从不稳定发展到较稳定。依据范希尔夫妇几何思维和教学理论及杨李娜的研究，将学生的思维水平分为 3 个层次，如表 2 所示。

表 2　学生思维水平的 3 个层次

水平	水平 1	水平 2	水平 3
特点	感知动作占主导	表象占主导	概念占主导
阶段	模拟操作	想象	想象＋图形特征

3. 后测资料的分析

在学生学习教材问题串的 3 个问题后，我们通过后测题统计分析学生的学习效果。

三 研究过程与结果

因课前个体访谈与课堂观察提出的问题基本一致，故在“研究过程与结果”中，把个体访谈与课堂观察的数据放在一起进行分析。

（一）学生借助线段思考小旗旋转的学习过程

对于小旗的旋转，学生有一定的生活经验支撑，而且图中小旗有旗杆，有利于学生借助线段的旋转来认识整个图形的旋转。这样的安排既唤醒了学生第一节课“图形的旋转（一）”的经验，又为画简单的平面图形（如三角形）旋转 90°后的图形起到支撑作用。

能够独立、正确完成这一过程的学生达到 33 名，他们的主要思路是从旗杆的旋转入手，再画出旗面。另外 4 名学生需要在提示下完成，其中有 2 名学生读了教材中淘气“可以先找到旗杆旋转后的位置”的想法后明白如何进行旗面的旋转；还有 2 名学生读了淘气的想法后，只能画出旗杆，当教师提示“想一想，接下来画什么，怎样画”之后，这 2 名学生能正确地将小旗绕点 M 顺时针旋转 90°，看来教材中淘气的想法“可以先找到旗杆旋转后的位置”对学习困难的学生有很好的支持作用。

在解决问题 1 之后，教师追问学生：画小旗旋转时要注意什么？学生能从旋转中心、旋转方向和旋转角度等方面进行交流，而且学生还能关注到图形中对应线段的长度。下面是部分学生的想法。

生 1：首先读清楚题目，找准要干什么，然后再画，画的时候先画旗杆，别数错格子。

生 2：把每个边都旋转 90°并确定长度。

生 3：方向是顺时针，不要看成逆时针，旗杆 4 格长，不要数错，绕 M 点旋转，90°不要看错。

生 4：注意绕哪个点，顺时针还是逆时针，旋转多少度；有可能旗杆的长度会画错，所以也要注意旗杆的长度。

（二）画出三角形 ABC 旋转 90°后的图形的学习过程

画出三角形 ABC 绕点 A 顺时针旋转 90°后的图形（如图 8），有 31 名学生能够独立、正确画出三角形旋转后的图形；有 6 名学生不能独立完成，需要提示或模拟操作。

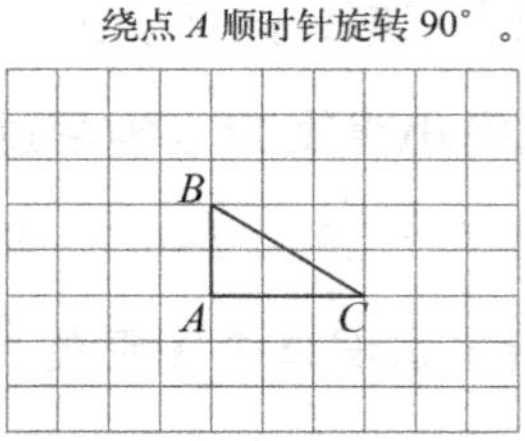

图 8

有 34 名学生在解决这个问题的时候从线段 AC 入手解决问题，有 3 名学生从线段 AB 入手解决问题。教师鼓励学生交流各自的想法，学生认为：从三角形的直角边入手方便解决问题，因为直角边正好和方格纸中的线重合，很容易找到旋转的角度；线段 AB 旋转后与 AC 重合了，不方便解决，所以选择从 AC 入手。经过交流，大家达成共识，这个问题从线段 AC 和 AB 入手都可以，因为他们都是三角形的直角边。

图 9～11 是学生出现的几种错误类型。

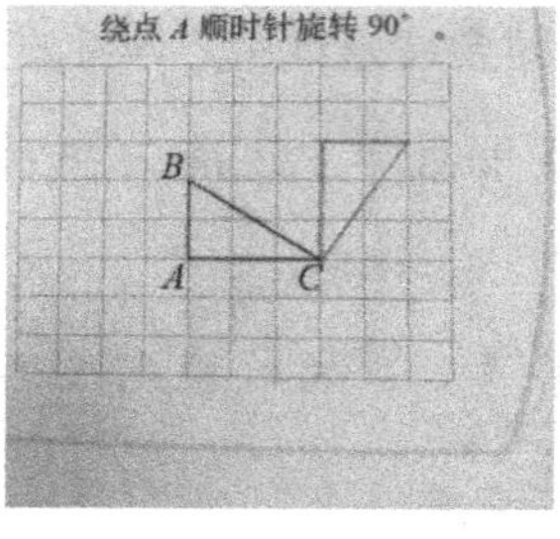

图 9

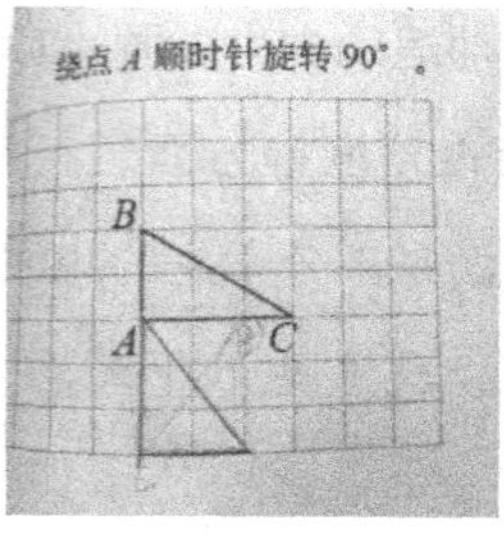

图 10

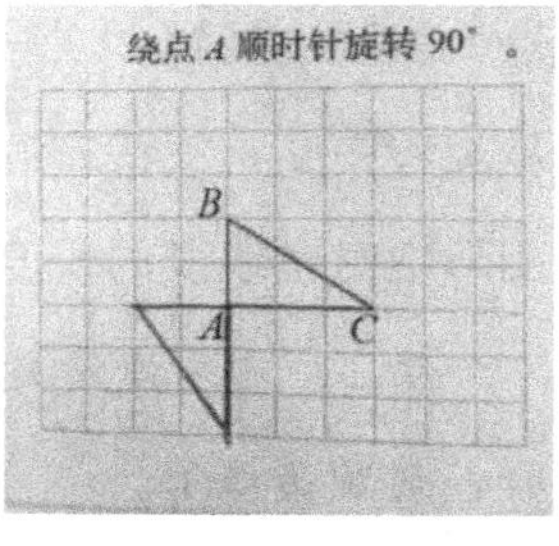

图 11

类型Ⅰ：旋转中心不清，有 2 名学生。如图 9，错将点 C 作为旋转中心，反映出此类学生没有厘清旋转的基本要素。以点 A 为旋转中心，他们能想到从与点 A 有关的线段 AC 入手思考，这是很好的，但随之在头脑中不能建立：点 A 固定不动，而点 C 带动线段 AC 实现顺时针旋转 90°后的图形。

类型Ⅱ：不能确定旋转后对应边的位置，有 4 名学生。如图 10 和图 11，此类学生能够从线段 AC 入手，将线段 AC 绕点 A 顺时针旋转 90°，而旋转后将线段 AB 的位置画错。实际上从线段的旋转到平面图形的旋转，是较复杂的思维过程，需要将平面图形的旋转与图形的特征相结合进行判断，将感知动作、表象和概念 3 种心理成分相互联系。在画图过程中起主导作用的心理成分，标志着学生关于图形的旋转的思维水平和阶段，基于此对学生思维表现水平和阶段做了描述，如表 3 所示。

表 3　学生思维表现（绕点 A 顺时针旋转 90°）

水平	水平 1	水平 2	水平 3
特点	感知动作占主导	表象占主导	概念占主导
阶段	模拟操作	想象	想象＋图形特征
人数	2	4	31

画出三角形 ABC 绕点 B 逆时针旋转 90°后的图形（如图 12），有 25 名学生能够独立、正确完成；有 12 名学生不能独立完成，其中 8 名学生需要提示，4 名学生需要模拟操作。

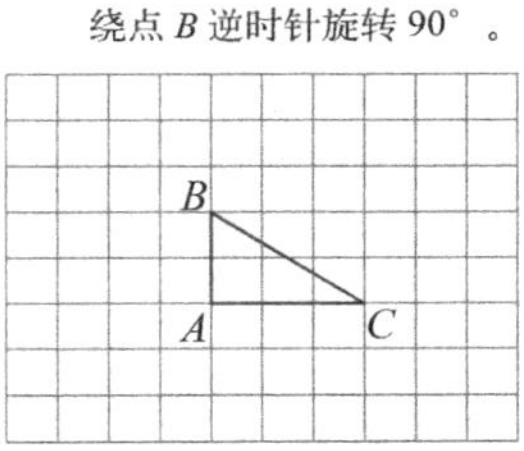

图 12

图 13～16 是学生主要出现的错误类型。

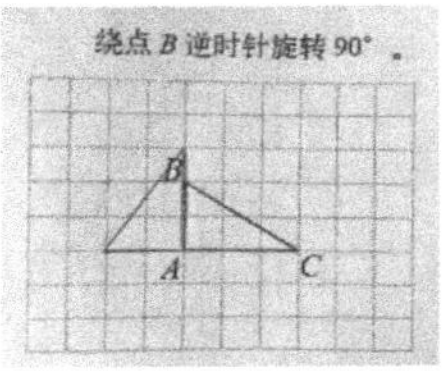

图 13

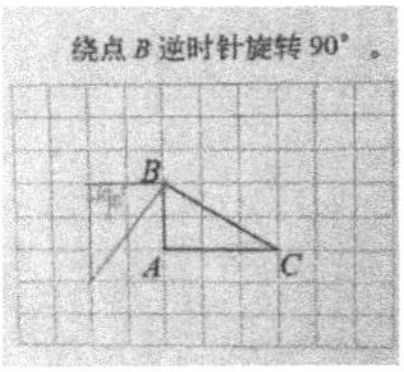

图 14

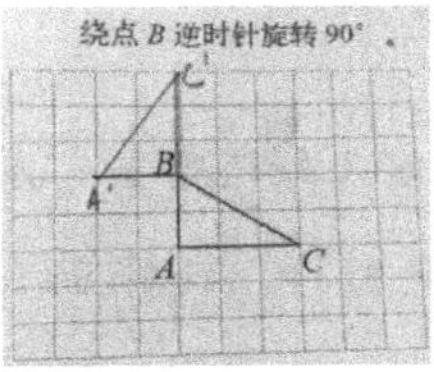

图 15

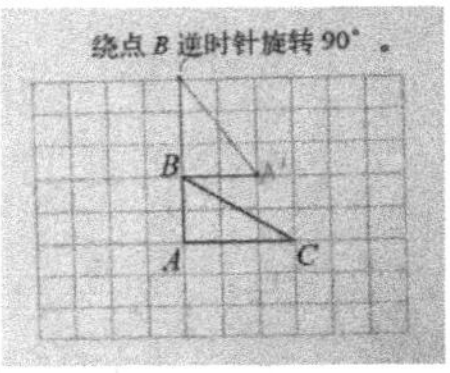

图 16

类型Ⅰ：旋转中心或旋转方向不清，有 7 名学生。其中，2 名学生旋转中心错误，如图 13；5 名学生旋转方向错误，如图 14 和图 15。

类型Ⅱ：不能确定旋转后对应边的位置（如图 16），有 5 名学生。此类学生能够从线段 BA 入手，将线段 BA 绕点 B 逆时针旋转 90°，而旋转后线段 AC 的位置出现错误。

下面是解决问题串的问题 2 时一组师生对话的片段。

师：解决图 8 的问题，你看到了什么信息？

生：绕 A 点，顺时针，旋转 90°。

师：哪个是 A 点？

（生指出。）

师：顺时针方向呢？

（生指出。）

师：三条线中你想先画谁？

生：先画线段 AC。

师：为什么是先画 AC 而不是先画 BC？

生：因为在我脑子中竖起来是这样。（生边说边在图上模拟比画出旋转后的样子。）

师：第二步画谁？

生：AB。

师：你画的这两条线都和谁挨着？

生：A 点。

师：A 点是旋转中心对吗？

生：对。

师：从图 12 中你又知道哪些信息？

生：绕 B 点，逆时针，旋转 90°。

师：你先画画。

（生画图。）（画错了，画成绕 B 点顺时针旋转了。）

师：你看看这样画有没有问题？

生：没有问题。

师：你看看你画的是绕哪个点旋转？

生：B 点。

师：好，没有问题吧，是逆时针旋转吗？

（生思考，没有回答。）

师启发：你打算先画哪条边？

生：AB。

师：AB 绕点 B 逆时针旋转 $90°$ 后在哪儿？

（生仍然不会。此时师拿出一个和原图完全一样的三角形摆在原图上，让生按要求旋转三角形。生操作了两次，终于将三角形按要求进行了旋转。）

师：那么 AB 这条边旋转后应该画在哪？

（生指出正确位置。）

师：你知道你刚才错在哪了吗？

生：我是绕点 B 顺时针旋转的，旋转方向错了。

师：AB 画完后再画谁？

生：AC。

师：AC 旋转后在哪儿？

（生指对了并画了出来。）

师：第三步接着画吧！

（生画对了。）

师：你画的这个三角形与你刚才画的三角形样子是一样的，还有哪儿不一样？

生：位置不一样。

师：你用三角形模型（剪成与原图一模一样的模型）摆一摆，看看你画对了吗？

（生操作模型后，确认正确。）

师：画的时候注意什么？怎么想？第一步先画哪？

生：我应该注意旋转方向，大概确定原图旋转之后的位置，第一步先画与旋转点连接的那条边。

我们可以看到解决“画出三角形 ABC 绕点 B 逆时针旋转 90°后的图形”的错误率比解决“画出三角形 ABC 绕点 A 顺时针旋转 90°后的图形”要高，其原因有二：

其一，部分学生认为解决逆时针旋转时容易出现错误。教师追问此类学生，他们说：想着逆时针，不知道怎么就画成顺时针了。其实有不少学生有减少此类错误的好方法，如图 17，把图形旋转的基本要素在图上清晰地标示出来，展现自己的思维过程。

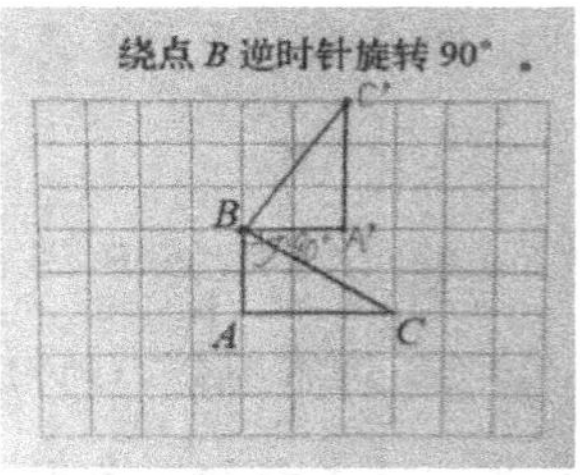

图 17

其二，是与旋转中心相连接的两条线段有关，一条线段是直角三角形的直角边，另一条是斜边，而斜边在方格纸上不能直接确定旋转后的位置，与刚刚积累的解决“画出三角形 ABC 绕点 A 顺时针旋转 90°后的图形”的经验有所不同。这就需要学生根据三角形的特征，确定先解决哪条线段的旋转比较简单和稳妥，画完后要再对照旋转要求想一想，思维的过程更复杂了。因此，在图形旋转时，由于它的边在旋转过程中所表现出来的不同变化，导致学生对解决此类问题表现的水平呈现不稳定性，当思考过程复杂时，采用旋转加特征判断的策略，有时以旋转为主、辅之以特征判断或者以特征判断为主，辅之以旋转。表 4 是学生思维表现水平和阶段的描述。

表 4　学生思维表现（绕点 B 逆时针旋转 90°）

水平	水平 1	水平 2	水平 3
特点	感知动作占主导	表象占主导	概念占主导
阶段	模拟操作	想象	想象＋图形特征
人数	4	8	25

（三）学生归纳总结画平面图形旋转后的图形的方法的学习过程

依据范希尔夫妇几何思维和教学理论，六年级学生几何思维的发展应处于从描述、分析水平向抽象关系水平过渡的阶段，画平面图形的旋转对学生来说有一定的困难，因此引导学生用语言表达图形运动的过程，及时进行总结和反思是非常重要的。

有 36 名学生能够结合画的过程总结画的方法，并能提出需要注意的地方；有 1 名学生忽略了旋转中心。另外，不同水平的学生表达方式略有不同，有的学生概括性强（如图 18）；有的学生的描述比较具体（如图 19）；有的学生考虑问题不全面（如图 20）。

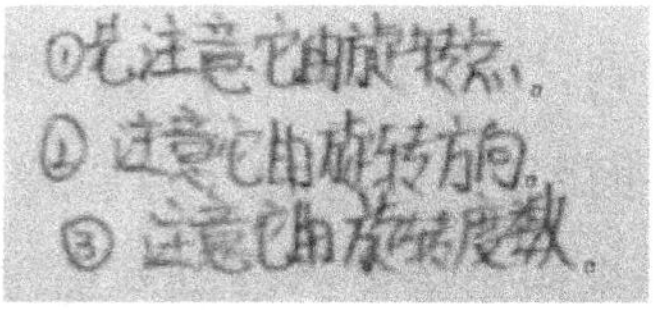

图 18

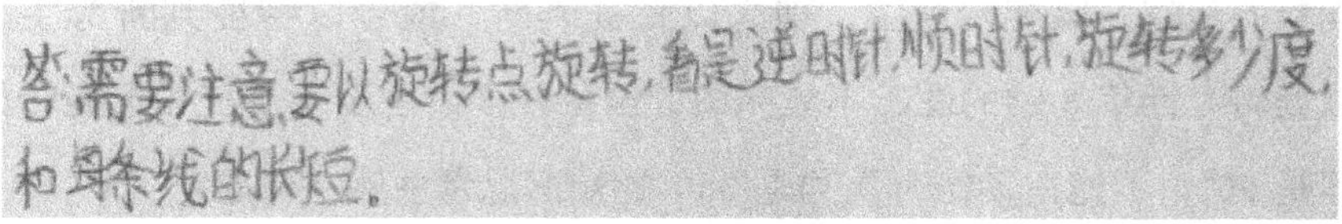

图 19

图 20

（四）后测结果

在学生完成教材问题串的 3 个问题的学习后，对他们进行后测。后测结果如表 5 所示。

表 5 后测结果

题号		独立、正确完成人数	语言提示下正确完成人数	不能完成人数	障碍点
第 1 题		34	3	0	旋转方向
第 2 题	图①	32	5	0	旋转中心、对应边
	图②	27	8	2	旋转中心、对应边
第 3 题	图①	12	15	10	360°、对应边
	图②	27	5	5	对应边

从表 5 的数据可以看到，学生已经体会到图形旋转的基本要素，并能在方格纸上画出一些简单平面图形绕其上某一点旋转 90°后的图形。在学习平面图形旋转的过程中，学生使用语言的准确性提高，头脑中二维平面图形的旋转表征比较清晰。学生在解决平面图形的旋转时，采用的是旋转加特征判断的策略，以旋转为主，辅之以特征判断，或者以特征判断为主，辅之以旋转。而第 3 题的图①不能完成的学生较多，主要由于三角形旋转的角度不是 90°，不能主动结合周角是 360°的知识思考并解决问题。

四 研究结论与教学建议

从对学生学习过程的分析来看，得到如下的结论。

1. 教材设计的借助线段画平面图形的旋转的学习路径，能有效帮助学生学习画图形的旋转图形的方法

大部分学生能够借助线段的旋转认识平面图形的旋转，并经过问题串的学习和交流活动，逐渐积累解决问题的相关经验。在这个过程中，鼓励学生通过观察、操作、想象、分析图形运动的过程，逐渐发现图形的边在旋转过程中所表现出来的不同变化及特点，无疑是发展学生空间观念和推理能力的有效途径。

2. 在学习图形的旋转过程中，多数学生表现为“想象＋图形特征”的概念为主导的认知水平特征，已经达到范希尔夫妇几何思维和教学理论的第3层次

学生能够将图形的旋转和图形的特征联系起来分析和解决问题。实际上，从线段的旋转表征到平面图形的旋转表征，解决问题的过程不单纯是表象运动过程，而是较复杂的思维过程，需要将平面图形的旋转与图形的特征相结合进行判断，当图形旋转的表征和基于几何概念的判断不清晰时，导致问题不能顺利解决，此时就需要将感知动作、表象和概念3种心理成分相互联系。在这一过程中，起主导作用的心理成分不同，学生关于图形的旋转的水平和阶段也就不同。

在前面已经有些分析，从被调研学生的表现来看，学生空间表象旋转能力已经开始发展，并且同一年龄段的学生在图形旋转方面的思维发展水平是有差异的。

3. 部分学生存在学习困难，教材和教师给予有效的支撑

学生存在的学习困难主要有两种类型：类型Ⅰ是旋转中心、旋转方向或旋转角度不清，此时需要教师引导学生认真分析题目要求，养成良好的解题习惯，如在图上标出图形旋转的基本要素；类型Ⅱ是旋转策略不清，教材中淘气的想法和智慧老人的提示，给予学习困难学生解决问题的策略和学习方法的支撑。当遇到较复杂的问题时，教师运用“操作活动＋想象”“学习作品分析”等，引导学生关注图形运动的要点，将操作、思考和语言表达结合起来，帮助学生巩固对旋转的认识，以及有条理地表达自己的理解。

另外，图形的旋转是一个动态的过程，而提供给学生的教材是静态的。教学中也应让静态的学习材料动起来，帮助学生开展想象。

参考文献

[1] [美] R. L. 格列高里著．视觉心理学 [M]．彭聃龄，杨旻，译．北京：北京师范大学出版社，1986：77-121.

[2] 杨李娜．中小学生空间想象能力发展的实验研究——关于几何图形的旋转 [J]．新疆师范大学学报，1993 (03)：60-65.

附录 1

个体访谈提纲

（1）教材问题串的问题 1：画出图中的小旗绕点 M 顺时针旋转 90°后的图形。

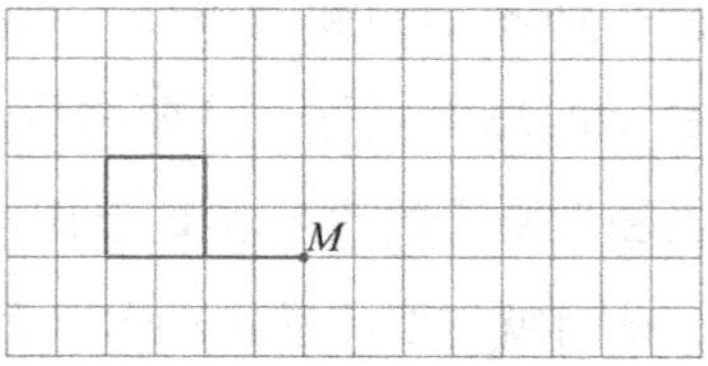

【调研目的与教师访谈引导语】

学生是否会根据相应线段的旋转进行判断。

建议教师分两步进行如下调研：

①能否读懂问题

出示教材问题串的问题 1“画出图中的小旗绕点 M 顺时针旋转 90°后的图形”，让学生说说是怎样理解这个问题的？

如果学生说的不全面，教师追问：再读一遍，看看题目中有哪些信息读不懂。

重读还未说全，教师可针对学生漏掉的部分继续追问，如“顺时针旋转”是什么意思？

②解答问题

先让学生想一想“绕点 M 顺时针旋转 90°后”的小旗是怎样的，然后尝试画一画，再说是怎么画的，先画什么，再画什么。

对于有困难的学生，建议教师进行如下引导：

可以先找到谁旋转后的位置？接着画什么？怎么画出“旗面”？用小旗在方格上摆一摆，再画一画。

（2）教材问题串的问题 2：画出三角形 ABC 旋转 90°后的图形。

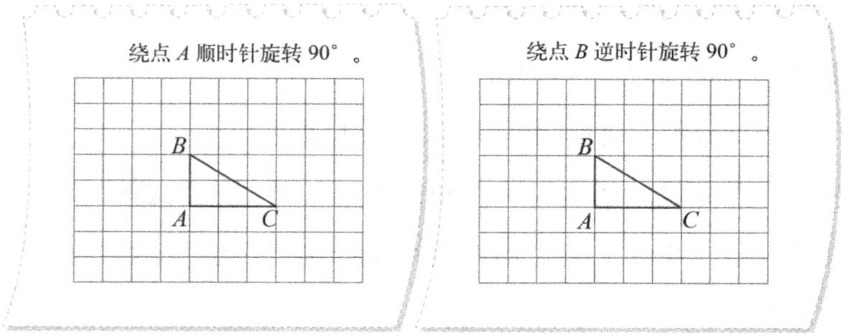

【调研目的与教师访谈引导语】

学生是否能够厘清旋转中心、旋转方向和旋转角度。

建议教师进行如下调研：先说说对题意的理解和准备怎么画；整个图形旋转后是怎样的形状、从哪条线段入手画比较方便？

对于有困难的学生，建议教师进行如下引导：

①能否读懂问题

仔细观察图形和要求，看看题目中有读不懂的地方吗？

②解答问题

可以先从三角形的哪条边入手画？试着画一画，摆一摆再画，你觉得在画三角形的哪条边时有困难？

（3）教材问题串的问题 3：与同伴说说你是怎样画的，需要注意什么？

【调研目的与教师访谈引导语】

学生是否能够结合画的过程总结画的方法和需要注意的地方。

建议教师进行如下引导：刚才完成了三个图形，想一想怎么画的，要注意什么？

（4）教材“练一练”第 1 题

【调研目的与教师访谈引导语】

了解通过一个简单图形的旋转得到复杂图形的过程。

学生先独立完成，然后针对学生的问题，教师可进行如下引导：

观察图形旋转时，相应边是怎样旋转的？

(5) 教材“练一练”第 2 题

【调研目的与教师访谈引导语】

学生能否正确画出简单图形旋转 90°后的图形。

学生先独立完成，然后说一说画的方法。针对有困难的学生，教师可以进行如下引导：绕哪个点怎样旋转？先找到哪条线段旋转后的位置？再画哪条线段？

(6) 教材“练一练”第 3 题

【调研目的与教师访谈引导语】

该题属于拓展题，简单图形旋转的角度不是 90°。目的是了解学生能否读懂并借助已有知识和经验解决问题，了解学生的困难点。

学生先尝试回答，教师可作如下引导：

明白题目的要求吗？你是怎么想的？遇到什么困难了？想一想可以借助什么知识解决问题？为什么这个角度就是每次旋转的度数？

附录 2

个体访谈记录单

学校________ 六年级____班 被观察学生：______ 观察教师：______

题号	访谈问题	可能出现的答案		教师观察记录重点	访谈记录
		正确答案	其他答案及教师引导语		
1	“画出图中的小旗绕点 M 顺时针旋转 90° 后的图形”，说说是怎样理解这个问题的？	旋转中心是点 M，旋转方向是顺时针，旋转角度是 90°。	学生可能会说的不全面。 ①教师可让学生再读一遍，看看题目中有哪些信息读不懂。 ②重读还未说全，教师可针对学生漏掉的部分进行追问，如“顺时针旋转”是什么意思？	①学生读不懂、不理解的地方，及其困难所在。 ②教师是如何帮助学生读懂的。 ③学生读懂后，教师对有利于他们读懂该问题的修改建议。	

续表

题号	访谈问题	可能出现的答案		教师观察记录重点	访谈记录
		正确答案	其他答案及教师引导语		
2	画出图中的小旗绕点 M 顺时针旋转 90° 后的图形。尝试画一画，再说是怎么画的，先画什么，再画什么？	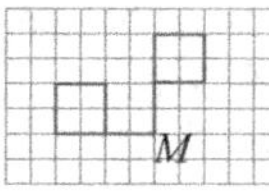	学生的错误答案： ·不会画； ·把旗杆绕点 M 旋转 90° 后不会画了； ·其他。 教师引导层次： ·再看图观察，想一想“绕点 M 顺时针旋转 90° 后”的小旗是怎样的？ ·问：可以先找到谁旋转后的位置？ ·问：整个图形怎样画？ ·摆一摆，再画。 ·问：你有什么发现？ ·其他。	记录学生出现的各种情况，必要时访谈学生是如何想的。教师要对自己讲解的过程进行记录。	
3	画出三角形 ABC 旋转 90°后的图形。	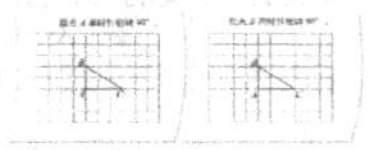 先说说对题意的理解和准备怎么画；整个图形旋转后是怎样的形状、从哪条线段入手画比较方便。	学生的错误答案： ·看不懂题目要求； ·不会画； ·不知道从哪条线段入手画比较方便； ·其他。 教师引导层次： ·再看图观察，说说对题意的理解和准备怎么画。 ·问：你觉得从哪条线段入手画比较方便？ ·问：整个图形怎样画？ ·摆一摆，再画。 ·问：你有什么发现？ ·其他。	访谈学生是怎么想的，确认学生的意思。特别是对学生想法的一些变化与调整，教师要做具体访谈。	

续表

题号	访谈问题	可能出现的答案		教师观察记录重点	访谈记录
		正确答案	其他答案及教师引导语		
4	与同伴说说你是怎么画的，需要注意什么？	学生能够结合画的过程总结画的方法和需要注意的地方。 可以从图形的一条线段入手画简单图形的旋转图形，对问题的要求要理解清楚，画图时要“想一想，画一画，再想一想”。	学生的错误答案： ·学生表达不全面，没有抓住关键； ·说不清需要注意的地方； ·其他。 教师引导层次： ·想一想图形旋转的关键是什么？ ·结合刚刚画图时的步骤想一想，需要注意什么？ ·你遇到什么困难了，怎样解决的？ ·其他。	过程同上。	
5	教材“练一练”的问题1“想一想，填一填。”	学生根据相应线段的旋转判断正确。	学生的错误答案： ·看不懂题目要求； ·不会画； ·旋转方向错误； ·旋转角度错误； ·其他。 教师引导层次： ·说一说图形A怎样旋转的。 ·你怎样确定旋转方向的？ ·你怎样确定90°的？ (其他两幅图同样提问) ·其他。	①学生读不懂、不理解的地方，及其困难所在。 ②教师是如何帮助学生读懂的。 ③学生读懂后，教师对有利于他们读懂该问题的修改建议。	

续表

题号	访谈问题	可能出现的答案		教师观察记录重点	访谈记录
		正确答案	其他答案及教师引导语		
6	教材“练一练”的问题2“画出图中长方形①绕点 M 顺时针旋转90°后的图形，再画出长方形②绕点 N 逆时针旋转90°后的图形。”	学生能在方格纸上画出一个简单图形绕其上的某个顶点旋转90°后的图形。	学生的错误答案： • 不会画； • 旋转方向错误； • 旋转角度错误； • 其他。 教师引导层次： • 看到题目知道哪些信息？ • 先想一想绕点 M 和点 N 旋转后的图形是什么样的？ • 说说你是怎么画的？你先画的谁？再画谁？（先确定哪两条边画图比较方便？与中心点有什么关系？） • 你认为在画的过程中哪些地方要特别注意？ • 其他。	记录学生出现的各种情况，必要时访谈学生是如何想的。教师要对自己讲解的过程进行记录。	
7	教材“练一练”的问题3“想一想，图①中三角形绕中心点每次旋转多少度能得到这个图案？图②中的正方形呢？”	解决简单图形旋转角度不只是90°的问题。	学生的错误答案： • 看不懂题目要求； • 不能想到图案是由一个三角形（正方形）绕一点旋转一周得到； • 其他。 教师引导层次： • 你能看懂题目要求吗？说的是什么意思？ • 每次旋转多少度？（你知道周角是多少度吗？旋转了几次？每次旋转多少度，你会算了吗？） • 其他。	①学生读不懂、不理解的地方，及其困难所在。 ②教师是如何帮助学生读懂的。 ③学生读懂后，教师对有利于他们读懂该问题的修改建议。	

附录 3

课堂观察记录表

六年级____班　被观察学生：__________　　观察教师：__________

<table>
<tr><td>题目</td><td>画出图中的小旗绕点 M 顺时针旋转 90°后的图形。
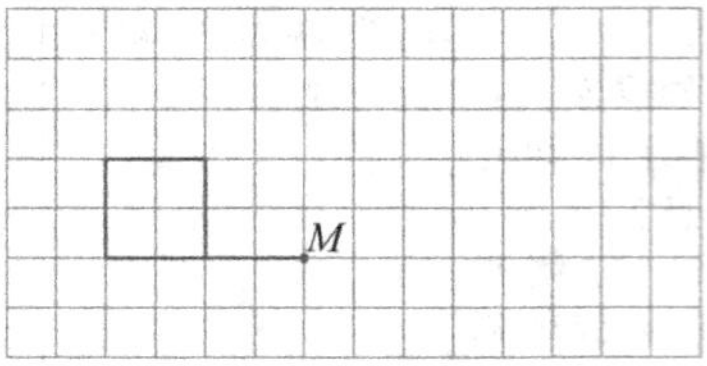
</td><td>引导问题</td><td>看到题目知道哪些信息？（绕哪个点？顺时针是哪个方向？90°是什么样的角？）
说说你是怎么画的，你先画的什么？
小旗该怎样画？（你怎么确定小旗的几个点？）
你认为在画的过程中哪个地方要特别注意？</td></tr>
<tr><td>遇到困难时的引导</td><td colspan="3">①再看图观察，想一想“绕点 M 顺时针旋转 90°后”的小旗是怎样的？
②可以先找到哪条线段旋转后的位置？
③实际用小旗摆一摆，再尝试画。
④其他。</td></tr>
<tr><td>交流实录</td><td colspan="3"></td></tr>
<tr><td>学生作答</td><td colspan="3"></td></tr>
<tr><td>观察后思考</td><td colspan="3"></td></tr>
</table>

续表

题目	画出三角形 ABC 旋转 90°后的图形。 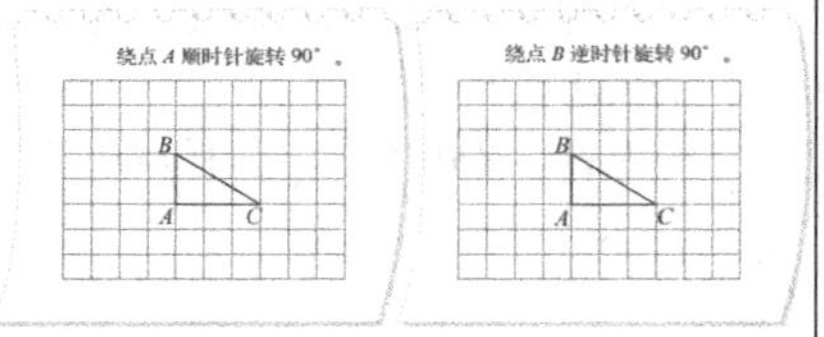	引导问题	看到题目知道哪些信息？再看图观察，说说对题意的理解和准备怎么画。 先从哪条线段入手画比较简便？接下来画哪条边？直角三角形的斜边该怎样画？ 画整个图形时要注意什么？ （如遇到困难：摆一摆，再画。） 你有什么发现？
遇到困难时的引导	①再看图观察，说说对题意的理解和准备怎么画。 ②可以先从三角形的哪条边入手画？ ③试着画一画，摆一摆再画。 ④你觉得在画三角形的哪条边时有困难？		
交流实录			
学生作答			
观察后思考			

续表

<table>
<tr><td>题目</td><td>与同伴说说你是怎么画的，需要注意什么？</td><td>引导问题</td><td>想想图形旋转的关键是什么？
结合刚刚画图时的步骤想一想，需要注意什么？
你遇到什么困难了，怎样解决的？</td></tr>
<tr><td>遇到困难时的引导</td><td colspan="3">①刚才画完了三个图形，想一想怎么画的，要注意什么？
②你遇到什么困难了，怎样解决的？</td></tr>
<tr><td>交流实录</td><td colspan="3"></td></tr>
<tr><td>学生作答</td><td colspan="3"></td></tr>
<tr><td>观察后思考</td><td colspan="3"></td></tr>
</table>

续表

<table>
<tr><td>题目</td><td>想一想，填一填。
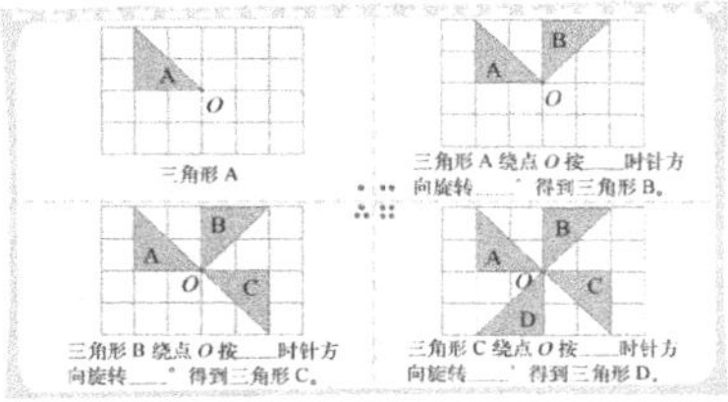</td><td>引导问题</td><td>说一说图形 A 是怎样旋转的。
你怎样确定旋转方向的？
你怎样确定 90°？
（对其他两幅图同样提问）</td></tr>
<tr><td>遇到困难时的引导</td><td colspan="3">①图形 A 是怎样旋转的？
②怎样确定图形 A 的旋转方向和旋转角度？
③能指出图形 A 和图形 B 中相对应的边吗？</td></tr>
<tr><td>交流实录</td><td colspan="3"></td></tr>
<tr><td>学生作答</td><td colspan="3"></td></tr>
<tr><td>观察后思考</td><td colspan="3"></td></tr>
</table>